JN494214

쉬운 예문 및 통계

논문작성법

정삼권 · 김홍길 공저

기문사
www.kimoonsa.co.kr

머리말

Preface

오늘날 책은 수많이 탄생되고 있다. 책은 연구자의 연구 결과물이다. 그리고 석사 또는 박사의 결과물은 학위논문이다. 그러므로 책은 학위논문이다. 따라서 학위논문은 연구자가 특정한 학습과정의 마무리를 위하여 과학적인 방법으로 일정한 형식에 맞추어 체계적으로 작성하는 것이다.

학생은 리포트(report)나 보고서 작성을 경험한 경우가 있지만 학위논문을 작성한 경험이 부족한 실정이다. 그리고 학교의 학습과정은 설문지 작성을 위한 조사방법론이나 자료 분석을 위한 응용통계프로그램 사용법을 배운다. 그러나 논문작성은 조사방법론, 통계분석으로 부족한 실정이다. 또한 일부 지도교수는 논문을 많이 읽으라고 하시지만 충분한 조건에 맞지 않았다.

본서는 대학원에서 다년간 학위논문 작성하는 방법을 지도하는 강의노트를 토대로 보완하였다. 저자는 매학기 대학원생에게 학위논문을 지도하고 있으며 학회지에 논문을 꾸준히 게재하면서 얻은 경험을 수록하려고 노력하였다.

특히, 학위논문은 먼저 연구모형(시나리오)을 지도교수님과 같이 반듯이 창조하여 만들며, 만들기 전에 기존 연구자의 연구모형을 준비하여 지도를 받아야 한다. 그런 후에 학위논문을 작성하면서 설문지를 작성한다. 이러한 내용이 본서에 자세히 기록되었다.

끝으로 도움을 주신 기문사 한인환 사장님과 임직원 여러분께 진심으로 감사드린다.

저자 일동

차례

작성편

Ⅵ 논문작성 6단계 • 183

부록

작성편

논 문 작 성 법

I 논문작성 1단계

1 논문이란?

논문(論文)은 "연구자가 어떠한 주제(主題)에 대해 자신의 학문적 연구결과나 의견, 주장을 논리에 맞게 풀어 써서 일관성 있고 일정한 형식에 맞추어 체계적으로 쓴 글"이라고 정의하고 있다(김계수[1], 2011; 위키백과, www.ko. ikipedia.org/wiki/, 2014/7/3). 여기서 '학문적' 이라는 말은 연구 과정이 과학적 방법에 따라 전개되었다는 의미로 해석할 수 있다. 따라서 과학적 연구방법의 정의는 어떠한 '현상 ⇒ 개념 ⇒ 가설 ⇒ 검증' 의 과정을 거쳐 이론을 도출하는 것이며 종합 체계적인 실험활동을 통해 일반적 원칙을 밝혀내는 것이다.

그러므로 연구를 통한 주제(Theme, Subject)나 문제(問題)에 대한 해결과정은

1) 김계수(2011), 조사연구방법론, 서울 : 한나래출판사.

반드시 체계적이고 과학적이어야 한다. 일반적으로 연구를 통한 주제(문제) 해결과정은 다음과 같이 다섯 단계의 체계적인 절차를 따라 이루어지게 된다.

❶ 주제(문제)의 확정, ❷ 관련정보의 고찰(문헌고찰), ❸ 자료수집 또는 실험실습, ❹ 자료분석 또는 결과에 대한 고찰이나 토의 또는 토론, ❺ 결론 도출

본서에서는 가장 보편적으로 사용되고 있는 몇 가지 체제와 형식을 제시하고자 한다. 이를 잘 숙지한다면 자신이 작성하고자 하는 학위논문의 체제와 형식을 충분히 결정할 수 있을 것이다.

학위논문을 처음 작성하고자 하는 학생(學生)은 논문을 어떻게(How), 무엇(What)을 언제, 어디서부터 쓸까? 생각하면 스트레스를 받아 피곤하다. 특히, 처음으로 작성하는 석사학위논문(Thesis)은 박사학위논문(Dissertation)보다 더 두려울 수 있다. 그리고 학위논문은 학술지에 게재된 학술논문(Journal Article)과 작성방법이 유사하지만 동일하다고는 할 수 없다.

연구자가 논문 한 권을 완성하는 것은 "사랑하는 신혼부부(나와 기존논문)가 건강한(표절 없는) 아기(논문)를 탄생시키는 것과 같으므로, 첫 아기(석사학위논문)를 탄생하기 전에, 임신(주제 선정)하기 위하여, 먼저 부부가 사랑(찾아서)을 행(쓰기)하여야 한다."라고 조작적(操作的, Operational)으로 정의(定義, Definition)할 수 있다. 따라서 부부가 상대편을 사랑하고 아기를 탄생하려면 내가 관심이 있는 것, 경험으로 잘 알고 있는 것, 쓰고 싶은 것 등을 설정하여 보아야 한다.

1) 연구 방법(research method)에서 논문이란 무엇인가?

논문(dissertation, dissertation, article, monograph, paper)이란 어떠한 특별한 현상이나 관심을 가질 수 있는 분야를 대상으로 문제를 학술적으로 주제를 선정하여 출발하여 그 결과를 제시하는 과정이다. 자연과학이든 사회과학이든 논문에 대한 연구의 방법과 절차는 연구의 수단이라 할 수 있다. 이러한 연구 방법(research method)은 연구목적을 하나하나 풀어가는 수단으로 어떠한 형태의 연구로 논문을

어떻게 써야 할 것이냐에 대하여는 많은 자료가 있다. 즉, 논문을 완성하는 문제는 논리적으로 기록과 정보 분석을 통하여 풀어 나가는 절차의 과정이라 할 수 있다.

다시 말하자면 어떠한 현상에 대해 사회과학적인 방법을 동원하여 연구한 결과를 추론과 논리로 실명해 놓은 형식으로 학문적인 발표의 논리적, 체계적 완성이라고 하겠다.

2) 논문에 사용되는 용어는 어떠한 것들이 있는가?

일반적으로 명칭되고 있는 '논문(論文)'을 영어로 보면 다음과 같다.

(1) article 신문, 잡지, 논설, 사설 등 우리 주위에서 접할 수 있는 비교적 간단한 기사를 말한다.

(2) monograph 전문 용어로 잡지나 책자에 단일 주제에 대하여 단행본 형식으로 연구한 논문을 말한다.

(3) dissertation 졸업학위 박사논문의 a thesis for a doctorate의 명칭으로 국가마다 조금씩 다르다. 일반적으로 박사 졸업논문을 말하고 있으나 석사 및 석박사 학위논문으로 명칭하고 있다. 그래서 좀 더 명확한 구분을 위하여 'doctorate', 'graduate', 'master' 등을 붙여 명칭하고 있다.

(4) thesis 졸업논문의 a graduation thesis의 명칭으로 국가마다 조금씩 다르다. 일반적으로 석박사 졸업논문을 명칭하고 있으나 석사 학위논문으로 명칭하기도 한다. 그래서 좀 더 명확한 구분을 위하여 'doctorate', 'graduate', 'master' 등을 붙여 명칭하고 있다.

※ theory는 '학설', '이론'이란 뜻으로 논문이나 학술지, 전문지에 실린 내용이 될 수는 있으나, 그 자체 뜻과 의미는 부여하지 않는다. 또한 일반화된 용어로 paper는 주로 학술지에 발표되는 연구 논문을 뜻하고 있다. 또한 paper 용어에서도 여러 가지 단어로 쓰고 있는데 research paper, documented paper, class paper, course paper, term paper 등 다양하게 명칭되고 있다.

정의(定義, Definition) 종류

1) **사전적(Lexical) 정의** 국어사전에서 통하는 가장 일반적이고 보수적인 정의. 사전적으로 정의를 "어떤 말이나 사물의 뜻을 명백히 밝혀 규정함"이라고 정의하였다.

2) **학술적 정의** 전공서적 및 세부 분야에 대한백과사전에서 통하거나 그 분야 연구자들 사이에 일반적으로 통하는 정의.

3) **조작적(Operational, 操作的) 정의** 사물 또는 현상을 객관적이고 경험적으로 기술하기 위한 정의이다. 즉, 논문이나 실험 등을 실행하기 위한 어떤 개념을 규명하거나 양적(quantitative) 측정을 위해 임의로 또는 암묵적으로 제시한 정의. 이 개념은 1946년 노벨 물리학상을 수상한 퍼시 윌리엄스 브리지먼이 처음으로 제안하였다.

2 연구 주제의 핵심어(keyword) 설정

논문의 핵심은 주제 속에 스며들어 표현된다. 따라서 논문의 주제는 표면적으로는 단순한 선택의 문제인 것처럼 보이나 본질적으로는 연구자가 왜 논문을 쓰느냐 하는 문제를 보여 주는 것이다. 그러므로 특정한 주제를 선택하게 되는 구체적 동기는 집필자가 개인적으로 관심을 가지고 관찰해 온 범위 안에서 발생할 수 있다. 따라서 연구자가 논문을 구체적으로 구상하기 이전까지 어떤 분야의 무슨 문제를 가지고 항상 생각을 정리해 보거나 고민을 해 왔는가가 주제를 결정하는 중요한 요인으로 작용한다.

특히, 학위논문을 쓰기 위하여 선정하려는 주제는 지도교수와 상의하면서 함께 결정하는 것이 중요하다. 그러나 지도교수를 만나기 전에 먼저 연구분야 도서목록,

예상되는 문제점, 연구사적 고찰, 최근의 연구 동향, 대표적인 학설 등에 관련된 자료들을 미리 수집한다. 이러한 예비 작업을 통하여 다루고자 하는 주제에 대한 대체적인 윤곽이 그려지면 지도교수와 여러 차례 상의 끝에 최종적인 주제를 설정한다.

1) 관심 있는 것 keyword (3~5가지)

____

____

____

2) 경험으로 잘 아는 것 keyword (3~5가지)

____

____

____

3) 쓰고 싶은 것 keyword (3~5가지)

____

____

____

3 연구 디자인 방법 결정

논문의 과학적 연구방법은 논리적 체계를 가지며 전통적으로 기존의 일반 법칙이나 이론을 적용하여 하나의 사건이나 현상을 설명하는 연역법과 귀납법이 있으며, 연구의 디자인 방법에 따라 정량적 연구(양적, Quantitative research) 방법과 정성적 연구(질적, Qualitative research) 방법으로 구분한다.

정량적 연구 방법은 어떠한 물음에 답하기 위하여 통계적인 방법으로 분석할 수 있는 데이터를 수집하는 방식으로 이루어진다. 설문지, 전화, 인터넷 조사 등을 이용한다.

정성적 연구 방법은 모든 연구 대상의 의미, 경험, 그리고 견해를 강조하면서, 실험실이 아니라 자연적인 환경에서 사회 현상을 이해하는 데에 도움을 주는 개념을 개발하는 것을 목적으로 하고 있다. 관찰 조사, 실험 조사, 면접 조사 등을 이용하여 분석하는 방법이다. 관찰은 의사소통이 잘 되지 않는 대상(예. 유아, 동물, 식물 등)을 연구하는 방법이다. 이 연구방법은 주의가 요구된다.

연구자는 이러한 방법을 각각 선택하거나 두 가지를 병행하여 연구를 실행할 수 있다.

[표 1] XX대학교 XX학과 PROPOSAL 평가표(Type A : 정량적 논문)

논문제목 :

심사교수 :

【논문 심사항목 평가】 ※ 아래 각 항목에 대하여 적합한 곳에 ○표 해주십시오.

평가항목(5점 척도)	전혀 그렇지 않다	그렇지 않다	그저 그렇다	그렇다	매우 그렇다	계
	1	2	3	4	5	
제1장 서론						
1) 학술논문으로서 주제가 참신하다						
2) 연구배경이 명확히 제시되었다						
3) 문제제기가 명확하다						
4) 연구목적이 명확히 제시되었다						
5) 논문의 목차가 잘 구성되었다						
제2장 문헌연구						
6) 학술논문과 관련된 이론적 근거가 충분히 제시되었다						
7) 학술논문과 관련된 선행연구가 충분히 제시되었다						
8) 선행연구에 대한 창의적 비판이 잘 이루어졌다						
9) 가설설정을 위한 변수나 개념 간의 관계를 잘 제시하였다						
제3장 연구방법(정량적 연구방법)						
10) 측정항목 도출과정이 선행연구를 토대로 잘 제시되었다						
11) 가설설정이 선행연구를 토대로 논리적으로 제시되었다						
12) 표본을 대표할 수 있도록 표본추출방법이 적합하다						
13) 설문지의 내용과 구성이 적절하다						
14) 사용할 통계 및 분석방법이 적합하다						
▣ 논문체계 및 참고문헌						
15) 최신 자료들을 인용하였다						
16) 본문에서 인용한 국내논문 수가 적절하다						
17) 본문에서 인용한 국외논문 수가 적절하다						
18) 본문에서 표절 가능성은 없는 것으로 판단된다						
19) 본문에서 참고문헌 인용방법이 적절하다						
20) 참고문헌 난에서 참고문헌의 형식을 잘 갖추었다						
계						

【종합판정】 위의 평가항목별 평가결과를 종합하여 해당 판정에 ○표 해주십시오.

• 합격 (　　)　　　• 불합격 (　　)

※ 각 항목들의 평가결과를 토대로 주요 문제점 및 개선방안을 간략하게 적어주십시오.

[표 2] XX대학교 XX학과 PROPOSAL 평가표(Type B : 정성적 논문)

논문제목 :

심사교수 :

【논문 심사항목 평가】※ 아래 각 항목에 대하여 적합한 곳에 ○표 해주십시오.

평가항목(5점 척도)	전혀 그렇지 않다	그렇지 않다	그저 그렇다	그렇다	매우 그렇다	계
	1	2	3	4	5	
제1장 서론						
1) 학술논문으로서 주제가 참신하다						
2) 연구배경이 명확히 제시되었다						
3) 문제제기가 명확하다						
4) 연구목적이 명확히 제시되었다						
5) 논문의 목차가 잘 구성되었다						
제2장 문헌연구						
6) 학술논문과 관련된 이론적 근거가 충분히 제시되었다						
7) 학술논문과 관련된 선행연구가 충분히 제시되었다						
8) 선행연구에 대한 창의적 비판이 잘 이루어졌다						
9) 연구의 변수나 개념 간의 관계를 체계적으로 제시하였다						
제3장 연구방법(정성적 연구방법)						
10) 연구목적 달성에 타당한 연구방법이다						
11) 인터뷰/관찰/포커스 그룹의 대상이 연구목적에 부합한다						
12) 자료수집 절차가 상세하게 설명되었다						
13) 데이터의 Validity가 입증 가능하다						
14) 질적 데이터의 분석절차와 방법이 적절하다						
▣ 논문체계 및 참고문헌						
15) 최신 자료들을 인용하였다						
16) 본문에서 인용한 국내논문 수가 적절하다						
17) 본문에서 인용한 국외논문 수가 적절하다						
18) 본문에서 표절 가능성은 없는 것으로 판단된다						
19) 본문에서 참고문헌 인용방법이 적절하다						
20) 참고문헌 난에서 참고문헌의 형식을 잘 갖추었다						
계						

【종합판정】위의 평가항목별 평가결과를 종합하여 해당 판정에 ○표 해주십시오.

• 합격 (　)　　• 불합격 (　)

※ 각 항목들의 평가결과를 토대로 주요 문제점 및 개선방안을 간략하게 적어주십시오.

4 논문 찾는 장소

1) 국회도서관(www.nanet.go.kr)

2) 국립중앙도서관(http://www.nl.go.kr/)

3) 한국교육학술정보원(http://www.riss.kr/)

- 국가과학기술전자도서관 + 국가지식정보통합검색 : http://scholar.ndsl.kr/
- 서울도서관 : lib.seoul.go.kr/
- 한국학술정보 : kiss.kstudy.com/

4) 각 대학교 도서관(www.khu.ac.kr), (http://khis.khu.ac.kr)

5) 각 등재지(등재후보지) 학회

논문 검색 사례

1. 포털사이트에서 xx대학교 도서관 검색한다.

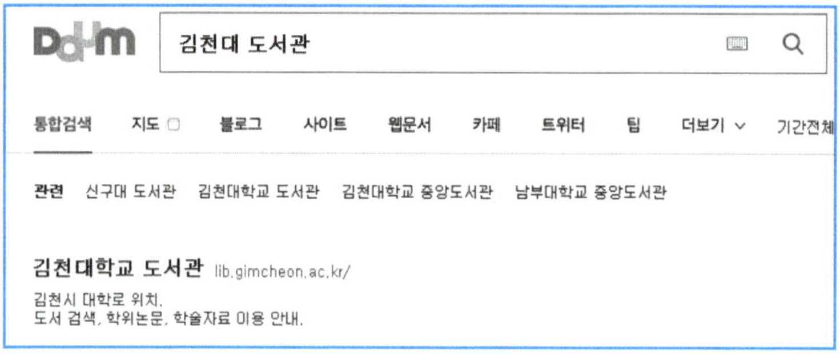

2. xx대학교 도서관을 클릭한다.

3. 화면 오른쪽 상단의 로그인을 클릭한다.

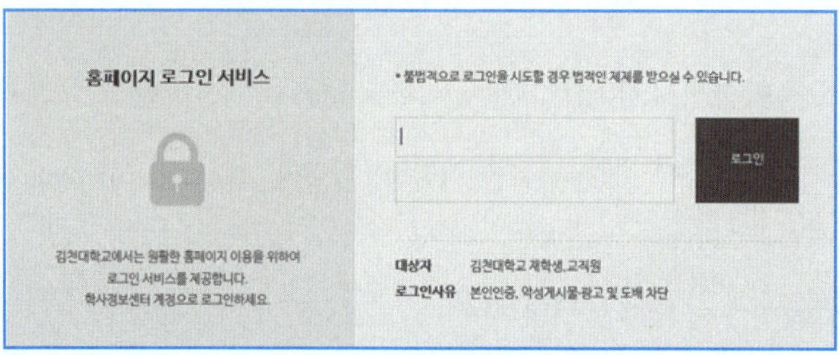

4. 학번과 비밀번호(4자리)를 입력하고 로그인을 클릭한다.

5. 로그인을 하면 오른쪽 하단에 여러 가지 배너가 나온다(대학교 홈페이지마다 키워드 배치가 다를 수 있음).

- KISS(한국 학술 정보) : 학술지 논문을 주로 다룬다. 최근에 발행된 각 학회지의 논문들을 찾아볼 수 있으며, 분야별(심리별, 항공, 사회학 등) 원하는 학회지를 찾아 볼 수 있다.
- DBpia(학술 논문 콘텐츠) : 데이터베이스를 인문학, 사회과학, 자연과학, 공학, 의약학, 농수해양학, 예술체육, 복합학, 교양의 9개 분야로 분류한다.
- Pro Quest : 미국의회도서관의 공식 지정 학위논문 저장소이다. 분야별로 나뉘어져 있으므로 자신에게 알맞은 분야를 선택하여 영문으로 검색한다.
- RefWorks : 서지정보를 다운로드받아 관리할 수 있는 프로그램이다.
- KSDC DB : 사회과학의 양적 연구, 조사 및 통계자료 아카이브, DB 컨설팅, ICPSR DB, 사회조사 연구에 관해 알 수 있다.

그 외,

- RISS(학술연구정보서비스(한국교육학술정보원제공) : 학술지, 학위논문, 해외 저널, e-book 등 다양성을 갖추고 있다.
- ACS(American Chemical Society) : 화학 공학 저널로서 화학 및 관련 분야의 저널을 검토하여 종합적으로 수집하고 정보를 제공한다.

6. 자신이 원하는 배너를 선택하여 사이트에 들어간다.
7. 다양한 방법으로 검색한다.
   - 기본검색/고급검색/출판물/찾아보기/데이터베이스 등
   - 검색 방법 제공 • 검색창에 키워드 입력 • 주제별 검색 아이콘
8. 한국어 외에도 영어, 일본어, 중국어 등 17개국의 언어를 제공한다.
9. 계정을 설정한다.
10. 계정을 설정한 뒤, 오른쪽 맨 위 상단바 아이콘에 저장된 문서를 클릭한 다음 새 폴더를 선택하고 이름을 설정하면 자신이 원하는 폴더가 생성된다.

5 논문 찾는 방법

연구자가 논문자료를 찾는 것은 어렵기도 하면서 쉽기도 하다. 어렵다는 것은 연구자가 연구모델을 확정하지 못했기 때문이며, 쉽다는 것은 연구모델의 방향을 어느 정도 설정하였기 때문일 것이다. 또한, 초보자가 어렵다고 느끼는 것은 논문작성이 처음이기 때문이다. 따라서 논문을 찾는 방법은 다음과 같은 항목을 고려하여 논문을 찾는다.

첫째, 박사학위논문을 찾는다. 학위논문은 가능하면 박사학위논문을 참조하는 것이 유용하다. 석사학위논문은 논문형식에 벗어나거나 재인용된 부분이 많을 수 있기 때문이다. 학술논문(Article)은 설문 문항이 없거나 일부 생략될 수 있기 때문에 연구모형이 설정되어 설문지를 작성된 후에 참조하는 것이 유용하다. 최근의 외국 학술논문은 참조할 수 있다.

둘째, 최근의 문헌을 찾는다. 연구자는 가능하다면 최근에 연구된 문헌을 찾아서 이용하면 유용하다.

셋째, 연구모델을 찾는다. 연구의 모델이나 모형은 대부분 3장에 기술되어 있다. 연구모델이 연구자의 마음에 들면, 논문의 첫 페이지에 있는 연구제목(그림 1 참조), 제3장에 있는 연구모형(그림 2 참조), 제4장에 있는 연구가설 분석결과(그림 3 참조) 그리고 설문지 전체(그림 4 참조) 등을 출력한다.

1) 연구제목은 OO대학교 OO대학원, 졸업연도, 박(석)사 학위 등의 내용이 있는 페이지를 출력한다. 특히, 졸업연도가 틀린 경우가 있으므로 주의하여야 하며, 우리나라의 졸업한 월은 2월이거나 8월이므로 나머지 월은 기준이 다른 경우이다.
2) 정량적인 학위논문에서 연구모형이 없다면 참고하지 않는 것이 유리하다. 연구모형이 없는 논문은 설문지가 잘못 구성되었거나 인과관계를 연구하지 않은 논문이 대부분이다.

3) 정량적인 학위논문에서 연구가설의 분석결과가 채택보다 기각이 많으면 참고하지 않는 것이 유리하다. 연구가설에 대한 분석결과가 기각(2종 오류)이 많으면 연구이론이 복잡하거나 설문 문항이 잘못 구성되었거나 자료수집에 무관심하였거나 등의 오류가 발생되었기 때문이다. 물론 기각된 가설도 유용하게 사용될 수 있다.

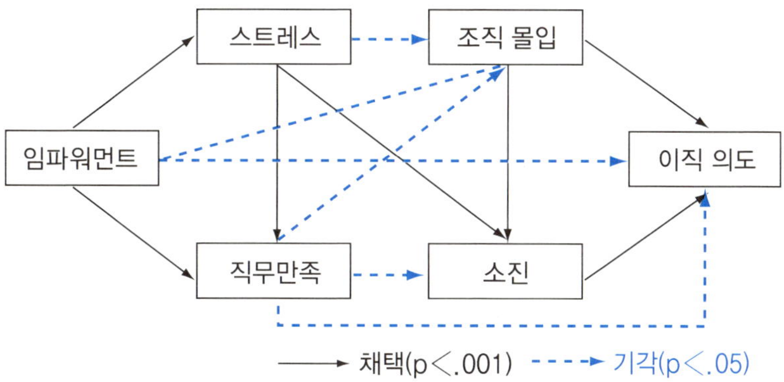

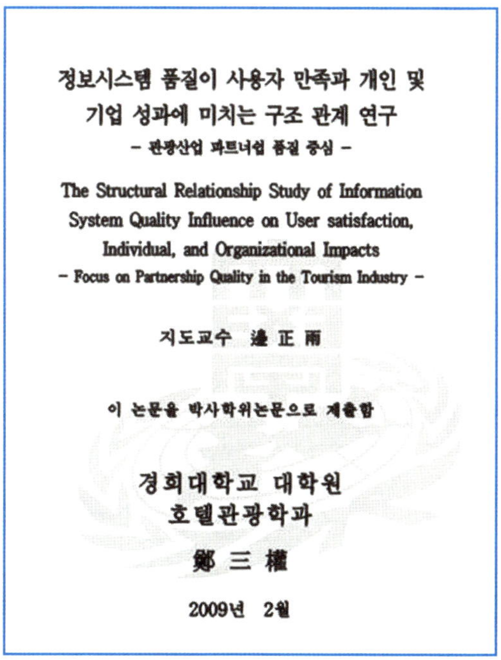
정보시스템 품질이 사용자 만족과 개인 및
기업 성과에 미치는 구조 관계 연구
– 관광산업 파트너십 품질 중심 –

The Structural Relationship Study of Information
System Quality Influence on User satisfaction,
Individual, and Organizational Impacts
– Focus on Partnership Quality in the Tourism Industry –

지도교수 邊 正 雨

이 논문을 박사학위논문으로 제출함

경희대학교 대학원
호텔관광학과

鄭 三 權

2009년 2월

[그림 1] 연구제목(표지)

제 3 장 연구방법

제 1 절 연구모델 및 연구가설

1. 연구 모델

본 연구는 관광산업(여행업, 항공업, 호텔업)에서 근무하는 임직원들이 이용하는 정보시스템을 활용하면서 업무를 수행할 때 정보시스템 품질(시스템, 정보, 서비스, 파트너쉽)이 정보시스템 사용자 만족과 성과(개인, 기업)에 어떠한 영향을 미치는가에 관한 연구의 목적을 달성하기 위해서, 그리고 각 요인들이 어떠한 영향을 미치고 있는지 살펴보기 위하여 <그림 3-1>과 같이 연구 모델을 설정하였다.

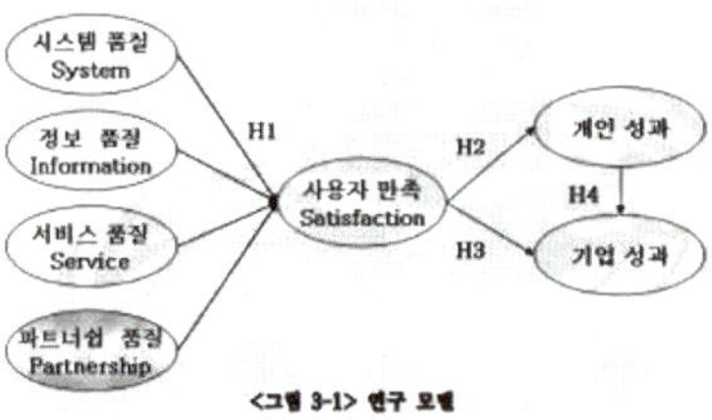

<그림 3-1> 연구 모델

본 연구의 모델은 DeLone & McLean(2003)의 정보시스템 성공 모델과 Pitt, Watson, & Kavan(1995)의 성공모델에서 서비스 품질을 추가한 모델을 기본으로 하고, Grover, Cheon, & Teng(1996)과 Lee(2001) 그리고 Lewis(2006)의 정보시스템 아웃소싱 성공 모델에서 파트너쉽(partnership) 품질을 추가하여 연구모델로 설정하였다. 본 연구의 모델 구성은 연구 목적에

- 107 -

[그림 2] 연구모델

2. 분석 결과 및 해석

본 연구는 관광산업에서 정보시스템의 품질들이 사용자 만족과 개인성과 및 기업성과에 대해 평가하기 위하여 연구 가설 4개(소가설 포함은 7개)를 설정하였으며, 다중회귀분석과 단순회귀분석으로 가설 검증하였다. 본 연구에서 제안된 연구 가설 1부터 연구 가설 4까지 검증하여 분석 결과들은 <표 4-14>와 같이 분석되어 총 7개 가설 중 기각된 가설은 없으며, 연구 가설들은 모두 채택되었다.

<표 4-14> 연구가설 분석 결과

가설	변수		R^2	수정된 R^2	F	Sig.	표준화 Beta	t	t 유의도	결과
	독립	종속								
H1a	시스템 품질	사용자 만족	.567	.553	124.305*	.000	.219	6.494*	.000	채택
b	정보 품질						.343	10.150*	.000	채택
c	서비스 품질						.383	11.333*	.000	채택
d	파트너쉽 품질						.505	14.953*	.000	채택
H2	사용자 만족	개인 성과	.335	.334	192.773*	.000	.579	13.884*	.000	채택
H3	사용자 만족	기업 성과	.164	.162	74.959*	.000	.406	8.658*	.000	채택
H4	개인 성과	기업 성과	.353	.351	208.062*	.000	.594	14.424*	.000	채택

*p<.001

1) 가설 1의 분석 결과 및 해석

연구 가설 1 '정보시스템 품질들은 사용자 만족에 영향을 미칠 것이다'를 검증하기 위하여 다중회귀분석을 하였더니 <표 4-14>와 같이 변수들의 회귀계수 사용자 만족에 대한 검정 결과, '시스템 품질'의 t값이 6.494(p=.000), '정보 품질'의 t값이 10.150(p=.000), '서비스 품질'의 t값이 11.333(p=.000), '파트너쉽 품질'의 t값이 14.953(p=.000)으로 '사용자 만족'에 모두 유의적(p=.000 <.001) 영향을 미치는 것으로 나타나, 가설 1은 모두 채택되었다.

- 140 -

[그림 3] 검증 결과

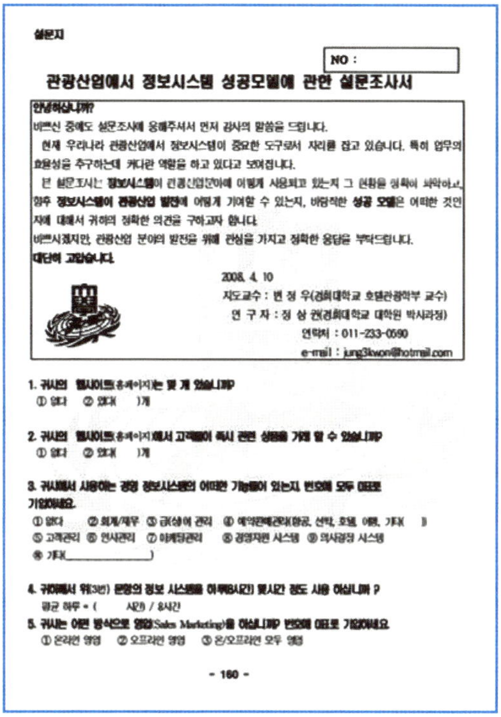
설문지

NO :

관광산업에서 정보시스템 성공모델에 관한 설문조사서

안녕하십니까?

바쁘신 중에도 설문조사에 응해주셔서 먼저 감사의 말씀을 드립니다.

현재 우리나라 관광산업에서 정보시스템이 중요한 도구로서 자리를 잡고 있습니다. 특히 업무의 효율성을 추구하는데 커다란 역할을 하고 있다고 보여집니다.

본 설문조사는 **정보시스템**이 관광산업분야에 어떻게 사용되고 있는지 그 현황을 정확히 파악하고, 향후 **정보시스템이 관광산업 발전**에 어떻게 기여할 수 있는지, 바람직한 **성공 모델**은 어떠한 것인지에 대해서 귀하의 정확한 의견을 구하고자 합니다.

바쁘시겠지만, 관광산업 분야의 발전을 위해 관심을 가지고 정확한 응답을 부탁드립니다.

대단히 고맙습니다.

2008. 4. 10

지도교수 : 변 정 우(경희대학교 호텔관광학부 교수)

연 구 자 : 정 상 권(경희대학교 대학원 박사과정)

연락처 : 011-233-0590

e-mail : jung3kwon@hotmail.com

1. 귀사의 웹사이트(홈페이지)는 몇 개 있습니까?

① 없다 ② 있다( )개

2. 귀사의 웹사이트(홈페이지)에서 고객들이 즉시 관련 상품을 거래 할 수 있습니까?

① 없다 ② 있다( )개

3. 귀사에서 사용하는 경영 정보시스템의 어떠한 기능들이 있는지, 번호에 모두 따르로 기입하세요.

① 없다 ② 회계/재무 ③ 급(상여 관리 ④ 예약판매관리(항공, 선박, 호텔, 여행, 기타( ))
⑤ 고객관리 ⑥ 인사관리 ⑦ 마케팅관리 ⑧ 경영지원 시스템 ⑨ 의사결정 시스템
⑩ 기타(________)

4. 귀하께서 위(3번) 문항의 정보 시스템을 하루(8시간) 몇시간 정도 사용 하십니까 ?

평균 하루 = (시간) / 8시간

5. 귀사는 어떤 방식으로 영업(Sales Marketing)을 하십니까? 번호에 따로 기입하세요.

① 온라인 영업 ② 오프라인 영업 ③ 온/오프라인 모두 영업

- 160 -

[그림 4] 설문지

넷째, 논문제목은 연구모형이나 방정식과 매우 유사하다. 그러므로 논문제목으로 연구모델이나 방정식을 유추할 수 있다.

1) 독립변수가 종속변수에 미치는 영향(구조관계) 연구

아래 그림의 연구모형은 "상품선택속성이 관광객 만족에 미치는 영향 연구"라고 논문제목을 정할 수 있다.

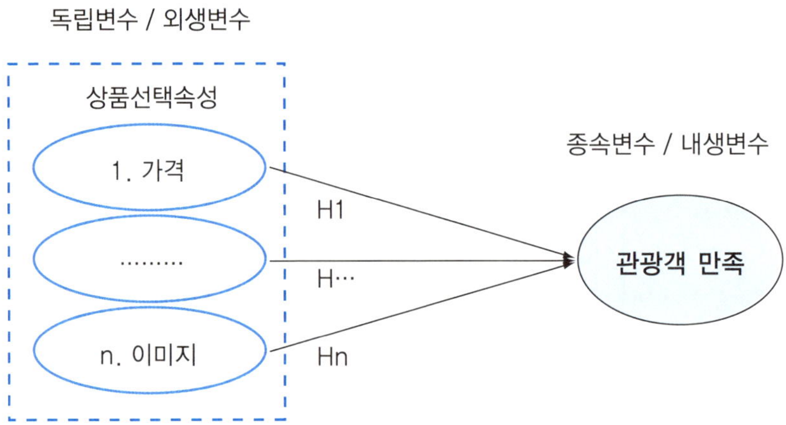

[그림 5] 연구모형 1

관광객 만족(y) = 가격(x1) + ... + 이미지(xn) ---- (식 1)

2) 독립변수가 매개변수 또는 종속변수에 미치는 영향 연구

아래 그림의 연구모형은 "XXX 서비스 품질이 관광객 만족 및 재방문에 미치는 영향 연구"라고 논문제목을 정할 수 있다.

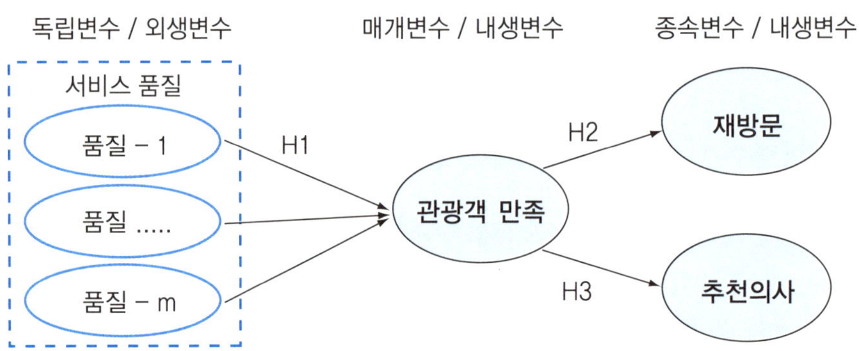

[그림 6] 연구모형 2

3) 독립변수가 조절변수 효과에 따라 매개 또는 종속 변수에 미치는 영향 연구

아래 그림은 지윤호 · 정삼권 · 변정우(2012)의 연구모형으로 "호텔기업 종사자의 감정노동이 고객지향성에 미치는 영향 : 표현규칙 지각의 조절효과를 중심으로" 라는 실제 논문제목과 부제목을 이용하였다.

제목을 바꾼다면, "호텔기업 종사자의 감정노동이 표현규칙 지각 조절에 따라 고객지향성에 미치는 영향"이라고 논문제목을 수정할 수 있다.

다른 제목으로 바꾼다면, "호텔기업 종사자의 감정노동과 고객지향성 간 표현규칙 지각의 조절효과에 관한 연구"라고 논문제목을 수정할 수 있다.

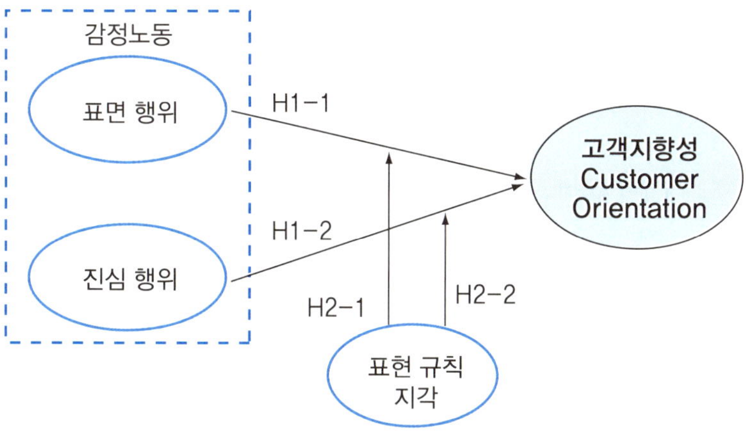

[그림 7] 연구모형 3

연구 모형은 다음과 같이 방정식(식 2)으로 표현한다.

고객지향성(y)=고객지향성(y_1)+고객지향성(y_2) .... (식 2)

고객지향성(y_1)=표면행위(x_1)+표현규칙(z)+($x_1 \times z$) .... (식 3)

고객지향성(y_2)=진심행위(x_2)+표현규칙(z)+($x_2 \times z$) .... (식 4)

4) 독립변수가 종속변수에 미치는 영향에 관한 연구 : 매개변수 효과를 중심으로

아래 그림은 정삼권 등(2010)의 연구모형으로 "방한 일본인의 여행상품에 대한 서비스 품질이 여행자만족 및 애호도에 미치는 영향 : 관광통역안내사 역할의 매개효과를 중심으로"라는 실제 논문제목과 부제목을 이용한 경우이다. 연구 제목은 조절효과와 유사하게 정할 수 있다.

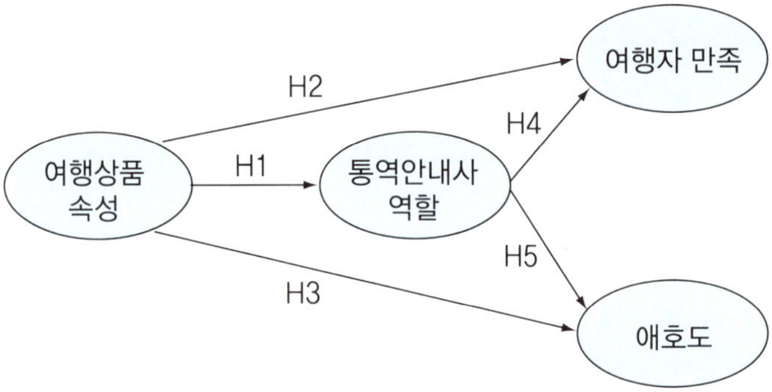

[그림 8] 연구모형 4

정삼권 · 하인수 · 서원석(2012)의 연구모형은 "카지노 산업에서 감정 노동자의 기업가 지향성과 고객 지향성이 표면행동과 내면행위에 미치는 영향"라는 실제 논문제목이다. 이 연구는 매개효과에 대한 분석을 실시하지 않은 경우이다.

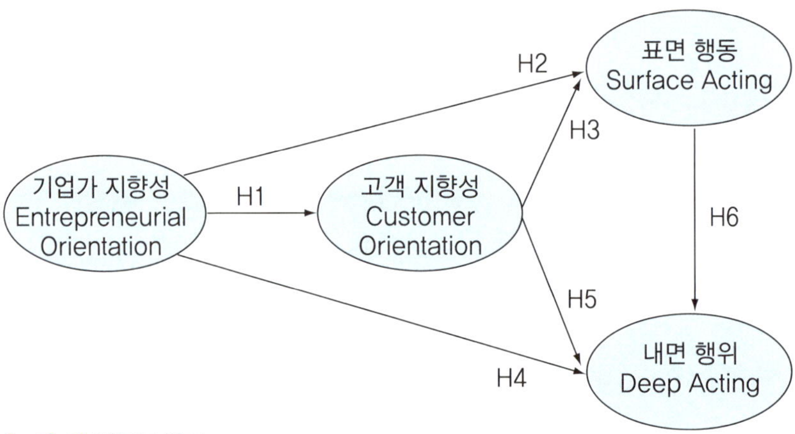

[그림 9] 연구모형 5

5) 변수-가와 변수-나 간의 차이(비교)에 관한 연구

연구모형은 영향관계 연구나 구조관계 연구에서 화살표(→) 그림으로 나타낼 수 있지만, 차이(비교) 연구 또는 사례연구는 나타낼 수 없다. 그러므로 화살표로 나타낼 수 없는 연구는 연구의 시나리오를 한 장의 그림으로 도식화하면 좋을 듯하다.

6) 변수-가는 변수-나에 따라 차이(비교)에 관한 연구

(1) '변수-가'가 명목척도의 경우

연구 가설 관광산업 업종에 따라 웹 사이트의 예약모듈은 차이가 있을 것이다.

웹 사이트상에서 예약모듈(module) 설치에 대해 교차분석 결과 아래 표와 같이, '예약모듈 설치'에 대해 여행업은 78명(91.8%), 항공업은 52명(92.9%), 호텔업은 39명(52.0%)으로 나타났으며, 전체적으로는 169명(78.2%)으로 높게 나타났다. 그리고 분할계수는 0.482로 두 변수 관계가 크지도 않고 작지도 않은 중간 정도로 나타났으며, 피어슨 카이제곱 값은 65.426, 유의확률 p= .000으로 유의적으로 나타나 관광 업종에 따라 '예약모듈 설치'는 다소 차이가 있는 것으로 검증되었다. 따라서 가설 1은 채택되었다.

웹 사이트 예약모듈 유무	업종(n=216)			합계
	여행업(%)	항공업(%)	호텔업(%)	빈도(%)
예약모듈 설치	78(91.8)	52(92.9)	39(52.0)	169(78.2)
예약모듈 미설치	6(7.1)	2(3.6)	2(2.7)	10(4.6)
웹 사이트 외 별도설치	1(1.2)	2(3.6)	34(45.3)	37(17.1)
합 계	85(100.0)	56(100.0)	75(100.0)	216(100.0)

Pearson Chi-Square=65.426, 점근 유의확률(양쪽 검정)= .000,
3개(33.3%)셀은 5보다 작은 기대빈도를 가지는 셀, 최소기대빈도: 2.59, 분할 계수= .482, 근사 유의확률= .000

(2) '변수–가'가 등간척도의 경우

김경욱 · 이태희 · 정삼권(2013)의 논문 제목은 '외국인 관광안내지도의 속성 및 사용성에 관한 연구 : 국가별 지도이용자의 차이를 중심으로'이며, 연구 가설은 다음과 같다.

H1 **외국인 관광안내지도 속성은 국가에 따라 차이가 있을 것이다.**

H2 **외국인 관광안내지도 사용성은 국가에 따라 차이가 있을 것이다.**

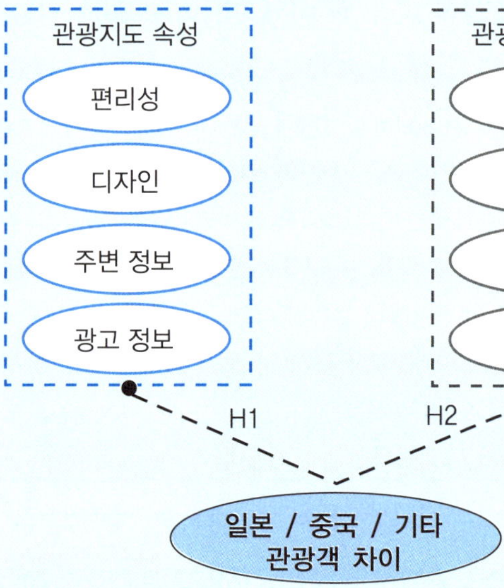

차이분석 절차는 종속변수들 간에 상관관계가 있으므로 다변량분산분석(MANOVA)을 할 필요성이 있다. 그리고 분산분석은 집단 간의 차이가 있는가만 밝혀주고, 어떤 집단과 어떤 집단 간에 차이가 있는가를 밝혀주지 못하기 때문에 이를 알아보는 방법으로 사후검증(multiple comparison)을 실시하여야 한다.

7) 주요 변수들의 수요(공급) 예측 연구

연구제목 : CVM 기법을 응용한 국립공원 설악산의 관광자원 가치 측정에 관한 연구 : 케이블카 설치 가부에 따른 측정을 중심으로(강정길, 2010)

8) 주요 변수들의 framework에 대한 사례 연구

논문 제목 한국 도매여행사의 인터넷 마케팅 전략 : 하나투어 사례 연구 (정삼권 · 변정우, 2008)

하나투어의 인터넷마케팅 믹스전략은 멕카시(McCarthy)의 4P' s와 모리슨(Morrison)의 8P' s에서 Partnership(협력), Person(구성원) 그리고 붐스(Booms)의 7P' s에서 Process(과정)를 선택한 〈그림 3〉과 같이, 7P' s 모델을 믹스전략으로 성공적인 비전과 미션을 수행하고 있는 것으로 파악되었다.

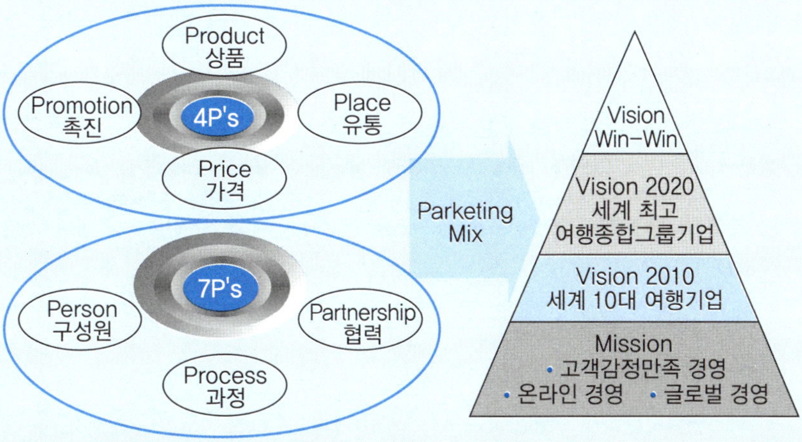

[그림 10] 하나투어의 7P' s 모델

※ 연구자의 연구모델에서 독립, 매개, 종속변수들의 부모모델(이론의 최초모델)을 필수적으로 찾는다.

※ 숙제 : 논문 찾기 및 출력 : 변수(독립, 매개, 종속)에 대해 5편씩 15편 이상.

변수(variable)의 종류

변수는 변인이라고도 한다. 변수가 어떤 역할을 수행하는가에 따라 변수의 종류를 다음과 같이 구분할 수 있다.

1) **독립변수(independent variable)**는 다른 변수에 영향을 주는 변수이며, 결과에 대해 원인이나 행위를 발생시키는 변수로 시간적으로 영향을 받는 변수보다 먼저 발생하는 변수이다. 외생변수(Exogenous Variable)는 여러 가지 면에서 두 변수 사이의 인과관계에 영향을 미치며, 조정이 필요한 변수이다.

2) **종속변수(dependent variable)**는 독립변수의 원인을 받아 일정하게 변화된 결과를 나타내는 기능을 하는 변수로 독립변수의 변화에 따라서 자연히 변하는 것으로 결과적인 변수이다. 기준변수(Criterion Variable)는 연구과정 중 가장 주된 연구 중심 대상이 되는 변수이며, 종속변수로도 알려져 있다.

3) **매개변수(mediation variable)**는 독립변수나 통제변수에 의해 영향을 받으며, 동시에 종속변수에 영향을 미치는 변수이다. 매개변수를 통제하면 독립변수와 종속변수의 관계는 소멸되거나 약화된다. 매개변수는 실제로 관찰하거나 조작할 수 없는 변수이므로, 독립변수와 매개변수의 효과에 의해서만 추정할 수 있다.

4) **개입변수(Intervening Variable)**는 독립변수의 기능을 수행하고, 종속변수에서의 독립변수 영향에 대해 개념화하며 설명 가능하도록 하는 변수이다.

5) **조절(중재)변수(Moderating variable)**는 독립변수와 종속변수 간의 관계를 변화시킬 수 있을 것이라고 예상하는 불확정적인 영향(contingent effect)을 미치는 변수이다. 또한 중재변수는 독립변수 외에 부차적인 독립변수라고 할 수 있다.

6) **통제변수(control variable)**는 독립변수 외에 종속변수에 미치는 영향을 제거하거나 상쇄하도록 그 영향력을 통제하는 변수이다. 가외변수 또는 외재(외생)변수(extraneous variable)라고도 한다. 독립변수와 종속변수의 관계가 원래 인과관계가 없으나 있는 것처럼 보이게 하는 변수이다.

6 논문작성 일정표의 작성

논문작성자는 논문작성 일정표를 작성한다. 논문을 완성하는 기간은 작성자의 능력에 따라 다르지만, 학위논문을 완성하는데 최소한 6개월 이상 소요될 수 있다. 논문작성 일정은 연구자의 연구방법이나 연구의 범위에 따라 소요기간이 다르며, 국내외 문헌 및 모델(모형) 찾기, 문헌연구 해석 및 요약 능력, 설문 작성 및 수집 능력, 통계분석 및 결과해석 능력, 논문작성 및 편집 능력에 따라 다르다.

연구자는 〈표 3〉을 참고하여 자신의 논문작성 일정표를 월/일을 직접 수정하거나 작성하여 보자! 논문 발표가 언제인지에 따라 변경된다.

[표 3] 논문작성 일정표

내 용	월/일	1개월 논문준비	2개월 논문작성 2장	3개월 설문수집 3장 1장	4개월 자료분석 4장	5~6개월 발표준비 5장	7개월 논문완성	비고
논문 찾기	1/3							
논문 요약								
연구모형 1차 승인	2/1							
목차 및 논문작성								지도 교수 승인
설문지 작성 승인	3/1							
논문 1차 발표	4/20							
설문지 수집								
통계 분석/해석	4/1							외부
연구모형 2차 확정	5/1							
추가 수정	1달							
발표논문 제출	6/15							
2차 Proposal 준비								
논문 2차 발표	6/20							합격
3차 수정								
완성논문 제출	7/10							제본

논문작성자가 학위논문을 6~7개월 내에 완성하기 위해서는 다음과 같은 마음의 자세로 미션을 실행하여야 한다.

1) 논문을 찾아서 읽지 말고, 연구모델을 이해(理解)하려고 노력한다.
2) 자신이 모르는 부분은 자존심을 버리고 지인(知人)에게 도움을 청한다.
3) 논문은 연구모델에 따라 관련된 이론을 찾아 쓰는 것이 중요하다.
4) 매일 3시간 이상 논문을 작성한다. 단, 공 · 휴일에는 12시간 이상 작성한다.
5) 매일 3페이지 이상 논문을 작성한다.

7 논문계획서의 작성

1) 논문계획서 작성의 필요성

논문계획서 작성은 연구 주제가 먼저 선정되어야 한다. 논문계획서는 대학원 학생이 학위논문을 쓸 때 지도교수의 승인을 받기 위하여 쓰는 경우가 많다.

논문계획서를 작성하는 장점은 다음과 같이 요약할 수가 있다.

❶ 연구문제와 연구진행 과정에 대하여 보다 조직적으로 사고할 수 있게 되며, 연구계획의 결점이나 불합리한 점을 사전에 쉽게 찾아내어 교정할 수 있다.
❷ 연구진행에 앞서서 필요한 자료의 수집과 진행절차를 명백히 해준다.
❸ 지도교수 등 타인에게 연구계획에 관한 비평과 제안을 받고자 할 때 정확한 의사소통을 위한 하나의 기본적인 방편이 된다.

2) 논문계획서의 작성내용

연구진행의 초기 단계인 연구계획 단계는 연구의 진행과정 중에서 가장 중요한 단계이다. 따라서 이 단계에 가장 많은 시간과 노력을 경주하게 되고 때로는 실제의 연구진행 기간보다도 더 많은 시간을 차지할 수도 있다. 연구의 계획 단계에서 너무 조급히 굴지 말고 충분한 시간과 여유를 갖고 준비할 때 연구의 진행은 원만히 이루어질 뿐만 아니라 보다 체계적이고 타당한 연구문제의 신징과 연구결과를 얻을 수 있을 것이다.

연구의 계획서를 작성할 때 어떤 일정한 형식을 꼭 따라야 하는 것은 아니지만, 그러나 대체로 어떤 일반적인 체계를 따르는 것이 의사의 소통과 명료한 사고과정을 위해서 필요한 것이다.

연구문제의 성격에 따라서 연구계획 중에 어떤 항목이나 내용은 보다 자세하게 명시해야 하는 반면에 어떤 부분은 간략하게 설명하거나 또는 생략할 수도 있을 것이다.

3) 논문계획서의 구성 요소

논문계획서에 포함되어야 할 중요한 항목과 각 항목에 포함될 내용에 관한 구성요소는 다음과 같다.

(1) 연구주제명

논문의 제목을 말한다. 제목만으로도 무슨 연구인지를 알 수 있도록 포괄적이면서도 간결하고 명료하게 정한다.

(2) 연구의 필요성

연구주제의 선정이유와 이 주제의 해결 필요성과 그 중요성 등에 대해 기술한다. 이론적 필요성과 실제적 필요성으로 나누어 생각해보는 것이 좋다. 연구의 목적과 함께 기술되는 경우도 많다.

(3) 연구의 목적

연구를 통해 알아내고 싶은 것, 또는 밝히고 싶은 것에 대해 분명하게 진술한다.

(4) 연구의 의의(기여도)

연구문제를 해결함으로써 학문의 이론적 또는 방법론적 발전에 기여할 수 있는 것이 무엇이며 그 중요성은 어떠한지에 대해 밝힌다. 실제적인 측면에서 거둘 수 있는 기여도도 함께 기술한다.

(5) 이론적 배경

연구주제에 관한 기존의 원리나 법칙, 이론들을 종합하여 체계적으로 제시한다. 선행연구의 결과를 기초로 이들을 비판하고, 자신의 연구와 이러한 이론이나 법칙들과의 논리적 관계 그리고 자기의 연구와 선행연구와의 논리적 관계를 체계적으로 밝힌다. 이런 의미에서, 연구의 이론적 배경은 연구에서 검증하고자 하는 가설설정의 기초를 제공한다고 할 수 있다.

(6) 가설의 설정

가설은 연구주제에 대한 잠정적인 대답으로, 두 변인(變人) 간의 관계를 진술한 것이다. 이 잠정적인 대답은 이론이나 선행연구의 결과를 기초로 설정된다.

(7) 연구방법

선정한 연구주제를 어떤 방식으로 해결할 것인지 그 방법을 명시한다. 구체적으로는 누구에게 무엇을 어떻게 할 것인지에 대해 규명하는 것으로 연구절차와 연구대상, 도구, 자료수집과 분석 및 처리방법 등에 대해 진술한다. 연구과제의 성격에 따라 문헌연구나 경험적 연구의 방법을 채택할 것이다.

(8) 기대되는 결과

연구의 결과가 어떻게 나타날 것으로 기대하는지에 대해 명시하고, 그에 따른 잠정적인 결론을 구상하여 적는다.

(9) 참고문헌

연구자 자신이 입수하고 있거나 구할 수 있는 주제관련 문헌을 요약 · 정리하여 누락된 것이 있는지에 대해 지도교수나 심사위원의 도움을 받을 수 있도록 한다.

8 논문작성의 주의사항

1) 주제의 창의성

논문은 창작활동의 한 부분이다. 창작(創作)이라 함은 허구의 내용을 자의적으로 꾸며낸다는 말이 아니라 특정한 사실을 창의적으로 설명한다는 뜻이다. 예술적 창의성과 달리 학문적 창의성은 '새로운 표현'에서 나오는 것이 아니라, 새로운 표현이 가리키는 '새로운 사실의 발견'이나 '사물에 관한 새로운 인식 방법'에서 드러난다. 그러므로 학위논문은 집필자의 창의적인 연구목적이 논문의 중심이 되는 위치에 오도록 서술해야 한다.

2) 사고의 연속성

논문작성에서 가장 중요한 것은 사고의 연속성을 유지하는 일이다. 여러 가지의 많은 자료를 조사하고 수집하여 체계적으로 정리하여 논리를 펼쳐 나가는 것은 논문 집필의 핵심이다. 최초의 발상에서부터 마지막 결론에 이르기까지의 일관된 사고가 이어지지 않고서는 학문적 주장(argument)으로서의 필요한 타당성을 인정받을 수 없다. 그러므로 최초의 착상을 얼마나 흔들림 없이 꾸준히 유지할 수 있느냐 하는 문제는 앞에서 말한 계획서 작성의 중요성과도 연결되는 점이기도 하다.

3) 표현의 문제

논문작성은 연구결과를 공개하는 행위에 그치지 않고, 자신의 앎을 언어로 재구성한다는 또 하나의 의미를 보여 준다. 표현의 문제는 기능 미학적인 것이 아닌 의미의 정확성에 관한 것에 초점을 맞추어야 한다.

(1) 간결한 표현

논문은 예술적인 표현기법이 특별히 요구되는 글이 아니므로 단문으로 간결하게 표현을 사용하는 것이 좋다. 간결한 문장은 주어와 목적어, 서술어의 관계가 분명하게 나타난다. 만일 복잡한 구조의 문장으로 표현이 이루어지면 중요한 요소들의 관계가 헝클어지거나 어긋나게 전달될 수 있다. 그러므로 이해하지 못하는 부분은 되도록 줄이거나 다음 문장으로 표현한다. 어쩔 수 없이 복잡한 문장은 주요 개념들 사이의 관계가 문법적으로 분명한 이음새를 사용하도록 한다.

항상 유념할 것은 읽는 사람들이 전공자이든 비전공자이든 해당 논문의 흐름을 쉽게 예상하거나 인지하도록 논리적으로 표현하여야 한다.

(2) 객관적 표현

연구자가 포착해 낸 사실이나 정리해 낸 이론을 언어를 통하여 작성하는 일은 결코 쉬운 일이 아니다. 학문의 목적에는 주관적 관념 체계를 객관적 인식의 상태로 전환시키는 것이 중요하다. 그러므로 객관적인 관점에서 표현해야 한다. 논문은 학술적 표현을 원칙적으로 고도로 추상화되어 있는 전문용어를 사용함으로써 그 객관성을 확실히 한다.

그리고 논문에서는 감정이나 편견이 엿보이는 표현을 사용해서는 안 된다. 확실히 입증할 수 없는 의견을 표현하는 경우는 그 점을 명확히 밝혀 두는 것이 좋다.

(3) 논리적 표현

우리가 생각하는 여러 가지의 논리는 언어의 형식 위에 나타나게 된다. 그러나 이것은 항상 직접적인 반영으로 나타나는 것이 아니라 간접적으로 나타나기도 한다. 작성자가 당초 의도하던 바와 다른 논리를 형성하거나 아니면 무의식적인 형식 논리의 전개로 읽는 이를 당황하게 하기도 한다.

예를 들면, 논문에 '~ 밝히다' 라는 말은 분명히 어떤 모호한 부분을 구체화해서 명백하게 이해할 수 있게 하거나, 부분적인 사실에 지나지 않는 것을 어떤 대상 전체의 한 부분으로 보여 주는 행위이다. 그러므로 '밝히다' 라는 낱말보다 '~로 나타났다' 를 사용한다.

'구체적으로 말해서…' 라는 문구의 다음에는 앞에서의 추상적인 내용을 개별 상황에 적합하게 직접성으로 나타내는 서술이 뒤따라야 한다. 이런 경우에는 '다시 말해서…' 라든지 '곧' 이라는 단어를 사용한다.

'결론적으로…' 라는 표현이 부적합하게 사용됨을 볼 수 있다. 자신의 논지가 최종적으로 압축된 부분에서 사용되어야 함에도 불구하고 앞선 문장의 논리적 귀결에다가 이 말을 잘못 접속시키지 않도록 각별히 조심해야 한다.

'앞에서 말한 바와 같이' 라는 표현이 구체적으로 가리키는 앞부분이 어디에 있는지 불분명하거나 아주 없는 경우도 있다.

논리적 표현과 관련된 문제 가운데 하나로 자주 나타나는 것은 '짐작' 을 나타내는 '…라고도 할 수 있다.' 라든지 '…인 듯하다.' 라는 말은 읽는 이에게 자신의 논지를 불확실하게 전달하는 역기능을 한다.

9 연구논문 편집규정

1) 편집양식

(1) 원고는 반드시 아래 편집양식에 의거하여 아래아 한글 2002 이상으로 작성하여야 한다.

(2) 용지의 설정 및 글자의 크기는 다음 표와 같다.

용지의 설정			글자의 크기		
용 지	글 꼴	장 평	논문제목	논문부제	
A4용지	신명조	100	18	14	14
자간	줄간격	위쪽여백	Ⅰ.Ⅱ.Ⅲ	1.2.3	가.나.다
0	160	30	14	12	11
아래쪽여백	왼쪽여백	오른쪽여백	본문내용	각주	참고문헌
30	30	30	10	8	10
머리말	꼬리말	본문들여쓰기			
15	15	2			

2) 논문의 1쪽

논문의 1쪽에는 논문의 한글제목, 한글성명, 영문제목, 영문성명, 목차 순서로 작성하고, 성명에 위첨자로 '*' 표시를 한 후 꼬리말로 저자의 소속기관명, 직을 기입한다.

3) 논문의 2쪽

논문의 2쪽에는 논문의 요지를 밝히는 초록(국문은 영문초록, 영문은 국문초록)을 작성하여야 하며, 초록의 하단에 5개 이내의 Keyword를 영문(또는 국문)으로 기재하여야 한다.

4) 논문목차

논문목차의 작성순서는 실험논문인 경우에는 Abstract, 서론, 실험방법(또는 재료 및 방법), 결과 및 고찰, 결론(또는 요약 및 결론), 참고문헌의 순으로 작성하고, 일반적인 연구논문은 Abstract, 서론 본론(내용에 관한 소제목 열거), 결론, 참고문헌의 순으로 작성한다.

5) 사용언어

사용언어는 국문사용을 원칙으로 하되 전문용어나 오해의 소지가 있거나, 단어의 의미를 분명히 할 필요가 있을 경우에는 괄호 속에 원어를 적어 독자의 이해를 돕는다.

6) 장의 구성

장의 구성은 다음과 같이 한다

Ⅰ, Ⅱ, Ⅲ. · · ·

1, 2, 3. · · ·

가, 나, 다 · · ·

1) 2) 3) · · ·

가) 나) 다) · · ·

(1) (2) (3) · · ·

7) 표와 그림의 양식

(1) 표는 〈표 1〉 또는 〈Table 1〉으로 표기하고, 제목은 표 상단 중앙에 통일하여 표시한다.

(2) 그림은 〈그림 1〉 또는 〈Fig. 1〉으로 표기하고, 제목은 그림 하단 중앙에 통일하여 표시한다.

(3) 표 및 그림을 인용하였을 경우 반드시 출처(sources)를 밝혀야 한다.

(4) 표 및 그림은 바로 제판원고가 될 수 있도록 편집되어야 하며, 가운데 정렬을 원칙으로 한다.

10 논문작성의 형식

논문 작정의 형식은 각 대학교의 논문작성 지침서나 게재하고자 하는 학회의 양식을 참조하여 작성한다. 각 대학교이나 학회의 양식이 조금씩 다르므로 유의하여 작성한다.

1) 구두점 및 표시

(1) 마침표(.)

❶ 모든 문장의 종결이 이루어지는 곳에 마침표를 찍는다.

❷ 인용 저자가 있을 경우는 인용된 저자(~한다(정삼권, 2017.))를 쓰고 마침표를 찍는다.

❸ 괄호를 열어 설명이 부수적인 경우는 괄호 안에 마침표를 찍지 않는다.

(2) 쉼표(,)

❶ 동일한 의미를 가진 단어가 열거될 때 사용한다.

❷ 부수적인 설명이 이루어질 때 사용한다.

❸ 두 개의 종속절, 접속사에 의해 연결되는 것을 분리시키기 위해 사용한다.

❹ 1,000 이상의 숫자는 세 자리 단위로 쉼표를 사용한다.

(3) 세미콜론(;)

❶ 접속사에 의해 연결되지 않는 두 개의 독립절을 분리시킬 때 사용한다.

❷ 쉼표를 가지고 있는 요소들을 분리하여 제시할 때 사용한다.

(4) 콜론(:)

❶ 비유를 나타낼 때 사용한다.

❷ 참고문헌에서 출판장소와 출판사명을 분리할 때 사용한다(서울: 삼권출판사).

❸ 논문의 제목에서 부수적인 설명을 필요로 할 때 사용한다.

(5) 쌍따옴표(" ")

❶ 직접인용문을 사용할 때 사용한다.

❷ 참고문헌 내에서는 따옴표를 사용하지 않는다.

❸ 새로운 용어, 주의를 요하는 용어 또는 사투리와 같은 용어를 기술할 때 따옴표를 사용한다. 그러나 첫 단어에서만 사용하고 다음 단어에서는 사용하지 않는다.

(6) 줄임표(…)

❶ 직접인용문에서 줄임표를 사용할 경우 세 개의 줄임표를 사용한다.

❷ "... 생략 ..."으로 표현할 수 있다.

(7) 소괄호(( ))

❶ 한 문장에서 부수적인 설명이 필요한 경우 사용한다.

❷ 표나 도표를 문장의 마지막에서 참고로 제시할 필요가 있을 경우 사용한다.

❸ 문장 내에서 참고문헌을 인용할 필요가 있을 경우 사용한다.

❹ 참고문헌을 작성할 때나 연도를 표시할 경우 사용한다.

❺ 요약된 약어를 기술할 경우 사용한다.

❻ 한 문장 내에서 식별 또는 강조할 필요가 있는 내용의 서술이 필요할 경우 사용한다.

❼ 수학적 공식을 사용할 경우 사용한다.

(8) 영어의 대소문자와 소문자

❶ 저자의 이름 등에는 대소문자로 표기한다.

❷ 지명의 이름, 고유명사 등에는 대문자로 표기한다.

❸ 본문에서 일상적인 용어를 설명할 때 괄호를 열어서 소문자를 사용한다.

(9) 영어의 약어

❶ 이미 서술된 영어의 약어를 서술할 경우 사용한다.

(10) 통계처리 결과

❶ p 수치 : $p<$ .05 또는 $p<$ .01, $p<$ .001(부등호(<) 다음 1칸 띄우기)

❷ t 수치 : $t=$ .34(등호(=) 다음 1칸 띄우기)

❸ 신뢰도 : $R=$ .78 또는 R^2=89.00

❹ F 수치 : $F(1, 751)=7.12$, $p<$ .01

(F 처리를 한 결과에서 자유도가 1이고 도수가 751이며, F수치는 7.12를 나타내고, 그 결과를 확률로는 .01보다 작다는 의미)

2) 인칭과 수

(1) 인칭

❶ 일반적으로 3인칭을 사용한다. 가급적이면 1인칭을 쓰지 않는다.

❷ 인칭 복수형인 "우리"를 쓰지 않는다.

❸ 1인칭의 경우 "연구자", "본 연구" 등과 같은 간접적인 표현이 좋다.

(2) 숫자

❶ 원칙적으로 아라비아 숫자를 사용하도록 한다.

❷ 10 이하인 숫자의 경우는 하나, 둘, 셋, … 또는 일, 이, 삼 … 또는 첫째, 둘째, 셋째, … 등과 같은 표현이 허용된다.

(3) 외래어 및 인명

❶ 외래어 표기는 일관성 있게 통일하여 사용한다.
특히, 문화관광부(2000)의 "국어의 로마자 표기법"을 따른다.

❷ 술어는 가급적 역어로 사용하되, 반드시 괄호 안에 원어를 삽입한다. 이때 대문자를 사용하지 않는다. 단 원어를 쓴 다음에 약어로 다시 표기할 때는 원어를 쓰고 콜론(:)을 찍은 다음에 약어를 대문자로 기재한다.

❸ 적절한 역어가 없거나 공통된 역어를 발견하기 어려운 학술용어는 원어를 그대로 표기한다.

❹ 고유명사, 인명의 경우는 역어를 쓰지 않고 원어를 그대로 사용한다.

❺ 논문의 본문에서 인명의 표기는 한국, 중국 명은 성명을 모두 기입하되, 일본과 구미 명은 성(last name)을 기입해도 좋다. 인명에는 존칭의 사용을 생략한다.

3) 인용

인용은 이론을 뒷받침하기 위하여 중요한 사실에 대한 근거를 제시해야 할 필요가 있을 경우에는 관련분야 연구를 인용하는 것이 효과적이다. 그러나 지나친 인용의 남용은 논문의 가치를 저하시키는 결과를 초래하므로 인용할 가치가 충분히 있는 것이어야 한다. 아무리 사소한 부분이라도 남의 논문에서 인용된 것이면 인용의 근거를 양식에 맞추어 명확히 밝혀야 한다.

(1) 직접 인용

직접 인용이란 관련논문의 내용을 맞춤법 하나 바꾸지 않고 원문 그대로 옮기는 것을 말한다. 일반적으로 규정이나 법조문, 변수 정의 등과 같은 성격의 내용이나 관련논문에서 특히 중점을 두거나 강조하고 싶을 때 직접인용을 한다.

❶ 직접 인용하고자 하는 내용이 3행 이내일 경우에는 문장 속에 쌍따옴표(" ")로 표시한다.

❷ 줄을 바꾸어 다른 문단으로 쌍따옴표 없이 시작할 수 있다. 이때 인용되는 부분의 앞뒤에 각각 한 줄씩 띄우고, 좌단 여백에서 세 글자 들여쓰기 문단, 글자체도 작게 조절하여(글자 크기 9) 본문의 내용과 직접인용 부분이 쉽게 식별될 수 있도록 한다. 이렇게 직접 인용하는 부분을 쉽게 표시하며, 동시에 문장의 끝에 인용한 페이지를 표시한다.

(2) 간접 인용

간접 인용은 인용하고자 하는 내용을 그대로 인용하지 않고 연구자의 말로 바꾸어 인용하는 것이다. 참고한 문헌은 정해진 양식에 맞추어 그 출처를 반드시 제시한다.

(3) 재인용

인용은 1차적 지표(primary source)에서 하는 것이 원칙이나 부득이 남이 인용한 것을 재인용 또는 2차 인용(secondary source citation)을 하게 된다. 이런 경우 정해진 양식에 의해 재인용이라는 사실을 밝혀야 한다.

❶ 김홍길(1990: 정삼권, 2012 재인용)은 …

❷ …을 제시하였다(Hoving, 1979: 정삼권, 2012 재인용).

4) 주(註) 작성

주는 본문의 내용을 보다 상세히 설명할 필요가 있는 경우에 한하여 사용하며,

본문 하단에 첨부한다. 본문에는 저자명과 간행연도, 페이지 등을 괄호( )로 묶어 표시하고, 논문 말미의 참고문헌에서 처리하여 찾아볼 수 있도록 한다. 그러나 각주나 미주는 사용하지 않고, 내주의 사용을 선호하는 것이 현재 세계적 경향이다.

내주는 문맥의 흐름에 따라 저자명과 출판연도, 페이지 등을 문장의 앞 또는 뒤에 삽입할 수 있다. 여러 저자를 나열할 경우에는 한국, 일본, 중국, 서양의 저자 순으로 한다. 또한 각각의 순서는 저자 이름에 기초하여 한글의 자, 모음 순과 영어의 알파벳순으로 작성한다. 출판연도에 기초하여 순서를 정하지 않는다. 또한 저자와 저자 사이를 구분할 경우에는 세미콜론을 사용한다.

(1) 단독연구

❶ 정삼권(2013)에 의하면…,

❷ …라는 견해도 있다(김홍길, 2012).

(2) 공동연구

❶ **2명** 정삼권 · 김홍길(2013)은…, Robinson & Bamford(1980)는…,

두 명의 저자이면 인용될 때마다 반드시 두 성명을 모두 적는다.

❷ **3명 이상** 정삼권 등(1987)은…, Robinson 등(1980)은…

…(김홍길 외, 1987), …(Robinson et al., 1987)

처음 인용될 때에만 모든 작가의 이름을 적고, 그 후로는 첫 번째 작가의 이름만 적은 후 “et al.”이라 쓴다.

(3) 다수연구

한 명 이상의 작가가 언급되어야 할 때, 첫 작가의 성에 따라 알파벳순으로 적고, 세미콜론(;)으로 구분한다.

❶ 연구(Aldag & Brief, 2011; Alderfer, 2012; Beatty, 2013; Jeanquart, 2011).

❷ 이들 연구(김홍길, 1990; 정이권, 2012)에 의하면…,

❸ …라는 견해도 있다(정삼권, 1985; Haggett, 1990; Schaefer, 1989).

❹ 동일연도에 복수 문헌을 인용할 때는 발행연도 순으로 적는다.
정삼권(1991a, 1991b)은… 또는 …(김홍길, 1991a, 1991b).

❺ 문헌의 특정부분을 직접 인용할 때는 발행연도 뒤에 해당되는 페이지(쪽)를 적는다. 직접 인용한 부분의 페이지가 한 장일 경우에는 p.350, 두 장 이상일 경우에는 pp.350-352 기록한다.
정삼권(1995, p.250)은 ... 또는 "………"(김홍길, 1995, pp.350-420).

❻ 신문기사를 인용할 경우
…라는 견해도 있다(매일신문, 1995/5/1).

5) 표(表)와 그림(圖)

수집한 자료나 실험결과를 정리하여 표(table)나 그림(figure)으로 만들어 제시하는 것이 보다 더 간명하고 효과적인 방법이다. 경우에 따라서는 사진으로 제시하면 더욱 정확하게 설명될 수 있다. 그러나 표와 그림은 반드시 문자만으로 의사전달이 불충분할 때 사용하기 때문에 자료의 선정에 신중을 기하여야 하며 불필요한 자료의 반복을 삼간다.

(1) 표 작성

표의 위치는 표에 대한 언급이 있는 직후가 가장 이상적이다. 표가 한 페이지 미만인 경우 처리하기 쉬우나, 두 페이지 이상의 경우에는 두 면으로 표시할 수 있다. 가능하면 축소하여 한 면에 표시하는 것이 가장 좋은 방법이다.

표 제목은 간단하지만 명확하고, 설명이 충분하도록 한다. 제목의 약자는 괄호를 사용하여 설명한다. 만일 긴 설명이 필요하면, 표 아래에 주를 첨가한다. 표 제목의 위치는 표의 위쪽 중앙 편에 위치하며 중고딕체로 표기한다. 표 번호에 붙여서 마침표를 찍고, 한 칸 띄어 제목을 기술한다. 표 제목이 길어서 두 줄 이상을 차지하는 경우에 들여쓰기나 내어쓰기를 하지 않고 그대로 표기한다.

[표 4] 조직유효성과 경영성과에 대한 회귀분석표

독립변수	비표준화 계수		표준화	t값	유의확률	결과
	β	표준오차	Beta			
(상수)	1.802	.173	–	10.445	.000	
직무 만족	.193	.056	.188	3.442***	.001	채택
조직 몰입	.335	.057	.321	5.869***	.000	채택
종속변수=경영 성과 R= .453, R^2= .206, 수정R^2= .201				F=49.298, Sig.= .000 Dubin-Watson=1.956		

*: p< .05, **: p< .01, ***: p< .001

표 안의 표제 단어(heading)는 자료의 조직 방식을 나타내 주는 것이다. 그리고 그 열 내에 가장 폭을 넓게 차지하는 자료를 기준으로 표제 단어가 그보다 크지 않도록 한다. 보통 쓰이는 비전문적 약자는 설명 없이 쓸 수 있으나 전문용어, 집단명 등은 주에 설명을 덧붙인다. 표의 각 열에는 반드시 표제 단어가 있어야 하며, 맨 왼쪽 열(stub column)에는 주요 독립변인이 제시되며, 하위 집단이 필요하다면 따로 열을 만드는 것보다는 들여쓰기를 하는 것이 좋다. 표제 단어는 중고딕체로 9포인트 크기로 작성한다.

표에는 세 가지 종류의 주(註)를 사용할 수 있다. 일반 주, 상세 주, 그리고 확률 주이다. 일반 주는 표와 관련된 전반적인 정보를 제공하고 설명한다. 그리고 약자나 기호에 대한 설명으로 끝난다. 보통은 "주"(중고딕/10포인트)라고 시작한다. 상세 주는 특정한 열이나 행을 가리키고 위 첨자로 표시한다. 확률 주는 검증의 유의미를 나타내며, 별표는 귀무가설이 기각되는 정도를 나타낸다. 이때 정해진 수의 별표가

의미하는 확률은 한 논문 내에서 일정하도록 한다. 별표의 수가 적을수록 높은 확률을 가리키도록 한다.

표에 있는 둘 이상의 값들을 비교하고 차이의 유무를 보이고자 하는 경우에는 소문자 아래 첨자를 쓰도록 한다.

주의 순서는 일반 주, 상세 주, 그리고 확률 주의 순서로 제시하며, 왼쪽 여백 없이 새로운 줄에 시작한다. 주는 반복 설명을 피하는 데 유용하며, 어떤 정보의 위치를 주로 만들며 표에 삽입시킬지를 결정하는 기준은 독자가 어떤 쪽을 더 잘 이해할 수 있을지에 달려있다. 따라서 확률 값이 다양하다면 별도의 열을 구성하여 삽입하는 것이 더 좋을 것이며, 단순히 반복되는 값들이라면 주에 삽입하는 것이 자연스러울 것이다. 주의 줄 간격은 130으로 한다.

표에서 사용되는 줄은 명확성을 높여줄 경우에만 사용하며, 세로줄 또는 가로줄을 생략하는 경우도 있다. 보통은 줄을 사용하기보다 적절하게 여백을 주는 것이 효과적일 수 있다. 표에서는 세로 테두리선을 쓰지 않는다. 가장 바깥 가로 선은 굵은 선을 쓰고 안쪽 가로 선은 가는 선을 사용한다. 문서편집기로 표를 작성하는 경우에도 세로줄은 나타나지 않도록 만든다.

(2) 그림(도형) 작성

논문에서 그림은 파워포인트에서 작성하는 것이 좋다. 워드나 흔글에서 작성하면 편집할 때에 수정하기 불편하다.

그림의 제목은 그림 아래쪽에 위치하게 작성한다. 표의 제목이 위쪽에 위치하는 것과는 대조적이다. 제목은 흔글에서 "입력-캡션달기"로 작성할 수 있다.

그림 설명은 범례에 포함되지 않은 측정단위, 기호 약자 등에 관한 설명을 덧붙여서, 독자가 그림이 주는 내용을 파악하기 위하여 본문을 볼 필요가 없을 정도로 작성하여야 한다.

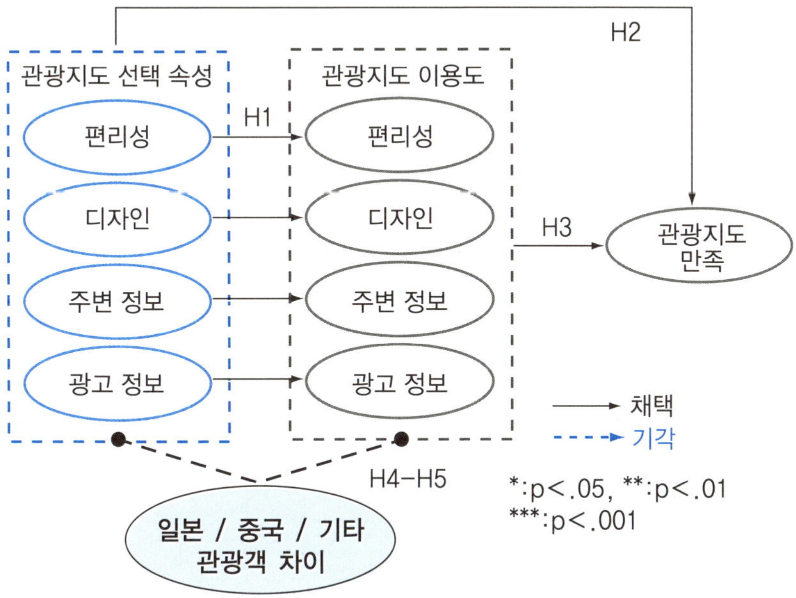

[그림 11] 연구모형

(3) 문서 만들기

연구자는 응용통계 프로그램에서 얻어진 정보(표, 그림)를 그대로 복사하여 사용하지 않는 것이 좋다. 표는 혼글 또는 MS 워드 프로그램에서 재작성하며, 그림은 파워포인트에 붙여넣기 하여 수정한 후 복사하여(Ctrl+C) 혼글 프로그램에 붙여넣기(Ctrl+V)를 실시하여 작성한다. 잘 그려진 표나 그림을 복사하여 사용하며, 다음 기능은 엑셀, 워드, 혼글, 파워포인트 등에서 공통으로 사용하는 기능이다.

복사 기능 Ctrl+C : [편집]-[복사하기]

붙여넣기 기능 Ctrl+V : [편집]-[붙이기]

오려두기 기능 Ctrl+X : [편집]-[오려두기]

되돌리기 기능 Ctrl+Z : [편집]-[되돌리기]

❶ 그림 작성

가. 그림은 power point에서 작성하고 복사하여 훈글, MS워드(Word)에 붙여 넣는다.

나. 그림 제목은 그림 아래에 위치한다. 그림 제목 작성은 마우스를 그림에 놓고 [오른쪽 마우스 → 캡션달기]에서 작성한다.

❷ 표 작성

가. 훈글, Word에서 작성하고 복사하여, 파워포인트에 붙여넣기를 한다.

나. 표 제목은 표 위에 위치한다.

❸ 문서 작성

가. 자동 백업 : [파일]–[환경 설정]–[편집]–[백업파일 체크]

나. 각주 달기 : Ctrl+N, N

다. 수식 표시 : [입력]–[개체]–[수식]

라. 쪽/구역 나누기 : [모양]–[나누기]–[쪽 나누기]

마. 숨은 기능 : [보기]–[조판 부호]

바. 문단 스타일 : [모양]–[스타일]

❹ 편집 용지

가. 전체 편집용지 : [모양]–[편집용지]

나. 190×260mm(각 대학원 양식 참조)

6) 참고 문헌(reference)

논문(1장~5장)에서 제시한 모든 참고문헌은 논문의 말미에 있는 참고문헌에서 수록한다. 참고문헌 작성 시기는 논문을 작성하면서 즉시 기술한다. 논문을 어느 정도 완성한 후에 작성하면 시간이 많이 소요되며, 자료를 다시 찾게 될 수도 있다.

참고문헌의 제시 순서는 표기 언어를 기준으로 한국어 출판물을 먼저 제시하고 다음에 외국 출판물을 제시한다. 외국 출판물의 경우에 동양문헌 다음에 서양문헌의 순서로 제시한다. 동양문헌의 제시 순서는 해당 국가명을 영어로 표기했을 때의 알파벳 순서를 따른다. 국내문헌, 중국문헌(China), 일본문헌(Japan) 그리고 서양문헌의 순서가 되는 것이다.

참고문헌의 내용이 두 줄 이상의 경우에는 두 줄부터 모든 내용을 들여쓰기 '4'를 한다.

(1) 저자가 1인의 경우, 동양저자는 성명, 서양저자는 Last, Fist. Mid.으로 작성한다(김홍길, Kim, H.K. 또는 Kim, H. K.).

(2) 저자가 2인 이상의 경우, 한국저자는 성명 사이에 마침표 위첨자(.), 서양저자는 성명 사이에 콤마(,)로 구분하며, 마지막 저자 앞에 and, &를 표시한다.

(3) 본문에서 3인 이상일 경우에 첫 저자의 성(last name)만을 기재하고 다음에 'et al.'을 사용하고, 참고문헌에서는 모든 저자의 성과 이름을 기재한다.

(4) 연도는 저자 다음에 기록하며, 동일 연도에 자료가 2개 이상이면 알파벳 소문자를 표시한다(정삼권(2013a), Jung, S.K.(2013a).).

(5) 정기간행물이나 학술지는 그 논문의 첫 페이지부터 끝 페이지까지를 기입한다. 그러나 서적이나 학위논문은 페이지를 기록하지 않는다.

(6) 학술지, 국내 서적명은 굵게 표시하거나 『 』로 표시하고, 외국 서적명과 정기간행물의 이름은 이탤릭체를 사용한다. 밑줄이나 학회명을 기록하지 않는다.

(7) 외국 출판 서적명과 정기간행물의 제목은 첫 글자만 대문자를 사용하고 나머지는 모두 소문자를 사용한다.

(8) 정기간행물의 서적명은 일반 글씨체(신명조)를 사용하고, 정기간행물의 권(호), 페이지의 처음과 끝은 일반 글씨체로 쓴다.

(9) 정기적 혹은 비정기적으로 개최되는 학술발표회에서 발표된 논문은 저자명 바로 뒤에 발표된 연도를 괄호로 묶어 제시하고 마침표를 찍는다. 이어서 연구의 제목을 적고 마침표를 한 후 중고딕체(영문은 이탤릭체)로 게재된 간행물명, 면수, 발표일자 및 장소를 예시처럼 적는다.

(10) 편집서나 저서에 포함된 단일 논문의 인용 : 단행본으로 발간된 서적에 포함된 문헌을 인용했을 경우에는 인용한 장(章)의 저자명 다음에 출판연도를 괄호 안에 적고 마침표를 하고 장의 제목을 적는다. 그리고 전체 책을 엮은 편집자의 성명을 적고, 한 칸 띄고 괄호 안에 편집은 '편', 저서는 '저'(영어는 편집자명 앞에 "In"을 넣어 시작하여 적고 괄호 안에 Ed. /편집자가 복수일 경우 Eds.)라고 표시한 후 책의 제목을 중고딕체(영어는 이탤릭체)로 적는다. 그리고 저서명에 이어서 괄호 안에 해당 쪽수를 pp.로 표시하여 적어 넣는다. 단 영문서적의 경우에는 편집자명 앞에 "In"을 삽입한다. 괄호로 묶은 쪽수 다음에는 마침표를 찍고 출판장소와 출판사명을 적고 마침표를 한다.

(11) 출판 중에 있는 도서

① 김병하(인쇄 중). 청각장애아 교육의 이론과 실제. 서울 : 도서출판 특수.

② Cohen, J. (in press). Statistical power analysis for behavioral science. New York : Academic press.

(12) 인터넷

Author, I. (1998). Technology and immediacy of information [On-line] Available http://www.bnet.act.com

참고문헌 예제

[국내 연구문헌]

김홍길(2016). 커피점포의 선택속성이 고객의 이미지 및 행동의도에 미치는 영향에 관한 연구, 『관광레저연구』, 28(7): 313-328.

정삼권(2005). 여행업에서 인스턴트 메신저를 활용한 업무 효율성 제고방안에 관한 연구, 경희대학교 관광대학원 석사학위논문.

정삼권 · 변정우(2008b). 한국 도매여행사의 인터넷 마케팅 전략 : 하나투어 사례 연구, 『호텔경영학연구』, 17(2): 1-20.

정삼권 · 변정우(2007). 한국 도매여행사의 인터넷 마케팅 전략 : 하나투어 사례 연구, 『2007년 제34차 추계 정기학술논문발표대회』, 한국호텔경영학회, 경희대학교 관광호텔관 2층, 168-189.

[국내 참고문헌]

일도컴퓨터(2008), 『여행업 경영정보시스템 제안서』, 서울 : 일도컴퓨터.

채서일(2007), 『사회과학조사방법론 3판』, 고양 : 비앤엠북스.

통계청(1998), 제7차 한국국제표준산업분류 개정(KSIC-7) 해설, 통계청고시 제 1998-1호), www.nso.go.kr.

[국외 연구문헌]

Buhalis, D.(2000). Tourism and Information technologies; Past, present and future, Tourism Recreation Research, 25(1): 41-58.

Baltzan, P., and A. Phillips(2008). Business Driven Information Systems, 고석화 · 권순동 · 김태성 · 민대환 · 최형림 · 홍순구 역(2008), 『비즈니스 정보 시스템』, 파주: 생능출판사.

Cheon, M.J., Grover, V., and Teng, J.T.C.(1995). Theoretical perspec-tives on the outsourcing of information systems, Journal of Information Technology, 10(3): 209-219.

[기타 : 웹 사이트]

국가통계포털(2011/10/03). www.kosis.kr :

7) 초록(Abstract)

(1) 한글 또는 한글 · 한문 논문에는 외국어(주로 영어)초록을, 외국어 논문에는 한글 또는 한글 · 한문 초록을 논문 말미에 첨부한다.

(2) 초록은 참고문헌 다음 페이지에 작성하며, 2페이지 이하로 작성한다.

(3) 초록의 제목은 외국어의 경우 관사, 전치사 및 접속사를 제외한 모든 단어 첫

글자만 대문자로 표시한다. 단 부제를 같이 서술할 경우에는 본제의 끝에 띄우기 없이 세미콜론을 찍고 한 칸 띄운 다음에 첫 단어의 첫 글자만 대문자를 사용하고 나머지는 모두 소문자로 표시한다.

(4) 초록의 내용은 간결해야 하며, 연구목적, 연구방법, 결과의 핵심적인 부분과 제언 등을 포함한다.

(5) 영문초록을 작성할 때 특히 유의할 점을 지적하면 다음과 같다.

① 수동태보다는 능동태로 표현하는 것이 좋다.

(O) Dunsing (1990) conducted the survey …

(X) The survey was conducted by Dunsing (1990) …

② 초록은 논문을 완성하고 난 뒤에 쓰는 것이기 때문에 과거형으로 표현한다. (O) Dunsing discussed the same question…

③ 초록에 포함될 내용 중에 과거의 행동이나 상태가 일정한 시기에 발생한 것이 아니고 과거에 발생하여 현재까지 계속되고 있는 것일 때는 현재분사형을 사용한다. (O) Since that time researchers have used the same method…

8) 부록(Appendix)

본문에서 취급하기가 너무 번잡한 자료나 보충적인 성격을 띠는 자료를 수록한다. 경우에 따라서는 표나 그림을 부록에 따로 모아서 본문을 간결하게 만드는 경우도 있다. 부록에 수록되는 사항이 많은 경우는 부록 Ⅰ, Ⅱ … 등으로 구분하기도 한다. 기타 언급되지 않은 사항은 각 학문계열 양식에 준한다. 설문지는 부록에 속하므로 논문의 마지막에 위치한다.

9) 감사의 글

감사의 글은 학위논문에서 의무사항은 아니지만 한 페이지 정도 작성하여 그동

안 도움을 지도하여 주신 분들과 가족에게 자신의 마음을 전달하면 좋다. 조금은 쑥스럽지만 예제 문항을 참고하여 작성한다. 특별한 형식은 없지만 성의껏 간단하게 작성한다. 감사의 글은 제1장 서론 전에 위치한다.

感謝의 글

이 論文을 마무리하며 지금까지 부족함이 많은 저에게 많은 도움을 주신 분들에게 정말로 머리 숙여 감사드립니다.

大學校를 1985年 2月에 卒業하여 오랫동안 社會生活을 하고 會社를 運營하면서 부족한 學問을 할 수 있도록 도와주시고 碩士뿐만 아니라 博士論文을 잘 마무리할 수 있도록 指導하여 주시면서 자상하게 말씀하여 주신 邊正雨 지도교수님, 入學面接에서 처음 뵈었지만 속정이 많으시면서 사랑을 아끼지 않고 격려하여 주신 李承坤 교수님, 學問을 人間美가 있는 學者의 모습으로 제자를 이끌어 주시는 李忠基 주임교수님도 眞心으로 깊은 감사드립니다.

大學院 學校生活에서 많은 도움을 아끼지 않았던 주현식 교수님과 즐겁고 열심히 노력한 하여준, 서윤원, 강병찬 선배님, 동기생 이성일, 오길창과 황순애, 강정길, 노영, 최형인 후배에게 감사드립니다.

제가 태어날 수 있게 하여주신 父母님과 저를 키워주신 어머님, 제가 사랑하는 형님들과 형수님 그리고 여동생 家族에게 감사드리며, 무엇보다도 지금까지 저를 믿어주고 사랑하는 아내 鄭美玉, 선생님이 꿈인 예쁜 딸 혜선, 착한 아들 재헌, 그리고 항상 勞心焦思 염려를 하여주신 장인, 장모님과 妻男들에게 사랑과 감사를 드립니다.

앞으로 家族들과 저는 저희를 알고 계시는 모든 분들을 위하여 아름다운 마음과 挑戰의 정신을 갖고 열심히 誠實하게 할 것을 約束드리며, 감사의 글을 접을까 합니다. 진심으로 여러분들에게 감사합니다.

2009년 1월 7일

鄭 三 權

Ⅱ 논문작성 2단계

1 논문 목차 구성

학위논문은 대부분 제5장으로 구성하며, 일부의 논문은 제6장 또는 제7장으로 구성하기도 한다. 정량적인 논문은 제1장 서론(Introduction), 제2장 이론적 고찰(Theoretical Review), 제3장 연구방법(Methods), 제4장 결과 분석(Results), 제5장 결론(Conclusion) 등으로 구성하여 작성한다. 정성적인 논문은 정량적인 논문과 비슷하게 구성되며, 제3장 또는 제4장을 다르게 구성한다.

목 차 (1)

제1장 서론

1. 연구배경 2. 문제제기(Research Problem) 3. 연구목적
4. 연구구성(이 절은 학술논문에서 제외)

제2장 이론적 배경(문헌 연구)

제1절 : 연구모형에 없는 변수의 keyword를 정의, 현황 : 문헌(이론) 연구

제2절 : 독립변수 개념 정의, 측정도구

제3절 : 매개변수 개념 정의, 측정도구

제4절 : 종속변수 개념 정의, 측정도구

제5절 : 독립변수와 매개변수 간의 관계

제6절 : 매개변수와 종속변수 간의 관계

제7절 : 독립변수와 종속변수 간의 관계

제3장 연구방법 및 분석설계

제1절 1. 연구모델　2. 연구가설　3. 변수의 조작적 정의

제2절 : 설문지 작성 및 분석방법

제4장 실증분석

제1절 인구통계학적 및 일반적 특성 분석

제2절 타당성 및 신뢰도 분석

제3절 가설 검정 및 결과

제5장 결론

1. 요약　2. 시사점(Recommendation)　3. 한계점(Limitation)

2 논문 목차 변화

학위논문 목차의 구성은 자신의 연구 모형에 따라 목차(1)과 같이 구성하지만 목차(2)와 같이 작성하는 방법이 요즘의 추세이다. 학위논문의 목차는 대부분 비슷하지만 제2장은 연구모형에 준하여 작성한다. 즉, 목차(1)의 제2장 제5절 및 제6절은

목차(2)의 제3장 제1절 제2항에 구성한다. 이는 자신의 연구가설을 설정하기 위하여 기존 연구의 이론 검정을 제시함으로써 자신의 연구 타당성을 보여준다.

목 차 (2)

제1장 서론

1. 연구배경 2. 문제제기 3. 연구목적 4. 연구구성

제2장 이론적 배경(문헌 연구)

제1절 : 연구모형에 없는 변수의 keyword를 정의, 현황
문헌(이론) 연구(1논문 당 3~4 Page)

제2절 : 독립변수 개념 정의, 측정도구

제3절 : 매개변수 개념 정의, 측정도구

제4절 : 종속변수 개념 정의, 측정도구

제3장 연구 설계

제1절 제1항 연구모델

제2항 연구가설

1) 독립변수와 매개변수 간의 관계

2) 매개변수와 종속변수 간의 관계

3) 독립변수와 종속변수 간의 관계

제3항 변수의 조작적 정의

1) 명목(이론)적 정의 : 연구자가 용어의 뜻을 규정

2) 조작적 정의 : 측정하기 위한 도구 정의

제2절 : 설문지 작성(일반특성, 독립, 매개, 종속, 인구통계),
분석방법(요인분석, 신뢰도, 상관관계, 회귀분석, 구조방정식)

제4장 실증분석 : 연구모형에 따라 분석이 다름

제1절 인구통계학적 및 일반적 특성 분석

1) 인구통계학적 특성 분석

2) 일반적 특성 분석

제2절 타당성 및 신뢰도 분석

1) 독립변수 타당성 및 신뢰도 분석

2) 매개(종속)변수 타당성 및 신뢰도 분석

3) 상관관계 분석

제3절 가설 검정 및 결과

제5장 결론

1. 요약 2. 시사점(이론적, 실무적) 3. 한계점 및 향후 연구

3 논문 목차 작성

여러분은 학위논문을 어느 장부터 작성하면 좋을까? 그것은 정답이 없다. 단지 논문 연구자가 결정하면 된다. 처음으로 학위논문을 작성하려는 학생은 제2장부터 작성하면 좋다고 추천한다. 왜냐하면 제1장의 서론은 연구모형과 일치하게 작성하여야 하므로 연구모형이 완성된(통계분석 실시) 후에 연구배경 및 문제제기 그리고 연구목적을 작성하도록 한다.

제2장 제1절은 연구모형에 없는 주요한 키워드(해당산업 현황)를 작성하며, 지도교수의 성향에 따라 생략되기도 한다.

제2장 제2절은 연구모형의 독립변수(B2B 관계가치)에 대한 정의와 측정도구에 대하여 작성한다. 정의와 측정도구는 번호로 구분하여 작성한다.

제2장 제3절은 연구모형의 매개변수(B2B 관계매개 특성)에 대한 정의와 측정도구에 대하여 작성한다. 변수(관계만족, 관계신뢰, 관계몰입)가 2개 이상이면 번호로 구분하여 작성한다.

제2장 제4절은 연구모형의 종속변수(애호도)에 대한 정의와 측정도구에 대하여 작성한다.

학위논문 목차의 규정은 각 대학교 홈페이지의 논문양식 규정을 따르면 된다.

4 논문 요약 방법

문헌연구를 요약하는 목적은 다음과 같다. 논문작성자가 논문을 읽고 요약하기 위해서는 기존 연구자의 논문을 파일(pdf, hwp, word)로 저장하여 보관하고 논문 전체를 출력한다.

첫째, 논문작성자가 자신의 연구모형을 만들기 위한 과정으로 기존 연구자의 연구목적, 연구대상, 연구모형, 분석결과, 시사점, 변수정의, 변수 측정도구(항목) 등을 기록하면서 현재까지 밝혀진 이론을 정확히 파악하여 자신이 연구하고자 하는 목적을 명확히 찾고자 함이다.

둘째, 논문을 작성하는 초보자가 논문을 읽기만 하고 요약하여 기록하지 않으면 논리적으로 정리되지 않는다.

셋째, 논문 요약 방법을 경험하면 기존 논문의 필요한 부문만을 읽게 되어(색칠, 접기) 빠르게 요약하고 정리할 수 있다.

넷째, 논문 요약본 3~5페이지와 논문 찾을 때 출력물 7페이지(첫 페이지의 연구 제목, 3장의 연구모델, 4장에 있는 가설의 분석결과, 설문지)를 지참하고 이동하면 간편하며, 지도교수 또는 지인과 연구모형을 결정할 때 매우 유효하다.

다섯째, 논문 요약은 자신의 연구모형이 지도교수와 확정될 때까지 실시하며, 설문지를 작성할 때 편리하다.

문헌연구를 요약하는 방법

1) 참고문헌 정보를 기록한다.
2) 연구모델을 그린다.
3) 연구자의 연구내용(표본 대상, 표본 수, 연구 방법)을 기록한다.
4) 변수의 정의와 측정도구(문항 수, 문항내용, 척도)를 작성한다.
5) 가설 검정결과(채택 유무, t, 베타, 경로계수)를 연구모델에 표시한다.

이처럼 반복적으로 10편 이상 논문을 요약한 후에 전체적인 문헌연구의 종합요약(summary)을 작성한다.

1) 참고문헌 정보 등록

연구자는 문헌연구의 정보를 흔글(워드)로 작성하여 마지막 페이지의 참고문헌에 기록한다. 참고문헌은 국내 연구문헌, 국내 참고문헌, 국외 연구문헌, 기타 등으로 구분하여 기록한다.

참고문헌 정리는 APA(미국심리학회)의 형식에 준하여 작성한다. 국내문헌은 저자의 가나다순으로 먼저 정리하며, 국외문헌은 Last Name(성)의 알파벳순으로 정리한다.

[국내 연구문헌]

김홍길(2015). 커피프랜차이즈 매장의 선택속성이 매장이미지와 소비자 감정에 미치는 영향 연구, 『관광레저연구』, 27(11): 359-376.

정삼권(2005). 여행업에서 인스턴트 메신저를 활용한 업무 효율성 제고방안에 관한 연구, 경희대학교 관광대학원 석사학위논문.

정삼권 · 변정우(2007). 한국 도매여행사의 인터넷 마케팅 전략 : 하나투어 사례연구, 『2007년 제34차 추계 정기학술논문발표대회』, 한국호텔경영학회, 경희대학교 관광호텔관 2층, 168-189.

[국내 참고문헌]

일도컴퓨터(2008), 『여행업 경영정보시스템 제안서』, 서울 : 일도컴퓨터.

채서일(2007), 『사회과학조사방법론 3판』, 고양 : 비앤엠북스.

통계청(1998), 제7차 한국국제표준산업분류 개정(KSIC-7) 해설, 통계청고시 제1998-1호), www.nso.go.kr.

[국외 연구문헌]

Buhalis, D.(2000). Tourism and Information technologies; Past, present and future, Tourism Recreation Research, 25(1): 41-58.

Baltzan, P., and A. Phillips(2008). Business Driven Information Systems, 고석화 · 권순동 · 김태성 · 민대환 · 최형림 · 홍순구 역(2008), 『비즈니스 정보 시스템』, 파주: 생능출판사.

Cheon, M.J., Grover, V., and Teng, J.T.C.(1995). Theoretical perspectives on the outsourcing of information systems, Journal of Information Technology, 10(3): 209-219.

[기타 : 웹 사이트]

국가통계포털(2011/10/03). www.kosis.kr :

2) 기존연구자의 연구모델 그리기

논문작성자는 기존연구자의 연구모델을 그리면서 변수명에 대해 속성들을 파악하려고 노력한다.

❶ 기존문헌연구의 모델은 동일한 도형으로 파워포인트에서 그린다.

❷ 기존연구의 가설 번호는 중요하지 않으므로 생략할 수 있다.

❸ 연구가설의 검증 결과(대부분 4장)는 검증방법(경로, 회귀)에 따라 분석결과를 실선(채택), 점선(기각) 등을 표시한다.

❹ 기존연구의 분석결과 값은 표시를 생략하고 3)항과 5)항으로 대체할 수 있으며, 이러한 계수값은 연구자의 제3장 연구가설 작성에서 유용하게 사용한다. 그러나 작성자 연구의 분석결과 값은 제4장의 분석결과 모형을 제시할 경우에 회귀분석, 경로분석의 표준화 계수값을 표시한다.

그림에서 회귀분석은 표준화된 계수(Standardized Coefficients)의 베타값(β, $p<0.05$)을 표시하고, 구조방정식은 표준화 경로 계수값 또는 C.R.값(t, $p<0.05$)을 표시한다. 그리고 일부 회귀분석이나 경로분석이 없는 경우에는 상관관계분석의 계수 람다값(λ, $p<0.05$)을 표시하는 경우도 있다.

❺ 채택의 기준은 아스타(*)의 갯수로 표시한다. 일반적으로 채택 표시는 확률 기준값이 높을수록 아스타의 개수(*: $p<0.05$, **: $p<0.01$, ***: $p<0.001$)가 많게 나타낸다. 그리고 소숫점 전의 제로(0)를 생략할 수 있으며, 논문 전체에 동일하게 적용한다.

❻ 연구자의 연구모델 페이지는 "연구자명(연도, p.페이지)" 형식으로 기록한다. 만약, 3)항의 분석결과 내용으로 연구모형이 변경되었으면 해당 페이지를 "연구자명(연도, p.페이지, p.페이지)" 형식으로 기록한다.

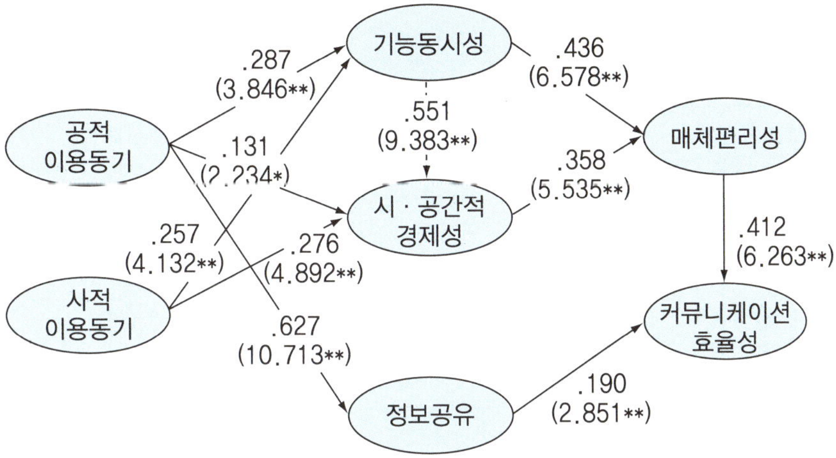

[그림 12] 연구 결과

❼ 연구자는 자신이 관심 있는 기존문헌연구의 모델 다수(5개 이상)를 파워포인트에서 그려 출력하여 지도교수나 지인과 연구모형을 상의한다.

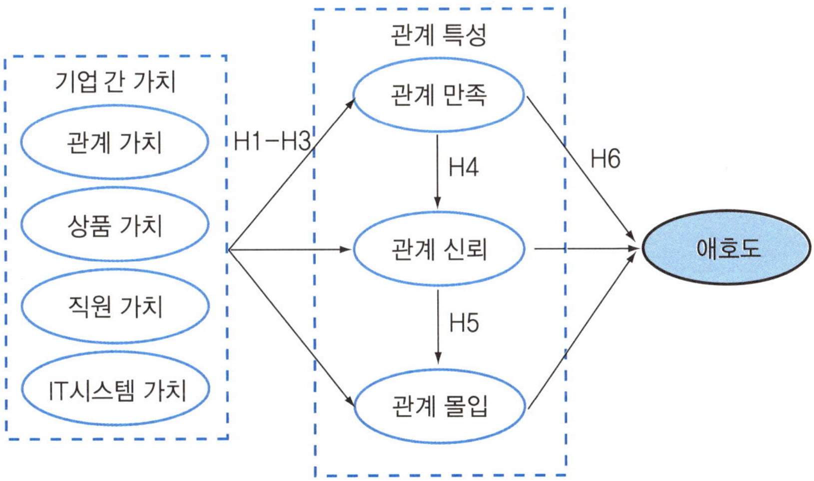

[그림 13] 정삼권 · 박상환 · 변정우(2011, p.45)의 연구 모델

[표 5] 가설검증 결과

연구가설	Estimate	S.E.	C.R.	p	채택 여부
가설 1-1) 관계가치 → 관계만족	0.2637	0.665	3.965	0.000	채택
가설 1-2) 상품가치 → 관계만족	0.3814	0.084	4.493	0.000	채택
가설 1-3) 직원가치 → 관계만족	0.1575	0.050	3.152	0.001	채택
가설 1-4) IT시스템 가치 → 관계만족	0.0629	0.029	2.117	0.034	채택
가설 2-1) 관계가치 → 관계신뢰	0.2239	0.088	2.523	0.011	채택
가설 2-2) 상품가치 → 관계신뢰	-0.0508	0.117	-0.443	0.666	기각
가설 2-3) 직원가치 → 관계신뢰	0.1396	0.067	2.080	0.037	채택
가설 2-4) IT시스템 가치 → 관계신뢰	-0.0953	0.038	-2.502	0.012	기각(-)
가설 3-1) 관계가치 → 관계몰입	0.3270	0.091	3.591	0.000	채택
가설 3-2) 상품가치 → 관계몰입	0.4551	0.109	4.146	0.000	채택
가설 3-3) 직원가치 → 관계몰입	-0.2200	0.069	-3.160	0.001	기각(-)
가설 3-4) IT시스템 가치 → 관계몰입	0.1268	0.038	3.268	0.001	채택
가설 4) 관계만족 → 관계신뢰	0.7020	0.133	5.271	0.000	채택
가설 5) 관계신뢰 → 관계몰입	0.1807	0.067	2.688	0.007	채택
가설 6-1) 관계만족 → 애호도	0.3278	0.075	4.365	0.000	채택
가설 6-2) 관계신뢰 → 애호도	0.1582	0.528	2.996	0.002	채택
가설 6-3) 관계몰입 → 애호도	0.4506	0.060	7.418	0.000	채택

x^2	df	p	CMIN/df	NPAR	GFI	NFI	RFI	IFI	TLI	CFI	RMSEA
1059.85	553	0.000	1.916	113	0.900	0.908	0.895	0.954	0.947	0.953	0.0419

3) 기존연구자의 연구내용 작성

기존연구내용은 대개 제3장의 연구방법에 작성되어 있으며, 기존연구자명, 연구게재연도, 연구제목, 연구범위(표본대상자, 최종 분석자료 수), 연구목적(연구가설), 연구방법(실증연구, 예측연구, 사례연구, 개념연구) 등을 육하원칙(六何原則 : 누가, 언제, 어디서, 무엇, 왜, 어떻게)에 의하여 간단하고 명료하게 요약하여 기록한다.

누가 Irene, Marta & Amparo

언제 2009

어디서(연구범위) 스페인의 3개(발렌시아, 카탈로니아, 마드리드) 주요도시를 중심으로 공급업자에게 제공하는 제조회사(~생략~)의 임직원(n=276)을 대상

무엇(연구제목) 'B2B 관계에 대한 가치' 연구

왜(연구가설) 관계적 가치 요인이 신뢰, 몰입, 만족에 대한 영향관계가 매개변수로써 영향을 미치는지 그리고 (매개변수들은) 애호도에 영향을 미치는지

어떻게 실증연구를 실시

Irene, Marta & Amparo(2009)의 연구는 스페인의 3개(발렌시아, 카탈로니아, 마드리드) 주요도시를 중심으로 공급업자에게 제공하는 제조회사(전체 모집단 503회사 중 30개를 선정, 15개가 참여)의 임직원(n=276)을 대상으로 'B2B 관계에 대한 가치' 연구에서 '관계적 가치' 요인이 '신뢰, 몰입, 만족'에 대한 영향관계가 매개변수로써 영향을 미치는지 그리고 '애호도'에 영향을 미치는지에 대한 실증연구를 실시하였다(〈그림 13〉 참조).

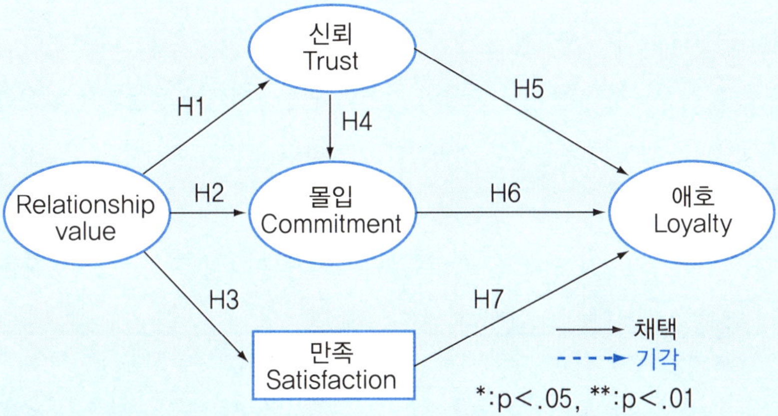

[그림 14] Irene, Marta & Amparo(2009, p.598, 604)의 연구모형

4) 변수의 정의와 측정도구 작성

논문작성자는 기존논문에서 연구모형의 변수들에 대한 정의와 측정도구(설문문항)를 각각 작성한다. 잠재변수 정의와 측정도구(설문문항) 요약은 연구모델이 거의 만들어지거나 설문지를 만들면 제2장 제2절과 제4절 사이에 이동하여 작성할 내용이다.

논문작성자가 문헌연구자의 논문을 요약하기 위하여 찾는 방법은 다음과 같다.

첫째, 잠재변수의 정의와 측정도구(항목)가 논문 제3장 '조작적 정의[2]' 에 기술되어 있는 경우에는 논문을 작성하기가 쉽고, 시간이 절약된다.

둘째, 변수들의 정의가 논문 제3장 '조작적 정의' 에 기술되어 있지 않은 경우에는 논문을 요약할 수 없다. 그러나 어떤 경우는 논문 제2장의 각 절의 끝에 정의하는 경우도 있다.

셋째, 변수들의 측정항목이 논문 제3장 '조작적 정의' 에 기술되어 있지 않은 경우에는 논문 제4장의 탐색적(또는 확인적) 요인분석 검증결과표(〈표 3〉)를 참고하여 요약할 수 있다.

넷째, 논문의 변수가 자신의 연구모형의 변수와 관계가 없다면 시간을 절약하기 위해서 변수의 요약을 생략할 수 있다.

다섯째, 논문작성자는 논문 요약이 자신의 연구모델이나 설문지를 완성하기 위한 과정이므로 과거의 문헌들을 정확하게 이해하고 꾸준히 유사한 문헌들을 요약하여 흐름을 파악한다.

석사학위논문작성자는 20편 이상 논문을 요약하며 박사학위논문작성자는 30편 이상 논문을 요약하면 좋을 듯하다.

---

2) 실증연구를 위해서는 모든 현상에 대한 계량적인 측정이 요구되기 마련이다. 그리고 사회과학 분야의 측정은 직접적인 측정을 요구되는 자연과학 분야와는 달리 대상의 특성상 간접적인 측정을 하는 경우가 대부분이다. 조작적 정의(operational definition)는 측정에 우선하여 정의된 개념적 정의(conceptual definition)를 보다 구체적인 형태로 표현하는 과정으로 이는 실증검증에 전제되는 측정 가능성과 직결된 정의이다(채서일, 1999).

(1) 변수 정의

❶ 변수의 정의는 연구자의 정의를 문장으로 인용하는 것이므로 반드시 쌍따옴표("인용문장")로 인용한 문장임을 표시한다.

❷ 문장 진후에 연구자명, 연도 그리고 페이지를 꼭 표시한다. 문장 전두에는 연구자명(연도, p.페이지)으로 표시하고, 문장 후미에는 (연구자명, 연도, p.페이지)으로 표시하여 작성한다.

김홍길(2017, p.11)은 ~~변수를 "   "라고 정의하였다. ~~변수란 "   "라고 정의하였다(정삼권, 2017, p.11).

❸ 작성자는 아래와 같이 다양한 방법의 문장으로 표현할 수 있다.

❹ 재인용은 논문에 사용하지 않는 것이 좋다. 특별한 경우에만 사용한다.

[표 6] 변수 정의 예제

> 이영주(2010, p.55)는 미용서비스업의 고객지향을 "종업원이 고객의 욕구를 충족시키기 위해 고객의 입장에서 미용서비스를 제공하고 노력하는 마케팅 개념의 수행 정도"라고 정의하였다.
>
> 백병성(2006, p.1)은 공공부문의 소비자지향 차원에서 고객지향을 "소비자의 요구와 욕구를 철저히 반영하고, 그 조직이 속해 있는 환경과 시장의 본질을 이해하며, 만족한 소비자를 창조하기 위해 조직의 의사결정과 행동을 공식화하게 하는 것"이라고 정의하면서, 기업이나 조직체가 소비자지향적일 때 "내부적으로는 조직 구성원들에게 자신감을 부여하게 되고, 외부적으로는 시장에서 현저한 경쟁적 우위를 갖게 된다"고 주장하였다(정삼권, 2011, 재인용).
>
> B2B 관계가치는 "거래에서 관계의 혜택(benefits)과 손실(costs) 간 개념"으로 정의하면서(Ulaga & Eggert, 2006b, p.130), 추가적으로 B2B 관계가치는 "1)

주관적 개념, 2) 거래에서 관계의 혜택(benefits)과 손실(costs) 간 개념, 3) 혜택과 손실은 다면적 개념, 4) 가치 지각은 경쟁적 관계"로 정의하면서 4가지가 서로 순환하는 특성이 있다고 하였다(Ulaga & Eggert, 2006a, p.314).

유봉호(2008, p.66)는 부동산개발 사업의 기업가 지향을 Miller(1983)의 정의를 수용하여 "위험감수성, 진취성, 혁신성"으로 구분하였으며, 위험감수성을 "미래의 결과가 불확실함에도 불구하고 새로운 사업기회를 포착하려는 정신으로, 과감하게 도전하는 ...(생략)... 행동하려는 조직특성"으로, 진취성을 "경쟁자보다 앞서 가려는 진보적인 시각으로 미래를 내다보며 사업기회를 찾고 수요와 공급을 예측하려는 조직특성"으로, 혁신성을 "새로운 프로젝트 또는 신서비스 개발을 위한 창의적 아이디어를 장려하는 조직특성"으로 각각 정의하였다.

(2) 변수의 측정도구

❶ 변수의 측정항목은 연구자의 문장으로 인용한 것이 아니므로 인용문 표시(쌍따옴표)를 하지 않는다.

❷ 문장 전에는 연구자명(연도)을 표시하고 문장 후미에는 (연구자명, 연도)로 표시하여 작성한다.

❸ 문장에는 측정항목 수, (하위)요인 수, 요인명, 측정내용, 측정방법(리커트 5점 척도) 등을 요약하여 작성한다.

❹ 아래와 같이 다양한 방법의 문장으로 표현할 수 있다.

[표 7] 측정항목 예제

김홍길(2004)은 온라인 비즈니스의 고객가치 측정요인을 15항목으로 구성하고 리커트 5점 척도로 사용하여 6가지(경제성, 편리성, 신속성, 개인화, 커뮤니티, 감성)를 도출하였다.

Ryssel, Ritter & Gemunden(2004)은 관계의 측정항목을 공유된 정보기술(IT) 시스템이 기업입장과 고객입장에게 각각 4문항씩(자료 반영, 프로세스에 반영, 프로세스 조절, 노하우 반영) 8문항으로 구성하여 리커트 7점 척도를 사용하였다.

Ulaga & Eggert(2006a, 2006b)는 관계가치의 측정항목을 주 공급자와 둘째 공급자 간을 비교하여 관계가치 4가지(전반적인 관계가치, 관계증진, 가치 많음, 협업적인 가치창조)로 구성하여 리커트 7점 척도를 사용하였다.

Irene et al.(2009)은 Ulaga & Eggert가 사용한 측정도구를 반영하였으며, 관계가치의 측정항목을 주 공급자와의 관계가치 4가지(전반적인 관계가치, 동반적 관계증진, 관계 소중, 협업적인 가치결정)로 구성하여 리커트 5점 척도를 사용하였다.

유봉호(2008)는 부동산개발 사업에서 기업가 지향의 측정도구를 3가지(위험감수성, 진취성, 혁신성)의 요인으로 사용하였으며, 위험감수성을 3가지(위험 사업에 과감하고 용감한 행동, 새로운 생각, 잠재적 기회 발굴) 항목으로, 진취성을 3가지(새로운 기회 경험 진취적 행동 권장 분위기, 기회요인 규명 능력, 현재보다 미래의 기회를 생각 정도) 항목으로, 혁신성을 3가지(혁신적이고 독창적 행동, 연구개발-기술혁신-리더십 등의 혁신적 기업경영 스타일) 항목으로 리커트 7점 척도를 이용하여 측정하였다.

[표 8] 기업 간 가치의 탐색적 요인분석 결과

요인	변수 측정항목	요인 적재값		초기 고유값/추출분산	회전 고유값/회전분산	제거시 Cronbach's	Cronbach's
IT 시스템 가치	도매여행사의 IT시스템은 우리에 유용한 가치가 있다.	.860		7.229 / 42.524	3.182 / 18.717	.859	.905
	도매여행사의 온라인 콘텐츠는 우리에 가치가 있다.	.833				.876	
	도매여행사 IT시스템의 연결은 우리에게 가치가 있다.	.821				.880	
	도매여행사와의 온라인 거래는 우리에 가치가 있다.	.796				.893	
상품 가치	도매여행사의 여행상품 관련정보제공은 가치가 있다.		.714	1.793 / 10.550	2.803 / 16.491	.756	.808
	도매여행사의 여행상품은 타사상품보다 가치가 있다.		.699			.757	
	도매여행사의 여행상품은 우리에게 가치가 있다.		.672			.769	
	도매여행사의 여행상품 행사능력은 가치가 있다.		.648			.778	
	도매여행사의 신상품 교육은 우리에게 가치가 있다.		.608			.795	

요인	변수 측정항목	요인 적재값		초기 고유값/ 추출분산	회전 고유값/ 회전분산	제거시 Cronbach's	Cronbach's
관계 가치	도매여행사는 우리와 함께 관계에 가치를 두고 있다.	.803		1.361 / 8.006	2.710 / 15.943	.781	.831
	도매여행사는 우리를 고객과의 관계를 중요시한다.	.776				.763	
	도매여행사와의 관계가 향상되고 있다.	.730				.790	
	도매여행사와의 관계가 소중하다.	.645				.812	
직원 가치	도매여행사 직원의 전문성은 우리에게 가치가 있다.		.850	1.010 / 5.944	2.699 / 15.874	.758	.832
	도매여행사 직원의 상담능력은 우리에 가치가 있다.		.800			.773	
	도매여행사 직원의 친절성은 우리에게 가치가 있다.		.729			.791	
	도매여행사 직원의 방문은 우리에게 가치가 있다.		.609			.822	
Kaiser-Meyer-Olkin 측정 : .909 Bartlett's Test Sig. : .000		총분산 설명력(%)		67.024		N=523	

* 추출방법: 주성분 분석. * 회전방법: Kaiser 정규화된 베리멕스.
* 5회 반복계산에서 요인회전 수렴.

[표 9] 기업 간 가치에 대한 타당성 및 신뢰성 검증 결과

요인명	측정 문항	비표준화 회귀				표준 적재치	SMC
		Estimate	S.E.	C.R.	p		
관계 가치	도매여행사와의 관계가 소중하다.	0.8858	0.0591	14.987	0.000	0.6826	0.4659
	도매여행사와의 관계가 향상되고 있다.	0.9395	0.0589	15.956	0.000	0.7250	0.5257
	도매여행사는 우리를 고객과의 관계를 중요시한다.	1.0250	0.0576	17.798	0.000	0.8127	0.6605
	도매여행사는 우리와 함께 관계에 가치를 두고 있다.	1.0000				0.7612	0.5794
상품 가치	도매여행사의 여행상품은 우리에게 가치가 있다.	0.8682	0.0586	14.806	0.000	0.7056	0.4979
	도매여행사의 여행상품 관련정보제공은 가치가 있다.	1.000				0.7254	0.5262
	도매여행사의 여행상품 행사능력은 가치가 있다.	0.9283	0.0668	13.900	0.000	0.6607	0.4365
	도매여행사의 여행상품은 타사상품보다 가치가 있다.	0.9613	0.0643	14.954	0.000	0.7130	0.5084
	도매여행사의 신상품 교육은 우리에게 가치가 있다.	0.9488	0.0741	12.807	0.000	0.6075	0.3691
직원 가치	도매여행사 직원의 상담능력은 우리에 가치가 있다.	1.3230	0.0911	14.519	0.000	0.8212	0.6744
	도매여행사 직원의 전문성은 우리에게 가치가 있다.	1.3860	0.0945	14.671	0.000	0.8382	0.7027
	도매여행사 직원의 친절성은 우리에게 가치가 있다.	1.1143	0.0862	12.920	0.000	0.6922	0.4791
	도매여행사 직원의 방문은 우리에게 가치가 있다.	1.0000				0.6288	0.3954

요인명	측정 문항	비표준화 회귀				표준 적재치	SMC
		Estimate	S.E.	C.R.	p		
IT 시스템 가치	도매여행사와의 온라인 거래는 우리에 가치가 있다.	0.9111	0.0434	21.016	0.000	0.7765	0.6030
	도매여행사의 온라인 콘텐츠는 우리에 가치가 있다.	0.9699	0.0419	23.151	0.000	0.8266	0.6833
	도매여행사의 IT시스템은 우리에 유용한 가치가 있다	1.0959	0.0415	26.394	0.000	0.9023	0.8141
	도매여행사 IT시스템의 연결은 우리에게 가치가 있다.	1.0000				0.8513	0.7247

NPAR	x^2	df	p	CMIN/df	GFI	NFI	RFI	IFI	TLI	CFI	RMSEA
40	373.83	113	0.000	3.308	0.920	0.921	0.904	0.943	0.931	0.943	0.066

5) 기존연구자의 연구결과 및 시사점 작성

기존연구가설의 결과는 자료조사를 실시한 대상과 실제 표본 수 그리고 분석을 실시한 응용통계 프로그램(SPSS, SAS, AMOS, LISREL, EQS)을 사용하였는지, 분석기법(회귀분석, 구조방정식기법, 경로분석)을 실시하였는지를 간략하게 서술한다.

기존연구가설의 검정결과는 연구가설이 통계적으로 유의하게 영향을 미친(채택) 가설을 위주로 서술한다. 또한, 통계수치를 생략하는 경우도 있다.

상관분석의 계수는 람다(λ)의 계수값을 표시하며, 확률(p)은 유의수준을 표시한다.

회귀분석의 계수는 비표준화 베타(β)의 계수값 또는 t값을 표시하며, 확률(p)은 유의수준을 표시한다.

간호영역에서 감정노동과 직무소진 간의 선행 연구를 살펴보면, 종합병원(1개)의 간호사(N=234)를 대상으로 실증연구(이순늠, 2010)에서 감정노동과 소진 간에 정의 상관관계(λ= .415, $p<$ .001)가 있는 것으로 나타났으며, 감정노동은 정서적 소진(λ= .912, $p<$ .001), 정신적 소진(λ= .865, $p<$ .001), 신체적 소진(λ= .838, $p<$ .001)에 유의한 정의 상관관계가 미치는 것으로 나타났다.

항공사 승무원과 직원을 대상으로(N=396) 구조방적식 분석을 실시한 실증연구(김영진, 2010)에서 감정노동의 표면행동과 직무소진의 감정고갈(β= .145, p

<0.05), 비인격화(β= .238, p<0.001), 성취감저하(β= .097, p<0.05) 간에 정의 영향관계가 있는 것으로 나타났으며, 감정노동의 내면행동과 직무소진의 감정고갈(β= −.107, p> 0.05) 간에 부(−)의 영향관계가 없었으며. 비인격화(β= −.335, p<0.001), 성취감저하(β= −.316, p<0.001) 간에 부(−)의 영향관계가 있는 것으로 나타났다.

경남지역(부산 포함)의 종합병원(6개) 간호사(N=291)를 대상으로 감정스트레스와 소진 간의 영향관계 실증연구(박은경, 2011)에서 직무불안정(β= .146, p<.05), 조직체계(β= .243, p< .05), 직장문화(β= .30, p< .001), 직무환경(β= −.301, p< .01)은 소진에 유의한 영향관계가 미치는 것으로 나타났다.

연구 시사점은 연구모형의 연구가설을 기본으로 3~4가지로 요약한다.

주의 연구모델(독립, 매개, 종속)의 부모모델을 기록하세요.

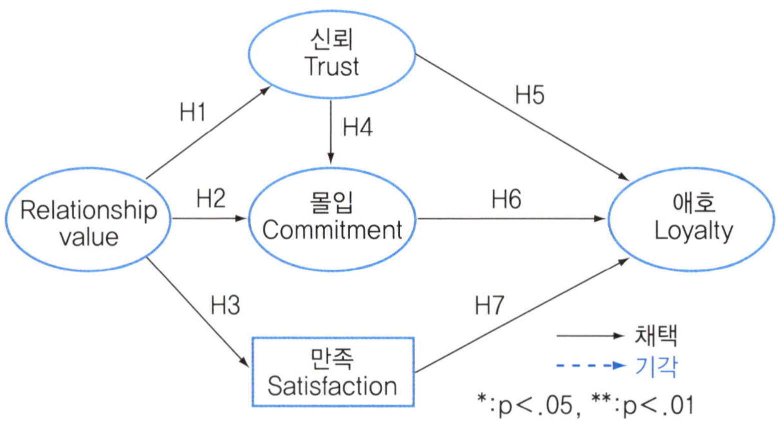

[그림 15] Irene, Marta & Amparo(2009, p.598, 604)의 연구모형

Irene, Marta, & Amparo(2009)의 연구결과로는 EQS(6.1)로 최대우도추정법(maximum likelihood estimation method)과 구조방정식기법을 실시하였으며, 연구가설은 통계적으로 모두(β= .13~.44, p< .05)가 유의하게 나타나 채택되었다.

연구의 시사점으로는 (1) 이론적 관점에서 관계가치가 몰입, 신뢰, 만속과 애호도를 통합하여 인과 관계를 규명하였다; (2) 공급자와의 강력한 관계구축에서 관계가치는 관계에서 신뢰, 몰입과 만족을 불러일으키는 결정적인 변수로 나타나며, 그러한 변수들은 충성도 결과에 대한 매개변수로 증명되었다; (3) 애호도를 증가시키는 요인은 신뢰, 몰입과 만족이 직접적이고 주요한 요인으로 나타났다; (4) Morgan & Hunt(1994)의 '관계 마케팅의 신뢰 · 몰입이론'에서 주요매개변수(Key Mediating Variables) 모델을 확장하여 관계가치가 중요한 원인변수임을 제시하였다.

6) 전체 문헌연구의 종합요약(summary) 작성

논문작성자는 문헌연구를 살펴본 결과에 대해 자신의 연구모형(그림 15)에서 사용하는 변수(독립, 매개, 종속)들에 대하여 이론적인 요점을 다음 〈표 10〉 또는 〈표 11〉과 같이 요약한다.

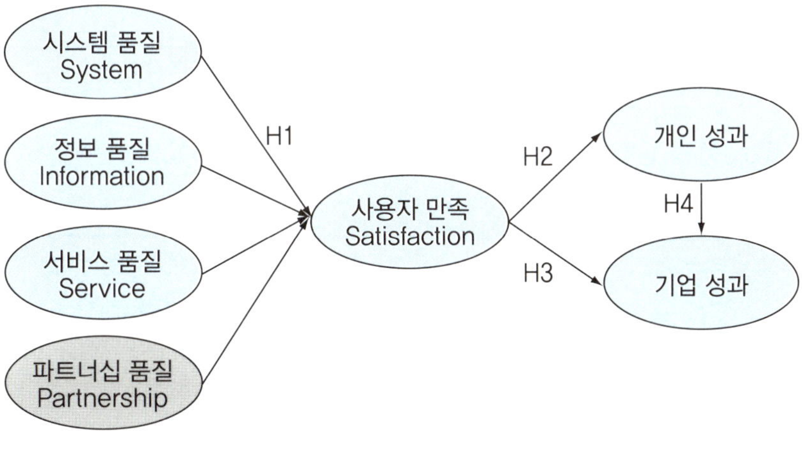

[그림 16] 연구모형

[표 10] 논문 요약 예제-1

3) 문헌연구 요약

지금까지 살펴본 국내, 국외 문헌연구들은 정보시스템의 품질(시스템, 정보, 서비스)들이 정보시스템 성공 모델에 관한 연구들과 정보시스템의 협력 품질이 아웃소싱 성공에 관한 연구들로 2가지 유형을 이루고 있었으며 다음과 같이 요약하여 살펴볼 수 있다.

첫째, 정보시스템 성공에 대한 문헌연구에서는 정보시스템 품질들(시스템, 정보, 서비스)이 사용, 사용자 만족, 성과(영향, 효과) 측정에 대한 개념적인 연구와 실증적인 연구가 다양하게 이루어지고 있었다.

둘째, 정보시스템 아웃소싱 성공에 대한 문헌연구에서는 다양한 개념 정의, 협력품질의 매개 요인 적용 그리고 성과측정에 대한 프래임워크(framework)의 개념적인 연구와 실험적인 연구가 이루어지고 있었다.

그리고 현재 기업들은 정보시스템 도입을 인소싱(insourcing)에서 아웃소싱(outsourcing) 유형으로 선호하고 있는 것으로 파악되었다.

따라서 본 연구에서는 기업들이 정보시스템 성공을 위해서 정보시스템 도입하기 전이나 후에 중요시 생각하는 것은 품질요인이다. 그러므로 정보시스템의 품질요인으로는 시스템, 정보, 서비스 품질뿐만 아니라 협력 품질을 포함하여야 할 것이다. 이것은 협력 품질이 정보시스템을 사용하고 사용자 만족 그리고 성과(개인, 기업)에 중요하게 영향을 미칠 것이라고 개념적인 가정을 하고자 하는 것이다.

둘째, 문헌연구 요약은 〈표 12〉와 같이 핵심적인 부분에 대해 표를 활용하여 〈그림 14〉의 연구모형과 일치되도록 정리한다.

[표 11] 논문 요약 예제-2

3) 문헌연구 요약

지금까지 살펴본 국내, 국외 문헌연구들은 관계마케팅에서 B2B와 B2C상에서 거래되는 관계모델이다(〈표 12〉 참조). 본 연구의 B2B2C 모델은 원인변수와 매개변수가 B2B에서 거래되는 관계가치와 신뢰, 관계몰입, 만족, 애호도에 관한 연구와 결과변수가 B2C에서 거래되는 성과(재무, 비재무)에 관한 연구를 결합하고자 개념적인 선행연구들을 살펴보았다.

관계이론에 관한 문헌연구들의 시사점을 요약하면 다음과 같다.

첫째, 기업 간(B2B) 거래에서 신뢰와 관계몰입은 매우 주요한 매개변수이다. 둘째, 기업 간(B2B) 거래에서 관계만족은 신뢰와 관계몰입과 함께 중요하게 관계매개변수로 적용되고 있다. 셋째, B2B나 B2C 상거래에서 애호도를 결과변수로 연구되고 있는 것은 적절하다. 그러나 B2B2C 거래에서는 기업 간(B2B)의 애호도를 매개변수로 인식되어야 한다.

[표 12] 문헌연구 요약표

관계매개 변수				연구자	연도
관계만족	신 뢰	관계몰입	애호도		
	O	O		Morgan & Hunt	1994
	O	O		Yoon	2002
	O	O		Ryssel, Ritter & Gemunden	2004
	O	O		김태우	2005
	O	O		오상현	2005
	O	O		Yeh	2005
O	O	O		천민호	2004
O	O	O		Ulaga & Eggert	2006a
	O	O	O	장형유	2006
O	O	O	O(종속)	Chumpitaz & Paparoidamis	2007
O	O	O	O(종속)	Irene, Marta & Amparo	2009
O	O	O	O	본 연 구	

자료 : 연구자 정리(연도순)

Ⅲ 논문작성 3단계

1 연구의 연관성

학위논문의 연구는 과거의 문헌연구들을 살펴보면서 자신의 연구주제, 연구모형, 연구가설, 측정도구, 분석기법을 고려하여 연구모형을 작성한다.

연구의 주제는 첫째, 연구 집단이 넓은 범위보다 좁은 범위를 선택한다.

(1. 모집단(산업)의 범위, 2. 표본집단(소비자, 구성원, 대표자)의 범위)

둘째, 연구자가 과거에 실무 및 이론 경험이 풍부한 분야를 선택한다.

셋째, 연구자가 미래에 이론 지도에 필요한 분야를 선택한다.

넷째, 연구자가 현재에 일시적으로 유행하는 분야는 심사숙고한다.

연구의 모형은 이론적으로 누구나 이해할 수 있으며, 타당한 것을 선택한다(품질 → 신뢰 → 만족 → 애호).

연구의 가설은 먼저 영향관계를 살펴보고, 매개관계나 조절관계를 선택한다.

설문지의 측정도구는 1변수에 대하여 하위요인이 몇 개인지? 그리고 그 하위요인들이 각각 1문항 또는 다문항인지? 고려한다.

자료 분석기법은 연구의 목적에 적절한 기법으로 분석하며, 분석결과는 연구가설이 기각된 것이 적을수록 연구목적에 적절하다. 특히, 종속변수에 기각되면 분석기법을 바꾸거나 전문가와 상의하여야 한다. 따라서 설문지 작성은 자료를 분석할 분석자와 상의하여 작성하는 것이 용이하다.

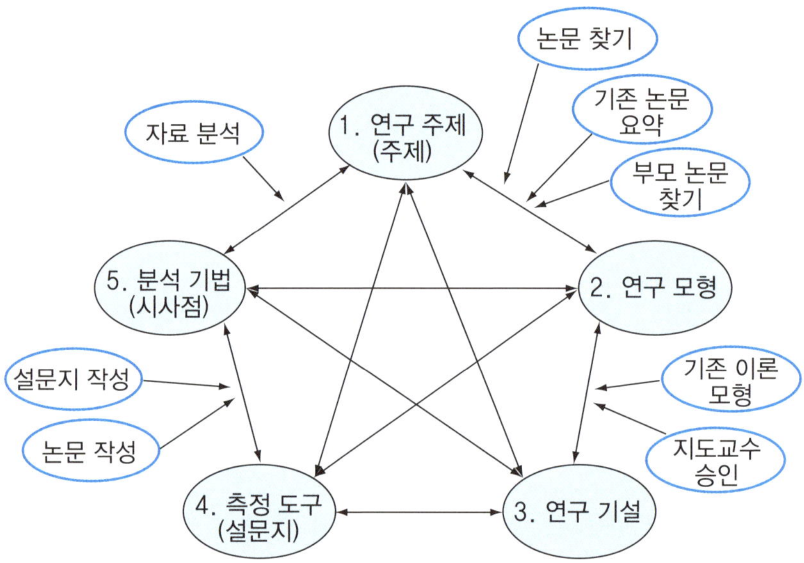

[그림 17] 연구의 주요 연관성

2 연구모형 결정

학위논문의 연구모형은 과거의 문헌연구들을 10편 이상 논문 요약을 작성하면 어느 정도 자신의 연구이론에 대한 모형이 그려진다. 해당 이론의 최초 연구모델을 시작으로 확장된 모델들 순으로 살펴보면 자신의 연구 모형이 그려진다.

연구모형은 독립변수, 매개변수, 종속변수와 변수의 관계에 대한 이론적인 근거(영향 관계) 제시를 정확하게 표현한다. 그러므로 연구모형 결정은 이론적 근거를 지참하여 지도교수와 반드시 상의하고 결정한 후에 논문작성을 시작한다.

연구모형 결정은 [그림 18]의 초기모델부터 관련 논문을 20편 정도 요약하여, 자신의 연구모델을 구성하였다.

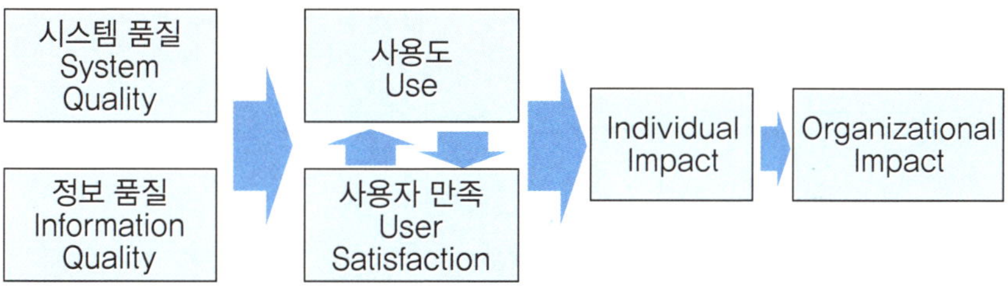

[그림 18] DeLone & McLean(1992, p.87)의 초기 모델

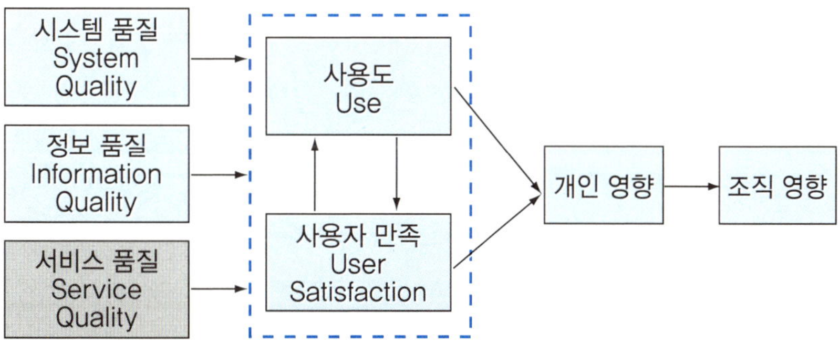

[그림 19] Pitt, Watson, & Kavan(1995, p.175)의 연구 모델

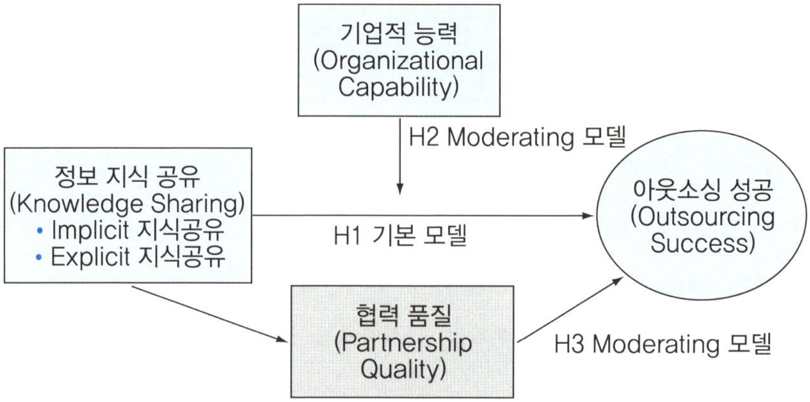

[그림 20] Lee, Jae-Nam(2001, p.326)의 연구 모델

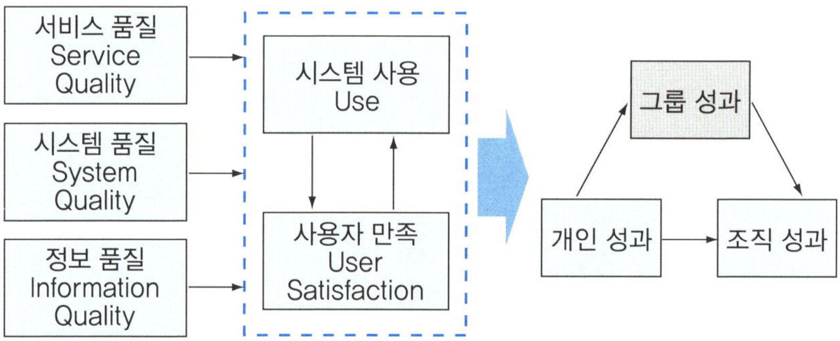

[그림 21] Myers, Kappelman, & Prybutok(1997)의 연구 모델

본 연구의 모델은 DeLone & McLean(2003)의 정보시스템 성공 모델과 Pitt, Watson & Kavan(1995)의 성공모델에서 서비스 품질을 추가한 모델을 기본으로 하고, Grover, Cheon & Teng(1996)과 Lee(2001) 그리고 Lewis(2006)의 정보시스템 아웃소싱 성공 모델에서 파트너십(partnership) 품질을 추가하여 연구모델로 설정하였다. 본 연구의 모델 구성은 연구 목적에 필요한 문헌 연구(외국 15편, 국내 5편)들을 제2장에서 검토하였고, 우리나라 관광산업에 대한 정보시스템 현황과 정보시스템 도입 그리고 정보시스템 성공에 필요한 다수의 문헌들을 참고하여 본 연구의 이론을 수립하게 되었다.

본 연구 모형의 특징은 정보시스템 품질 요인으로 기존 연구자들이 시스템 품질, 정보 품질, 서비스 품질로 구성하여 최근까지 연구되어 왔으나, 파트너십(Partnership) 품질을 추가하여 설정하였다.

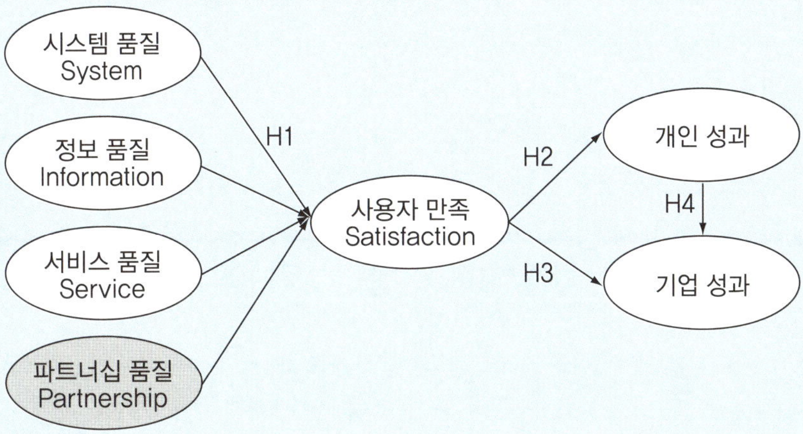

정삼권(2009)의 연구 모델

3 연구가설 설정

연구자 자신의 연구가설 설정은 연구가설을 설정하기 전에 선행연구자들이 연구한 두 변수 간의 상관관계 또는 영향관계를 작성하여 제시한다. 단, 상관관계는 영향관계가 없는 선행연구의 경우에 작성한다.

연구가설 작성 전개는 연구자 자신의 특성에 따라 작성하면 된다. 작성방법은 조사대상의 업종별, 변수의 논리적 단계별 등으로 작성한다.

1) 조사대상의 업종 영역별

1) 감정노동과 직무소진 간의 관계

간호영역에서 감정노동과 직무소진 간의 선행 연구를 살펴보면, 종합병원(1개)의 간호사(n=234)를 대상으로 실증연구(이순늠, 2010)에서 감정노동과 소진 간에 정의 상관관계(λ= .415, p< .001)가 있는 것으로 나타났으며, 감정노동은 정서적 소진(λ= .912, p< .001), 정신적 소진(λ= .865, p< .001), 신체적 소진(λ= .838, p< .001)에 유의한 정의 상관관계가 미치는 것으로 나타났다.

경남지역(부산 포함)의 종합병원(6개) 간호사(n=291)를 대상으로 감정스트레스와 소진 간의 영향관계 실증연구(박은경, 2011)에서 직무불안정(β= .146, p< .05), 조직체계(β= .243, p< .05), 직장문화(β= .30, p< .001), 직무환경(β= -.301, p< .01)은 소진에 유의한 영향관계가 미치는 것으로 나타났다.

항공사 승무원과 직원을 대상으로(n=396) 구조방적식 분석을 실시한 실증연구(김영진, 2010)에서 감정노동의 표면행동과 직무소진의 감정고갈(β= .145, p<0.05), 비인격화(β= .238, p<0.001), 성취감저하(β= .097, p<0.05) 간에 정의 영향관계가 있는 것으로 나타났으며, 감정노동의 내면행동과 직무소진의 감정고갈(β= -.107, p>0.05) 간에 부(-)의 영향관계가 없었으며. 비인격화(β= -.335, p<0.001), 성취감저하(β= -.316, p<0.001) 간에 부(-)의 영향관계가 있는 것으로 나타났다.

가설 1 감정노동은 직무소진에 정(+)의 영향을 미칠 것이다.

2) 변수의 논리적 단계별

2) 관계 특성(관계만족, 신뢰, 관계몰입) 간의 관계

관계적인 변수들은 기본적으로 신뢰가 몰입에 영향을 미치는 것으로 관계마케팅의 '신뢰-몰입 이론'에서 나타난 주요 매개변수(KMV) 모델에서 나타났다

(Morgan & Hunt, 1994). 이를 확장, 응용하여 신뢰가 관계몰입에 영향을 미칠 뿐만 아니라(Yoon, 2002; Ryssel, Ritter & Gemunden, 2004) 관계만족에 직접적인 영향을 미치는 것으로 나타났다(장형유, 2006; Chumpitaz & Paparoidamis, 2007; Irene et al., 2009; Yeh, 2005). 한편, 기업 간 가치에 대한 관계만족이 선행되어야 신뢰나 관계몰입에 영향을 미치거나(Ulaga & Eggert, 2006a), 서비스 품질에 대한 관계만족이 선행되어야 신뢰나 관계몰입에 영향이 미치는 것으로 나타났다(Chumpitaz & Paparoidamis, 2007). 따라서 본 연구는 기업 간 거래에서 관계만족, 신뢰, 관계몰입 간에 대하여 다음과 같이 연구가설을 제시하고자 한다.

가설 2 기업 간(B2B) 거래에서 관계만족이 높을수록 신뢰에 영향을 미칠 것이다.

가설 3 기업 간(B2B) 거래에서 신뢰가 높을수록 관계몰입에 영향을 미칠 것이다.

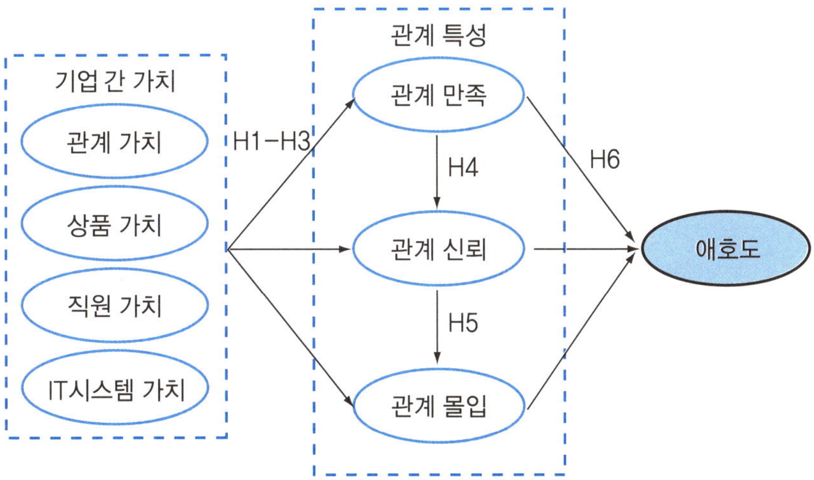

여행 도 · 소매업 기업 간(B2B)의 가치가 관계 특성 및 애호도에 미치는 영향에 관한 연구(정삼권 . 박상환 . 변정우, 2011, p.45)

4 변수의 조작적 정의

변수 정의의 종류는 연구자가 일정한 범위와 조건에서 용어의 뜻을 규명하는 명목적 또는 개념적 정의(conceptual definition)와 구성개념(construct)을 경험적이고 가시적으로 측정하기 위하여 본래의 속성을 모두 표현할 수 있는 변수로 나타내는 조작적 정의(operational definition)로 구별한다.

논문에서 변수의 조작적 정의는 자신의 연구에서 과거 문헌을 학습하여 자신이 표명하는 정의이므로 매우 중요하다. 특히, 이론적 개념의 잠재변수(latent variable) 정의와 측정변수(measured variable) 정의 간의 차이는 이론적 구성개념 간의 관계를 구체적이며 실증적으로 검증하기 위해서이다. 즉, 추상적인 구성개념을 관찰 가능하고 측정 가능한 개념으로 변환시키는 것이다. 이 과정에서 이론적 구성개념은 구체적으로 측정할 수 있는 조작적 정의가 필요하며 결국 이론적 구성개념은 조작적 정의에 기초하여 측정변수로부터 변환된다.

[측정, 관측 변수 ⇒ 조작적 정의 ⇒ 이론적 잠재 변수]

이론적 정의는 논문을 "어떠한 주제에 대해 저자가 자신의 학문적 연구결과나 의견, 주장을 논리에 맞게 풀어 써서 일관성 있고 일정한 형식에 맞추어 체계적으로 쓴 글"이라고 정의하였다(위키백과, 2014).

조작적 정의는 논문을 "사랑하는 신혼부부(나와 기존논문)가 건강한(표절 없는) 아기(논문)를 탄생시키는 것과 같으므로, 첫 아기(석사학위논문)를 탄생시키기 전에, 임신(주제 선정)하기 위하여, 먼저 부부가 사랑(찾아서)을 행(쓰기)하는 것"이라고 정의한다.

설문1) 논문은 부부가 서로 사랑하는 것이다. ① ② ③ ④ ⑤
설문2) 논문은 부부가 건강한 아기를 탄생시키는 것이다. ① ② ③ ④ ⑤

설문3) 논문은 첫 아기의 임신은 긴장된다. ① ② ③ ④ ⑤

설문4) 논문은 부부가 사랑을 행동으로 표현하는 것이다. ① ② ③ ④ ⑤

2) 사용자 만족

본 연구에서 정보시스템에 대한 사용자 만족은 정보시스템이 지니고 있는 전반적인 특성들(시스템, 정보, 서비스, 파트너쉽)에 대한 품질이 사용자들에게 도움이 되는 척도의 수준을 의미한다.

측정 항목은 <표 3-2>와 같은 연구자들의 선행연구들(Pitt, Watson, & Kavan, 1995; Myers, Kappelman & Prybutok, 1997; Seddon, 1997; DeLone & McLean, 2003; 손병모, 2005; 김현명, 2007; Lin, 2007; 정삼권 · 강병찬 · 변정우, 2008a)에 근거하여 측정도구로 활용하였으며, 이에 대한 요인을 측정하기 위하여 사용한 문항은 <표 3-2>와 같이 6 문항에 대하여 "(1)전혀 그렇지 않음 ~ (3)보통이다 ~ (5)매우 그렇다)"와 같이 리커트 5점 척도를 이용하여 측정하였다.

3) 개인 성과

본 연구에서 정보시스템에 대한 개인적 성과는 정보시스템을 사용하면서 개인 자신의 업무에 어느 정도 기여하는지에 대한 긍정적 또는 부정적인 성과의 수준을 의미한다.

측정 항목은 <표 3-2>와 같은 연구자들의 선행연구들(Myers, Kappelman & Prybutok, 1997; Seddon, 1997; DeLone & McLean, 2004; 손병모, 2005; Iivari, 2005; Lewis, 2006; 정삼권 · 강병찬 · 변정우, 2008a)에 근거하여 측정도구로 활용하였으며, 이에 대한 요인을 측정하기 위하여 사용한 문항은 <표 3-2>과 같이 9 문항에 대하여 "(1)전혀 그렇지 않음 ~ (3)보통이다 ~ (5)매우 그렇다)"와 같이 리커트 5점 척도를 이용하여 측정하였다.

4) 기업 성과

본 연구에서 정보시스템에 대한 기업 성과는 정보시스템을 사용하면서 개인 자신의 업무뿐만 아니라 회사 전체에 어느 정도 기여하는지에 대한 긍정적 또는 부정적인 성과의 수준을 의미한다.

측정 항목은 <표 3-2>와 같은 연구자들의 선행연구들(Myers,

- 116 -

<표 3-2> 사용자 만족과 성과의 변수 구성

구성	설문 문항	자료원
사용자 만족	1) 업무용 시스템(프로그램)에 대하여 만족한다.	Pitt, Watson & Kavan(1995), Myers, Kappelman & Prybutok(1997), Seddon(1997), DeLone & McLean(2003), 손병모(2005), 김현명(2007), Lin(2007), 정삼권·강병찬·변정우(2008a)
	2) 조회 및 출력되는 자료에 대하여 만족한다.	
	3) 지원부서(전산부서)의 서비스에 만족한다.	
	4) 프로그램 관련 협력 업체의 지원에 만족한다.	
	5) 컴퓨터 관련 협력 업체의 지원에 만족한다.	
	6) 전체적인 정보시스템 사용에 만족한다.	
개인 성과	1) 시스템 사용으로 업무를 쉽게 할 수 있다.	Myers, Kappelman & Prybutok(1997), Seddon(1997), DeLone & McLean(2004) 손병모(2005), Iivari(2005), Lewis(2006), 정삼권·강병찬·변정우(2008a)
	2) 시스템이 없다면 업무수행에 불편할 것이다.	
	3) 시스템 사용은 업무를 신속하게 수행할 수 있다.	
	4) 사용하는 시스템(프로그램)들을 믿을 수 있다.	
	5) 시스템 사용으로 통계가 정확하다.	
	6) 시스템 사용으로 계획적인 업무 수행할 수 있다.	
	7) 시스템 사용으로 나의 업무수행에 도움이 된다.	
	8) 시스템이 없다면 나는 스트레스를 받을 것이다.	
	9) 시스템 사용으로 나의 업무량이 많아졌다.	
기업 성과	1) 시스템 사용으로 같은 부서에 도움이 된다.	Myers, Kappelman & Prybutok(1997), Seddon(1997), DeLone & McLean(2003), 손병모(2005), Lewis(2006), 정삼권·강병찬·변정우(2008a)
	2) 시스템 사용으로 다른 부서에도 도움을 준다.	
	3) 시스템이 없다면 우리부서 인원을 늘려야 한다.	
	4) 시스템 사용으로 보고서 작성 시간이 절약된다.	
	5) 시스템 사용으로 고객(거래처)에게 도움을 준다.	
	6) 시스템 사용으로 판매매출이 증가 된다.	
	7) 시스템이 없다면 업무 진행이 늦을 것이다.	
	8) 시스템이 없다면 전반적인 비용이 증가할 것이다.	

- 117 -

5 설문조사 방법

설문조사 방법은 먼저 사전조사(pretest)를 실시하여 설문지의 문제점(문맥, 오타)을 수정하고, 본 조사를 실시하는 것이 매우 유용하다. 만약, 사전조사를 못할 경우에도 최소한 3~5명에게 반드시 실시한다. 예비조사(pilot test)는 산업 필드에서 전문가, 업체관련자, 다빈도 이용자, 지도 교수 등을 대상으로 요인과 변수를 조사하는 것이다.

1) 사전조사(pretest)

사전조사는 도매여행사를 제외한 소매여행사를 대상으로 편의추출법을 이용하여 2009년 9월 22일부터 9월 28일까지 92부를 조사하였다. 설문조사는 소매여행사의 임직원에게 협조를 받아 온라인상으로 1업체에 1부씩 조사하였다. 이 자료를 분석에 활용하여 설문지의 타당성을 조사하고 계속적인 연구의 진행이 가능한지를 조사하였다. 사전조사 결과에 대한 신뢰성 및 타당성 분석한 결과에 따라 본조사를 실시하는데 문제점이 있는 것은 본조사에 반영하여 실시하고자 하였다. 사전조사의 문제점으로는 독립변수의 항목에서 신뢰도가 적은 항목을 제거하였으며 새로운 문항을 추가하였다. 또한, 일반적인 항목에서 불필요한 항목을 1개 제거하여 본조사를 실시하였다.

2) 본조사

본조사는 예비조사에 나타난 설문 문항을 수정, 보안하여 설문지를 재구성하여 2009년 10월 21일부터 10월 31일까지 조사하였다. 설문조사는 소매여행사의 임직원에게 협조를 받아 온라인상으로 1차 이메일을 보낸 후에 설문지를 수거하거나 소매여행사를 직접 방문하여 조사내용을 설명한 후에 1업체에 1부씩 조사하였다. 설문의 표본추출은 600업체를 대상으로 570부를 회수하였으며, 이 중에서 불성실하게 표시한 응답자를 제외하고 523업체를 최종 표본으로 분석하였다.

본 연구의 모집단은 한국관광협회중앙회(2009)에 의하면 2009년 6월 말 현재, 여행업의 업종별 현황은 일반여행업이 927업체이며, 국외여행업이 4906업체로, 총 5,833업체이다.

6 조사 집단

1) 모집단과 표본

우리가 연구를 할 때는 특정집단을 대상으로 조사하게 된다. 이때 우리가 연구하고자 하는 대상이 되는 전체집단을 모집단(Population)이라고 한다. 예를 들면, 외래관광객의 경우 우리나라에 관광이나 상용목적으로 입국한 모든 관광객이 모집단이 된다. 그리고 모집단은 세분된 상태의 집단도 가능하다. 예를 들면, 우리가 연구하는 대상이 일본관광객인 경우 외래관광객 중 일본관광객이 모집단이 된다.

그러나 연구하는 모집단 전체를 조사한다는 것은 많은 예산과 시간이 필요하기 때문에 현실적으로 어려운 일이다. 예를 들면, 모집단 전체가 1200만 명 이상의 외래관광객을 조사하기란 쉬운 일이 아니다. 따라서 그 모집단 중의 일부를 조사하게 되는데, 이러한 일부집단을 표본(Sample)이라고 한다. 즉, 표본이란 일정한 규칙에 따라 뽑아 놓은 모집단의 부분집단이며, 이러한 추출과정을 표본추출(Sampling)이라고 한다.

표본은 반드시 모집단을 대표할 수 있어야 한다. 예를 들면, 외래관광객을 대상으로 관광동기 조사를 한다면 전체 외래관광객 중 일부분을 설문조사하게 되는데, 여기서 일부 외래관광객이 표본이 된다.

2) 파라미터와 통계량

전체 모집단의 속성을 나타내는 값이나 진술을 파라미타(Parameter) 또는 모수라고 한다. 파라미터는 평균, 범위, 중앙값 등으로 전국인구센서스와 같이 전체모집단을 대상으로 한 조사를 통하여 얻을 수 있다.

통계량(Statistic)은 표본에서 얻은 측정값으로서 통계치로 파라미터를 추정하게 된다. 추정된 파라미터가 전수조사에 의해 얻어진 파라미터와 크게 차이가 날 확률도 높다. 이러한 경우는 표본을 추출하는 과정에서 모집을 대표하는 집단이 선정되지 못할 경우 발생하게 되는 표본추출오차(= 모수 − 통계량) 때문이다.

7 자료 추출방법

연구 조사자는 모집단을 확정하고 표본프레임[3)]이 설정되면 구체적인 표본 추출방법을 결정해야 한다. 표본 추출방법은 크게 확률적 추출(probability sampling)과 비확률적 추출(nonprobability sampling)이 있다. 확률적 추출방법은 비확률적 추출방법보다 더 신뢰가 있고 정확하게 정보를 획득할 수 있지만 시간과 비용이 많이 든다는 단점도 있다.

첫째, 확률적 추출방법은 모집단 구성원의 명단이 기재된 표본프레임을 이용하여 표본을 추출하며, 모집단의 개별 구성원이 표본으로 선택될 확률을 미리 알고 있는 상태에서 표본을 추출하는 방법이다.

1) 단순무작위 표본 추출법은 표본프레임에 들어있는 각각의 표본에 일련번호를 부여하고, 이를 이용하여 일정수의 표본을 무작위로 추출하는 방법이다(ex. 복권 추첨).
2) 체계적 표본 추출법은 추출단위에 일련번호를 부여한 후, 이를 등(동일) 간격으로 놓고 첫 구간에서 하나의 번호를 무작위로 선정한 다음, 동일 간격으로 다음 번호들을 계속해서 추출해 나가는 방법이다(ex. 통계학 수강 210명 중 30명을 표본으로 추출하는 경우, 7명씩 등간격으로 하여 표본을 추출).

3) 표본조사를 실시하는 이유는 비용과 시간을 줄이기 위해, 전수조사가 불가능한 경우, 비표본 오류의 증가를 막기 위해서 실시한다.

3) 층화 표본 추출법은 모집단을 특정한 기준에 따라 서로 상이한 소집단으로 나누고 이들 각각의 소집단들로부터 일정수의 표본을 무작위로 추출하는 방법이다(ex. 서울시 물가에 대한 인식 조사–서울시를 몇 개의 구역으로 나누고 구역별로 인구 비례에 따라 일정수의 표본을 선택).

4) 군집 표본 추출법은 모집단을 소집단 또는 군집으로 나누고 하나 혹은 일정수의 소집단을 무작위로 추출한 다음, 추출된 소집단 내의 모든 구성원들을 조사하는 방법이다(ex. 대학생의 라이프스타일 조사–전국에서 몇 개의 대학을 선정, 다시 몇 개의 학과와 학년을 선정, 해당되는 학생들을 모두 조사).

둘째, 비확률적 추출방법은 상업적 조사에 주로 사용하며, 표본프레임이 없어 모집단에 속한 각각의 구성원이 표본으로 선택될 확률을 모르는 상태에서 표본을 추출하는 방법이다.

1) 편의 표본 추출법은 임의로 선정한 지역과 시간대에서 조사자의 편의에 따라 표본을 선택하는 방법이다. 사회과학에서 개인을 대상으로 조사하는 대부분은 이 방법으로 실시한다(ex. 서울지역 특1, 2급 호텔을 방문하는 고객을 대상으로 조사).

2) 판단 표본 추출법은 조사 문제를 잘 알고 있거나 모집단의 의견을 효과적으로 반영할 수 있을 것으로 판단되는 특정 집단을 표본으로 선정한다. 사회과학에서 조직(회사, 단체)을 대상으로 조사하는 대부분은 이 방법으로 실시한다(ex. 휴대폰 로밍 서비스–통신 관계 전문가들 또는 사용 경험이 있는 소비자들만을 대상으로 조사).

3) 할당 표본 추출법은 미리 정해놓은 분류기준에 의해 전체 표본을 몇 개의 집단으로 나누고 집단별로 필요한 수만큼의 대상을 추출한다(ex. 기업 상품에 대한 만족도 조사–전체 구매고객의 30%가 30대의 연령층이라면, 전체표본 중의 30%를 30대의 연령층에 할당하는 식으로 표본 추출).

본 연구의 표본 추출방법은 비확률적 표본 추출방법 중의 하나로 판단 표본 추출법(purposive sampling)과 쿼타 추출법(quota sampling)을 함께 고려하여 이용하였다. 개인대상의 연구는 대부분 편의 표본 추출법(convenience sampling)으로 편리하게 표본을 선택하는 방법을 선택하지만, 기업대상의 연구는 연구자가 연구목적에 가장 적합한 대상을 선택하는 판단 표본 추출법이다(이훈영, 2008). 또한, 본 연구는 표본의 대표성을 고려하여 소매여행사의 모집단에 대하여 한국관광협회중앙회에 등록된 전국 시 · 도별(제주도, 대전 무응답 제외) 분포에 따라 세그먼트(10%)하여 선택하였다.

8 설문지 유형의 결정

1) 설문지 유형

(1) 자기 기입식 설문지(Self-administered questionnaires)

응답자 자신이 기입하도록 하는 설문지 형태로 일반적으로 현지(On-site)에서 기입하거나 우송하여 기입케 하거나 현지에서 나눠주고 기입하여 우송케 할 때 사용한다. 현재 가장 많이 사용되는 유형이다.

(2) 면접자 기입식 설문지(Interview administered questionnaire)

면접하는 사람이 모든 문항에 대한 응답자의 대답을 기입하도록 만들어진 설문지이다.

따라서 설문지 유형의 결정은 어떠한 설문유형을 선택하느냐에 따라 대답이 전혀 다르게 나올 수 있으므로 이것은 매우 중요하게 고려할 부분이다.

그러나 설문유형의 선택에 어떤 일반화된 원칙이 있는 것은 아니며, 주제의 성격, 응답자의 교육 정도, 적용하려는 분석방법 등을 고려하여 결정한다. 경우에 따라서는 여러 가지 유형을 적절하게 혼용하는 것이 더욱 효과적이다.

2) 설문 형태

(1) 개방형(Open-ended) 설문 형태

개방형 설문은 자유롭게 응답할 수 있는 공간을 만들어 놓은 설문으로 자유 응답형이다. 개방형 설문은 응답자의 의견 · 태도 · 동기 등에 대하여 보다 확실하고 정확한 대답을 얻어낼 수 있다. 그리고 설문 자체에 융통성을 부여할 수 있기에 새로운 사실을 발견할 수 있는 가능성이 높다. 따라서 이러한 설문은 예비조사나 탐색적 조사 등 문제의 핵심을 파악하려고 할 때 흔히 쓰이며, 대규모 조사보다는 소규모 조사에 적당하다.

개방형 설문의 단점은 응답의 해석에 편견이 개입될 가능성이 있고, 응답에 심적 부담을 주기 때문에 응답하지 않게 되는 비율이 높으며, 폐쇄형 설문보다 응답에 시간이 많이 소요되고, 표현능력이 부족한 응답자에게는 부적합하며, 자료를 처리하는 데도 어려움이 있다.

예) 이곳을 방문하시면서 불편했던 사항들을 적어주십시오.

귀하의 나이는 만으로 몇 년입니까 ? (______)년
귀하께서는 근무를 몇 년 하셨습니까 ? (______)년 _____개월

(2) 폐쇄형(Closed-ended) 설문 형태

폐쇄형 설문은 비교적 응답의 처리가 용이하고, 응답의 해석도 쉽다. 그러나 응답자의 의견이 충분히 반영되기가 어려운 단점이 있다.

폐쇄형 설문 형태의 종류는 찬부식 실문(dichotomous question), 신다식 질문(Multiple-choice question), 복수 응답(Multiple response), 서열식 설문(Rank ordering question), 평정식 질문(Rating question), 어의차이 설문(Semantic differential question) 등이 있다.

9 척도의 종류

척도(scale)는 변수나 추상적 개념(construct)을 측정하는 도구이다. 척도의 종류는 명목척도, 서열척도, 등간척도, 비율척도로 구분된다.

설문 자료는 사칙 연산이 가능 유무에 따라서 연산이 불가능한 범주(크기 없음)이면 질적(non-metric, 범주형, 이산형) 자료와 연산이 가능한 수치(크기 있음)이면 양적(계량, metric) 자료로 구분한다. 명목척도와 서열척도는 질적 자료이며, 등간척도와 비율척도는 양적 자료라고 한다.

<table>
<tr><th>척도 종류</th><th>사례</th><th></th></tr>
<tr><td>명목척도
(nominal scale)</td><td>찬부식 설문, 선다식 설문, 복수 응답</td><td rowspan="2">질적 자료(non-metric, 범주형, 이산형)
크기 없음</td></tr>
<tr><td>서열척도
(ordinal scale)</td><td>순위식 설문(Ranking question)</td></tr>
</table>

척도 종류	사례	
등간척도 (interval scale)	1) 평정척도(Rating scale) ① 도식평정척도 ② 숫자평정척도 ③ 리커트(Likert) 척도 = 총화평정척도 2) 의미(어의)차이척도(Semantic differentiol scale)	양적 자료 (계량, metric) 크기 있음
비율척도 (ratio scale)	길이, 무게, 거리, %, 온도 = 서열 척도	

1) 명목척도(nominal scale)

명목척도는 조사자가 특정 범주나 그룹을 지정하는 것이며, 특별한 의미가 없고 단지 편의를 위한 것이다. 명목척도는 각 개체를 남김없이 배타적인 그룹으로 범주화한다. 명목척도는 양의 개념이 없는 질적 측정에 해당되며 분류된 범주에는 서열이나 순위의 양적 성격은 없다.

예) 성별, 결혼, 학력, 근무 부서, 근무 연수

(1) 찬부식 설문(Yes-No question)

「찬성-반대」, 「있다-없다」, 「좋다-나쁘다」와 같이 응답이 나올 수 있는 경우에 적당하다.

예〉 귀하께서는 해외여행을 경험한 적이 있으십니까?
① 예 ② 아니요

(2) 선다식 질문(Multiple-choice question)

가능한 대답들을 전부 고려하여 그 대답들을 대표할 수 있는 몇 가지를 제시해 놓고, 응답자가 그 가운데서 1개 또는 몇 개를 선택하게 하는 방법이다.

예〉 도자기엑스포에 누구와 함께 오셨습니까?

① 혼자서 ② 가족과 함께 ③ 친구 · 친지와 함께

④ 직장동료와 함께 ⑤ 기타( )

(3) 복수 응답(Multiple response)

선다식 설문의 일종이다. 선택개수를 제한하지 않고 해당하는 것을 모두 선택하게 한다는 점에서 차이가 있다.

예〉 이곳에 오시면서 이용하신 교통수단을 모두 표시해 주십시오.

① 기차 ② 비행기 ③ 시내버스 ④ 도보

⑤ 택시 ⑥ 자가용 ⑦ 중형버스 ⑧ 대형버스

2) 서열척도(ordinal scale)

서열척도는 측정된 속성별로 서열, 순위를 두어 매기는 것이며 단지 서열(순서적 특성)뿐이지 항목 간의 간격에 관한 성격은 없다.

순위식 설문(Ranking question)은 응답자가 선호하는 정도를 파악하는데 사용될 수 있는 방식이다. 이 경우에는 항목이 너무 많으면 응답자가 순위를 결정하는데 곤란을 겪게 되므로 여러 개를 나열하더라도 5개만 선택하게 하는 것이 정확한 결과를 얻을 수 있다.

예) 7개 과일 중 좋아하는 순서로 모두 답(1. 사과, 2. 포도, .. 7. 바나나)

> 예〉 경주세계문화엑스포장 내의 각 행사장 중에서 가장 둘러보고 싶으신 5곳을 순서대로 써 주십시오.
>
> ( ) - ( ) - ( ) - ( ) - ( )
>
> ① 전승의 마당　② 새천년의 미소관　③ 융화의 마당
> ④ 세계문명관　⑤ 창조의 마당　⑥ 아사달공원
> ⑦ 참여자의 마당　⑧ 코스모랜드전시관　⑨ 백결공연장
> ⑩ 민속잔치마당　⑪ 세계풍물광장　⑫ 우정의 집
> ⑬ 처용마당　⑭ 화랑인형극장

3) 등간척도(interval scale)

등간척도는 어떤 범주나 그것과 관련된 개체를 분류할 뿐만 아니라 각각의 선호도의 강도를 측정하기 위한 문항으로 서열이 없이 각 항목 간의 간격이 동일하나 절대적 기준점이 있는 것은 아니다. 등간척도는 평정(評定)식 질문(Rating question), 어의차이 설문(Semantic differential question)으로 구성한다.

(1) 평정척도(評定尺度, Rating scale)

평정척도는 평가자가 측정대상의 연속성을 전제로 하여 일정한 기준에 따라 평가함으로써 대상의 속성을 밝혀내는 척도이다. 이러한 평정척도는 척도를 만들기가 쉽고, 적용범위가 넓은 장점이 있다. 반면에 평가자의 성격이 가혹하거나 관대할 경우에 어느 한쪽으로 치우칠 우려가 있으며, 한번 치우치기 시작한 평가는 후광효과(Halo effect)에 따라서 계속적으로 동질적인 평가를 내릴 가능성이 있다. 리커드 평가척도가 여기에 속한다.

❶ 도식평정척도(graphic rating scale)

리커트(Likert) 척도는 등간척도이며 총화평정척도라고도 한다. 이 척도는 여러

개의 문항으로 응답자의 태도를 측정하고 해당 문항에 대한 응답을 합산하여 평가 대상 응답자에 대한 전체적인 태도를 측정하는 방법이다.

이때 전제되어야 하는 것은 각 문항이 동일한 개념을 측정하기 위한 문항으로 구성한다는 것이다. 만약 각 문항들이 상이한 개념들을 측정한다면 측정한 값들을 합산한다는 것이 무의미하기 때문이다.

	매우 불만족			보통			매우 만족
	1	2	3	4	5	6	7
■문화엑스포로 지역주민의 소득이 증가되었다.	□	□	□	□	□	□	□
■관광개발로 지역경제 발전이 촉진되었다.	□	□	□	□	□	□	□

만약 2개의 문항으로 관광개발이 지역경제에 미친 효과를 측정하기로 한다면 이들 2문항에 응답한 수치를 합하여 척도로 한다는 것이다. 각 문항의 응답 범주는 3~10개 정도의 척도항목 구분이 있어야 하되 각 척도항목에 수치를 부여한다. 이때 가장 많이 쓰이는 것이 5점 또는 7점 척도이다. 여기서 리커트 평정척도는 기본형태가 리커트 합산척도와 마찬가지로 문항을 개별적으로 분석하는 점이 서로 다르다.

❷ 숫자평정척도(numerical rating scale)

숫자평정척도는 등간척도를 가정하고 있기 때문에 각 척도점에 (+2, +1, 0, −1, −2) 등의 숫자를 부여하여 항목별로 응답자들의 응답에 대한 평균값과 분산값을 계산하여 상품별, 관광자원별 이미지 차이를 비교할 수 있다. 이와 같은 척도도 리커트형 척도로, 이 경우에는 각 문항이 개별적으로 분석된다. 단극척도는 1, 2, 3과 같이 한 방향으로 부여하며, 양극척도는 −1, 0, 1과 같이 대칭적으로 부여한다.

	지극히	매우	약간	보통	약간	매우	지극히	
졸린	−3	−2	−1	0	+1	+2	+3	흥미로운
불쾌한	−3	−2	−1	0	+1	+2	+3	유쾌한
위험한	−3	−2	−1	0	+1	+2	+3	안전한

(2) 의미(어의)차이척도(Semantic differential scale)

어의차이척도(語義差異尺度)는 어의구별척도라고도 한다. 이것은 사용하고 있는 개념이 갖는 본질적인 뜻을 몇 가지로 나누어 측정함으로써 자료의 분석과정에서 요인분석과 같은 다변량분석의 적용이 용이하도록 하는 척도이다.

어의차이척도의 일반적인 형태는 좋다−나쁘다, 아름답다−추하다, 전통적이다−현대적이다 등과 같이 양극에 의해 척도를 구성한다. 기본적으로는 선다식이지만 항목이 일일이 명시되지 않으며 양단에 서로 반대되는 형용사를 두고 그 사이를 5점 척도 또는 7점 척도로 구성하여 하나를 선택하게 하는 방법이다.

예〉 경주에 대한 전반적인 이미지는?

〈————————— 보통 —————————〉

지 루 함	1	2	3	4	5	흥미 있음
평 범 함	1	2	3	4	5	매력적임
정 적 임	1	2	3	4	5	동 적 임

4) 비율척도(ratio scale)

비율척도는 등간척도에 0이라는 개념이 포함된 것이며, 간격도 똑같고 비율도 똑같은 경우이다. 즉, 길이가 0이면 길이가 없고, 무게가 0이면 실제로 존재하지 않는다. 따라서 비율척도는 등간척도에서 임의적인 숫자를 기준으로 삼는 단점을 극복하며, 아주 의미 있고 절대적인 '0' 포인트가 있다. 비율척도는 포인트 사이의 강도를 측정할 뿐만 아니라 각 차이들 간에 비율을 설명해준다.

예) 길이, 무게, 거리

예) 온도(36°, 37°, 38°)는 서열뿐만 아니라 각 온도 간의 차이도 일정함.

40°가 20°보다 두 배만큼 더운 것은 아니므로 비율척도가 아니다.

(1) 이곳에서 일하기 전에 몇 군데서 일하셨나요? ___

(2) 다음에서 요구하는 대로 자녀의 수를 쓰세요.

___ 3세 이하 ___ 3세에서 6세 사이

___ 6세 이상 12세 이하 ___ 12세 이상

(3) 소매점 몇 군데를 운영하십니까?

10 설문지 문항작성 및 구성

설문지 문항은 응답자가 쉽고 편하게 응답할 수 있도록 작성하고 구성한다. 응답자가 응답하는데 소요되는 시간(20분 정도)을 고려하여 전체 문항 수와 페이지를 구성한다. 설문구성은 연구자의 연구모형에서 검정할 변수들(독립, 매개, 조절, 종속)이 누락되지 않도록 작성한다.

1) 질적 척도의 유의사항

(1) 응답항목은 중복되지 않도록 구성한다.

① 만 20세 미만(이하) ② 20세~29세 ③ 30세~39세 ④ 40세 이상

(2) 응답항목은 누락되지 않도록 구성한다.

① 고졸 이하　　　　　　② 전문대 졸업

③ 대학 졸업　　　　　　④ 대학원 졸업 이상

(3) 응답항목은 응답자가 불필요한 계산을 하지 않도록 구성한다.

(4) 준거기준이 명확한 단어를 사용한다(가족 월(연) 소득).

2) 양적 척도의 유의사항

(1) 설문문항은 하나의 문항에 두 가지 성질의 질문을 피하여 작성한다.

(예, 리더는 정직하고 유능한 지도자여야 한다고 생각한다)

(2) 설문문항은 가능하면 적은 수의 단어로 짧고 간결하며 명료하게 작성한다.

(3) 설문문항은 응답자의 수준, 경험, 환경 등을 고려하여 이해하기 쉽게 작성한다.

(4) 설문문항은 부정문이나 이중부정문을 사용하지 않도록 작성한다.

(5) 설문문항은 수량이나 정도를 나타내는 부사(매우, 많이, 종종, 때때로)는 주의하여 작성한다.

(6) 설문문항은 문화차이로 단어의 의미가 현실에 적합도록 수정하여 작성한다(특히, 외국어는 직역보다 자국에 적절한 표현으로 번역한다).

(7) 설문 측정방법(5점 또는 7점)은 문화권이 다른 나라에서 측정방법에 따라 다른 반응을 보인다(Sekaran & Martin, 1982; Sekaran & Trafton, 1978). 따라서, 문화가 다른 장소에서 연구를 실시할 때에는 조작적 정의와 사용되는 측정방법 둘 다 신중하게 고려해야 한다.

11 설문문항 작성

학위논문의 설문지 작성은 매우 중요하며, 연구모형에 맞도록 문항을 구성하여 작성한다. 특히, 설문지 작성은 제4장의 실증분석과 밀접한 관계가 있으므로 통계분석을 실시할 경험자에게 조언을 받아서 작성한 후에 지도교수와 상의하여 승인을 얻는다.

연구자는 문헌연구를 진행하면서 자신의 연구모형이 어느 정도 그려지면, 각각의 변수들에 대한 문항을 아래 표와 같이 정리하면서 문헌요약을 실시한다.

[표 13] 독립변수/매개변수/종속변수 문항

요인명	설문문항	연구자명								
		A	B	C	D	E	F	G	H	I
	1									
	2									
	3									
	4									
	1									
	2									
	3									
	4									
	1									
	2									
	3									

설문지 구성을 할 때 주의사항은 다음과 같다.

첫째, 설문지 페이지는 A4 용지로 단면 4장(양면 2장) 정도로 만들면 무난하다.

둘째, 설문지 구성은 설문조사 취지(1면)와 일반적인 특성질문(1~2면), 연구가설 항목질문(2~4면), 인구통계학적 질문(4면) 등의 순서로 작성한다.

셋째, 일반적 특성질문과 인구통계학적 질문의 문항은 연구목적에 불필요한 문항을 만들지 않는다.

넷째, 연구가설에서 영향관계를 나타내는 항목의 수는 하나의 변수에 4~5개 문항 이상으로 구성하여야 변수의 설명력이 양호하게 나타난다.

다섯째, 연구가설 문항은 과거 연구자의 설문문항을 참고하여 중복되지 않도록 구성한다.

여섯째, 한 요인의 문항수가 10개 이상이면 요인별(4~5개 문항)로 표를 구분하여 각각 구성하여 설문응답자가 성실하게 체크할 수 있다.

설문지

NO :

관광산업에서 정보시스템 성공모델에 관한 설문조사서

안녕하십니까?

바쁘신 중에도 설문조사에 응해주셔서 먼저 감사의 말씀을 드립니다.

현재 우리나라 관광산업에서 정보시스템이 중요한 도구로서 자리를 잡고 있습니다. 특히 업무의 효율성을 추구하는데 커다란 역할을 하고 있다고 보여집니다.

본 설문조사는 **정보시스템**이 관광산업분야에 어떻게 사용되고 있는지 그 현황을 정확히 파악하고, 향후 **정보시스템이 관광산업 발전**에 어떻게 기여할 수 있는지, 바람직한 **성공 모델**은 어떠한 것인지에 대해서 귀하의 정확한 의견을 구하고자 합니다.

바쁘시겠지만, 관광산업 분야의 발전을 위해 관심을 가지고 정확한 응답을 부탁드립니다.

대단히 고맙습니다.

2008. 4. 10

지도교수 : 변 정 우(경희대학교 호텔관광학부 교수)

연 구 자 : 정 상 권(경희대학교 대학원 박사과정)

연락처 : 011-233-0590

e-mail : jung3kwon@hotmail.com

1. 귀사의 웹사이트(홈페이지)는 몇 개 있습니까?

① 없다 ② 있다( )개

2. 귀사의 웹사이트(홈페이지)에서 고객들이 귀사 관련 상품을 거래 할 수 있습니까?

① 없다 ② 있다( )개

3. 귀사에서 사용하는 경영 정보시스템의 어떠한 기능들이 있는지, 번호에 모두 O표로 기입하세요.

① 없다 ② 회계/재무 ③ 급(상)여 관리 ④ 예약판매관리(항공, 선박, 호텔, 여행, 기타( ))
⑤ 고객관리 ⑥ 인사관리 ⑦ 마케팅관리 ⑧ 경영자원 시스템 ⑨ 의사결정 시스템
⑩ 기타(____________)

4. 귀사에서 위(3번) 문항의 정보 시스템을 하루(8시간) 몇시간 정도 사용 하십니까?

평균 하루 = (시간) / 8시간

5. 귀사는 어떤 방식으로 영업(Sales Marketing)을 하십니까? 번호에 O표로 기입하세요.

① 온라인 영업 ② 오프라인 영업 ③ 온/오프라인 모두 영업

- 160 -

6. 귀사는 어느 업종 입니까? 번호에 O표로 기입하세요.

① 일반여행업 ② 국외여행업 ③ 국내여행업 ④ 기타 여행업(　　　　)

① 국내항공사 ② 외국항공사 ③ 기타 운송업(　　　　)

① 특1,2급 호텔 ② 관광 호텔 ③ 기타 숙박업(　　　　)

I. 다음은 정보시스템의 시스템 품질에 관한 질문 사항입니다. 각각 질문에 맞는 항목을 체크(V)하여 주세요.

시스템 (컴퓨터) 품질	전혀 그렇지 않음 ①	그렇지 않음 ②	보통 (오름) ③	그렇다 ④	매우 그렇다 ⑤
1) 인터넷 검색할 때 응답속도가 적절하다.					
2) 자료를 쉽게 입력(저장)할 수 있다.					
3) 화면 페이지 넘어가는 속도가 적절하다.					
4) 메인컴퓨터(서버)가 자주 다운된다.					
5) 화면 구성이 사용하기 편하다.					
6) 사용자는 업무용 프로그램 실행이 쉽다.					
7) 사용자의 업무용 프로그램 설치가 쉽다.					
8) 부서간 네트워크 연결이 잘 이루어진다.					
9) 시스템 보안 체계가 되어 있다.					
10 업무용 프로그램 접속이 빠르다.					

II. 다음은 정보시스템의 자료(정보) 품질에 관한 질문 사항입니다. 질문에 맞는 항목을 체크(V)하여 주세요.

자료 (정보) 품질	전혀 그렇지 않음 ①	그렇지 않음 ②	보통 (오름) ③	그렇다 ④	매우 그렇다 ⑤
1) 자료를 편리하게 조회/출력할 수 있다.					
2) 출력된 자료들은 양식이 표준화 되어 있다.					
3) 여러 자료들이 동료들의 업무에 도움이 된다.					
4) 출력된 자료들의 수치가 정확하다.					
5) 출력된 자료들은 자신의 업무에 도움이 된다.					
6) 자료를 이용하여 고객에게 도움을 줄 수 있다.					
7) 필요한 자료에 대해서 조회/출력이 다양하다.					
8) 최근 자료의 조회 및 출력을 할 수 있다.					

- 161 -

V. 정보시스템의 만족도에 관한 사항입니다. 각각 질문에 맞는 항목을 체크(V) 하여 주세요.

정보시스템 사용하는 만족	전혀 그렇지 않음 ①	그렇지 않음 ②	보통 (모름) ③	그렇다 ④	매우 그렇다 ⑤
1) 업무용 시스템(프로그램)에 대하여 만족한다.					
2) 조회 및 출력되는 자료에 대하여 만족한다.					
3) 지원부서(전산부서)의 서비스에 만족한다.					
4) 프로그램 관련 협력 업체의 지원에 만족한다.					
5) 컴퓨터 관련 협력 업체의 지원에 만족한다.					
6) 전체적인 정보시스템 사용에 만족한다.					

VI. 정보시스템 사용으로 개인적 성과(효과)에 관한 사항입니다. 각각 질문에 맞는 항목을 체크(V) 하여 주세요.

개인적 성과 (효과)	전혀 그렇지 않음 ①	그렇지 않음 ②	보통 (모름) ③	그렇다 ④	매우 그렇다 ⑤
1) 시스템 사용으로 업무를 쉽게 할 수 있다.					
2) 시스템이 없다면 업무수행에 불편할 것이다.					
3) 시스템 사용으로 업무를 신속하게 수행할 수 있다.					
4) 사용하는 시스템(프로그램)들을 믿을 수 있다.					
5) 시스템 사용으로 통계가 정확하다.					
6) 시스템 사용으로 업무를 계획적으로 수행할 수 있다.					
7) 시스템 사용으로 나의 업무수행에 도움이 된다.					
8) 시스템이 없다면 나는 스트레스를 받을 것이다.					
9) 시스템 사용으로 나의 업무량이 많아졌다.					

- 163 -

Ⅳ 논문작성 4단계

1 서론 작성

논문의 서론은 제1장 서론에 다음과 같이 작성한다. 서론은 연구배경, 문제제기, 연구 필요성을 먼저 서술한 후에 연구 목적을 작성한다. 그리고 연구방법 및 연구 구성을 작성하며, 이 부분은 학술논문에서 생략할 수 있다.

제 1 장 서론
제 1 절 연구 배경
제 2 절 문제 제기 (Research Problem) 및 연구 필요성
제 3 절 연구 목적
제 4 절 연구 방법 및 연구 구성 (이 절은 학술논문에서 제외)

특히, 서론에서 연구목적은 매우 중요한 요소이다. 연구목적은 연구 모형의 연구가설에 따라 다음과 같이 작성한다. 만약에 분석결과 후에 연구모형이 수정되었다면 연구목적도 반드시 수정한다.

첫째, 독립변수, 매개변수, 종속변수에 대한 정의와 측정도구를 살펴보고 이를 (OO산업에서) 재정립하고자 한다.

둘째, 독립변수가 (높을수록) 매개변수에 어떠한 영향(차이)관계를 미치는지 규명(파악, 검증, 분석)하고자 한다.

셋째, 독립변수가 (높을수록) 종속변수에 어떠한 영향관계를 미치는지 규명(파악, 검증, 분석)하고자 한다.

넷째, 매개변수가 (높을수록) 종속변수에 미치는 영향관계를 규명(파악, 검증, 분석)하고자 한다(매개변수가 없으면 생략).

다섯째, 독립변수가 (높을수록) 조절변수에 따라 종속변수에 어떠한 영향관계를 미치는지 규명(파악, 검증, 분석)하고자 한다(조절변수가 없으면 생략).

또한, 연구목적 작성은 종속변수가 2개 이상이면 종속변수의 수만큼 작성할 수 있다. 그리고 연구목적은 분석방법(회귀분석, 분산분석, 매개효과, 경로분석, 직-간접효과분석 등)에 따라 목적어를 적절하게 표현하여 작성한다.

> 본 연구는 다음과 같이 연구목적을 갖고자 한다. 첫째, 기업 간(B2B) 거래에서 가치가 높을수록 관계만족, 관계신뢰, 관계몰입에 미치는 영향관계를 규명하고자 한다. 둘째, 기업 간 거래에서 관계만족, 관계신뢰, 관계몰입의 변수들이 각각 연쇄적으로 미치는 영향관계를 갖는지 규명하고자 한다. 셋째, 기업 간 거래에서 관계특성(관계만족, 관계신뢰, 관계몰입)이 애호도에 미치는 영향관계를 규명하고자 한다.

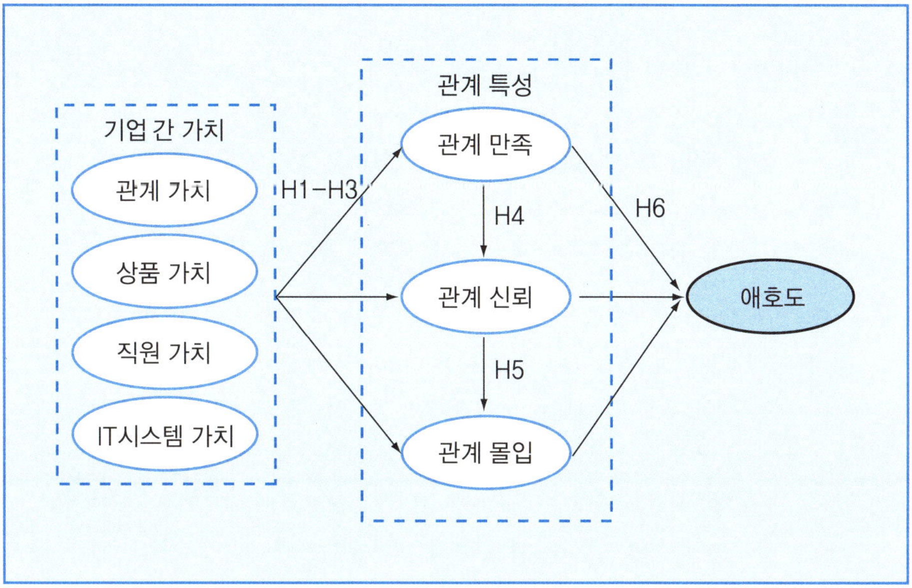

2 연구 필요성 작성

연구 필요성은 연구목적 전에 작성하며 다음과 같이 연구배경, 문제제기, 연구 필요성 등으로 작성한다.

1) 연구배경

병원은 특수한 목적을 지닌 일종의 공식적 사회구조로서 여러 전문 인력이 함께 일하고 있는 조직체이며, 최근 의료서비스 평가를 통해 병원의 평판과 경쟁력이 점차 서열화되어 가는 추세로, 병원은 고객만족을 위한 경영관리 활동에 경주해야 조직의 생존과 번영이 보장될 수 있게 되었다(박상언, 한수정, 2006; 박성필, 2005).

특히 간호사는 병원 조직의 다양한 구성 인력 중 고객의 만족을 위해 가장 중요한 역할을 담당하는 인력으로, 대부분의 병원에서는 간호사를 대상으로 더욱 친절하고 질 높은 서비스를 제공하도록 요구하고 있으며(임민정, 2004), 이로 인한 과중한 업무와 환자 및 보호자를 상대하는 과정에서 간호사는 직무소진은 물론, 직무열의의 감소를 경험하게 된다. ⬅ 도입부분(특별 업종, 현재흐름)

직무소진(Work Burnout)은 대인적인 접촉이 잦을 수밖에 없는 거의 모든 직종과 조직 구성원들이 경험하는 것으로(Demerouti, Nachreiner, Bakker, & Schaufeli, 2001; Sand & Miyazaki, 2000), 정서적으로 부담이 되는 환경에 오래 노출됨으로 인해 겪게 되는 부정적인 심리적 경험이다(Maslach & Schaufeli, 1993). 이에 반대되는 개념인 직무열의(Work Engagement)는 업무에 대해 높은 수준의 에너지와 열정이 있는 것으로(Bakker & Demerouti, 2008), 최근 유럽에서 측정도구가 개발되면서(Schaufeli, Salanova, Gonzales, & Bakker, 2002), 직무소진뿐만 아니라 긍정적인 측면의 직무열의의 개념에 관심을 두기 시작하였다(Schaufeli & Salanova, 2005; Shirom, 2003). ⬅ 종속(매개)변수

2) 문제제기

문제제기는 해당 분야에서 독립 x1, x2 변수와 종속 y1 변수들 간의 연구가 미흡한 점을 제시한다.

이러한 직무소진과 직무열의는 단순히 단일 차원의 양극에 위치하는 일차원적인 것이 아니라 상호 간에 독립적인 구성요소를 포함하는 것으로(신강현, 오인수, 2004), 종업원들이 직무에 대해 가지는 부정적, 긍정적 반응에 대한 체계적 설명이 가능하다. 즉, 직무소진은 회피적 행동체계(withdrawal-oriented behavioral inhibition system)에 기반을 둔 것으로(Shirom, 2002), 종업원들은 업무로 인한 신체적 위험이나 고통에 노출되지 않기 위하여 위축된 행동을 하게 되며, 이로 인

해 생산성이 떨어지고(Nayeri, Negarandeh, Vaismoradi, Ahmadi, & Faghihzadeh, 2009), 이직까지 생각하게 된다(배준득, 2010; 한상숙, 2009; Britt, Dickinson, Greene, & Mckibben, 2007). 반면, 직무열의는 촉진적 행동 체계(approach-oriented behavioral facilitation system)에 기반을 둔 것으로(Shirom, 2002), 종업원은 직접적으로 기쁨과 보상을 경험하기 위해 적극적인 행동을 하게 되고, 그 결과 업무처리를 독창적으로 수행하거나(Schaufeli et al., 2001) 긍정적인 결과(Salanova, Agut, & Peiró, 2005; Salanova, Bresó, & Schaufeli, 2005)를 낳는다고 보고한 바 있다.

간호학 측면에서 간호사의 생산성을 높이고 긍정적 업무처리 능력을 높이기 위해서는 업무에 대한 부정적인 시각인 직무소진에만 초점을 둘 것이 아니라, 긍정적인 시각의 직무열의에 대한 연구가 요구되고 있다. 그러나 직무소진과 직무열의에 대한 국내외 연구 동향을 살펴보면, 직무소진에 대한 연구는 많이 이루어졌으나(신성아, 2006; 안대희, 박종철, 2009; 윤금숙, 2010; 이정은, 조영은, 2008; Jourdain & Chênevert, 2010; Nayeri et al., 2009; Spence Laschinger, Wilk, Cho, & Greco, 2009; Wilson & Sheetz, 2010), 직무열의에 대한 연구는 국외에서 간호사, 의사, 경찰, 승무원 등을 대상으로 이루어졌을 뿐(Bakker, Van Emmerik, & Euwema, 2006; Prins et al., 2010; Simpson, 2009b; Xanthopoulou, Bakker, Heuven, Demerouti, & Schaufeli, 2008), 국내에서는 직무열의에 대한 연구는 매우 미흡한 실정이다. ⬅ 해당 분야의 연구 미흡점

3) 필요성 제시

직무소진 및 직무열의의 영향요인에 관한 선행연구를 살펴보면, 직무특성은 개인에게 내재적 만족과 동기를 제공하고 조직의 업무성과와 관여도를 높이는 것으로(강문진, 2006), 일반직 근로자, IT 업계 종사자 및 제조업 종사자를 대상(한광현, 2007; Saks, 2006; Thatcher, Stepina, & Boyle, 2002)으로 한 연구에서 직무특성이 높을수록 직무열의가 높아지는 반면, 직무특성이 낮을수록 직무소진은

증가하였다. 또 다른 영향 요인인 고객(환자)관련 사회적 스트레스는 서비스 종사자와 고객과의 상호작용에서 겪게 되는 정신적 · 신체적 긴장 상태로, 항공기 승무원(이랑, 김완석, 신강현, 2006) 및 콜센터 상담원(Dormann & Zapf, 2004)을 대상으로 한 연구에서 고객관련 사회적 스트레스를 많이 경험할수록 직무소진은 증가하였으나, 직무열의는 감소하였다. 마지막으로 조절 가능한 영향요인인 감정노동은 조직이 개인에게 요구하는 정서표현규범에 순응하기 위해 표면행위와 내면행위를 통해 감정을 통제하는 것으로(Grandey, 2000), 일반직 종사자를 대상(Brotheride & Grandey, 2002; Brotheride & Lee, 2002)으로 한 연구에서 종업원들이 사용하는 감정노동 전략에 따라 그 결과가 부정적일 수도 있고 긍정적일 수도 있다고 하였다. 그러나 간호사를 대상으로 한 직무열의의 영향요인에 관한 연구는 거의 없으며, 직무소진의 영향요인에 관한 연구는 클라이언트의 요구, 환자관련 폭력 경험, 직무스트레스, 감정노동 등에 대하여 이루어졌으나(김인주, 주효진, 2008; 성미혜, 2008; 정명숙, 김광점, 2006), 직무소진과 직무열의를 통합적으로 설명해 주는 영향요인을 제시하지 못하고 있다. ⬅ 선행연구 흐름

따라서 타 분야의 선행연구(이랑 등, 2006; Dormann & Zapf, 2004; Saaverdra & Kwun, 2000)를 통해 확인 된 직무특성, 고객관련 사회적 스트레스, 감정노동의 표면행위 및 내면행위가 직접적으로 간호사의 직무소진 및 직무열의에 미치는 영향요인에 대한 연구가 필요한 실정이다.

3 연구 구성

연구 구성은 연구의 흐름도에 따라 제1장부터 제5장까지 다음과 같이 작성한다. 학위논문 연구의 흐름은 연구의 구성으로 나타난 순서(장, 절)로 도형화한다.

Ⅰ. 서 론		
연구 배경	문제 제기 및 연구 필요성	연구 목적

↓

Ⅱ. 이론적 배경			
XX산업 특성 및 현황	독립변수 정의 및 측정 도구	매개변수 정의 및 측정 도구	종속변수 정의 및 측정 도구

↓

Ⅲ. 연구 설계		
연구 모형 설계	연구 가설 설정	연구 조사 설계

↓

Ⅳ. 실증 분석		
자료 분석	가설 검정	분석 결과 해석

↓

Ⅴ. 결 론		
연구 요약	연구 시사점	향후 연구 방향

[그림 22] 연구 흐름도

4 결론 작성

논문의 결론은 연구모형에 따라 검증된 내용을 사실적으로 제5장에 다음과 같이 작성한다.

먼저 연구 결과는 제4장에서 검증된 내용의 결과를 요약하여 작성한다.

첫째, 연구 시사점은 연구 가설을 검증한 내용 중에서 채택된 가설이 산업에서 어떠한 시사점을 주는지는 설명한다.

둘째, 연구 한계점은 연구 가설을 검증한 내용 중에서 기각된 경우에 대하여 산업의 환경적인 면을 타당성 있게 설명한다. 특히, 연구의 시사점과 한계점을 작성할 때에는 설문지를 활용하여 각 변수들의 설문문항을 참고하여 작성한다.

마지막으로 미래에 연구가 발전하도록 향후 방향을 제시한다.

제 5 장 결론

제 1 절 연구 결과

제 2 절 연구 시사점 및 한계점

제 3 절 연구 향후 방향

1) 연구 결과

본 연구는 구조방적식을 이용한 구조모델분석에서 나타난 가설을 검증한 결과들을 요약하고 연구자의 경험적인 시사점을 다음과 같이 언급하고자 한다.

첫째, 가설 1에서 B2B 가치(관계가치, 상품가치, 직원가치, IT가치)와 관계만족 간의 검증결과는 관계가치, 상품가치, 직원가치에 대한 영향관계에 있어 유의한 정(+)의 영향을 보이고 있었으며, IT가치에 있어서는 유의한 영향관계가 나타나지 않았다. 여기에서 상품가치의 경로계수가 가장 높게 나타는 것으로 보아 좋은 상품의 공급이 소매기업의 만족을 극대화할 수 있고 나아가 소매기업의 긍정적인 성과로 이어질 수 있음을 보여주고 있다. 또한, 도매기업의 IT 가치가 소매기업의 관계 만족에 영향을 주지 못한다는 것은 여행업의 특성상 인적서비스가 중시되는 이유로 연구 결과에 대하여 동의할 수 있었다.

둘째, 가설 2에서 B2B 가치(관계가치, 상품가치, 직원가치, IT가치)와 신뢰 간의 가설검증 결과는 상품가치만이 유의한 부(-)의 영향관계를 보이고 있었으며, 나머지는 영향관계를 보이고 있지 않아 가설은 기각되었다. 여기서 도매기업에 대한 소매기업의 신뢰는 IT가치를 제외한 제 관계가치가 관계 만족을 통하여서 만이 이루어지고 직접적으로는 이루어지지 않는다는 것을 알 수 있고, 상품가치에 대한 부의 영향을 미치는 것은 도매상품에 대한 소매기업의 신뢰는 관계만족과 소비자와의 성과에 의해서 소매기업이 신뢰를 부여하지 도매기업이 상품가치를 높이는 노력을 아무리 하여도 소매기업이 소비자와의 성과가 좋지 않는다거나 관계 만족이 좋지 않을 때는 신뢰를 부여하지 않는다는 것을 알 수 있었다.

2) 연구 시사점

결론적으로 본 연구목적에 따라 연구결과에 대하여 종합하여 시사점을 살펴보면, 여행업에 있어서 도매기업과 소매기업 간의 관계는 도매기업이 제공하는 여러 가지 관계가치가 보편적인 관계가치 뿐만 아니라 상품가치, 직원가치가 소매기업에게 만족을 주므로 도매기업과의 거래가 증대되어 소매기업의 소비자와의 성과를 가져 올 수 있다는 것을 볼 수 있었다. A여행사 대표, B여행사 대표, C여행사 대표의 인터뷰에서 나타난, 소매기업의 도매기업에 대한 신뢰는 "관계만족뿐 아니라 소비자와의 긍정적인 성과에 의하여 공고히 될 수 있으며, 이는 도매기업이 제공하는 상품가치에 대한 소매기업의 신뢰 역시 관계만족과 소매기업의 성과에 의하여 영향을 받는다"는 것을 알 수 있었다. 또한 B2B2C거래에서 소매기업의 도매기업에 대한 애호도도 소비자의 애호도와는 달리 관계매개변수로 채택이 가능하며, 전자상거래의 확대에도 불구하고 인적서비스가 중시되는 여행업의 특성상 IT 적인 가치는 도소매기업 간의 거래 행위 시 현재의 거래에는 영향을 미치지만 소매기업에서는 중요한 거래 요소로 인정하지 않음을 알 수 있었다.

3) 연구 한계점

본 연구는 도 · 소매 기업 간(B2B)과 소매 · 소비자 간(B2C)이 융합된 도 · 소매 · 소비자 간(B2B2C) 거래에서 나타나는 관계가치 모델에 관한 실증연구를 통하여 결과를 도출하였지만 일부 한계를 가지고 있어 향후 연구에서 반영하기를 기대하고자 한다.

본 연구에서의 표본은 여행사(일반여행업, 국외여행업)를 대상으로 1업체당 1개의 표본으로 하였다. 그리고 여행업의 특성상 다른 업종에 대한 잠재적인 혼란 효과를 제한함으로써 동질의 표본이 가설 관계를 검증하기에는 매우 용이하지만 본 결과를 다른 기업환경에 적용하여 일반화할 때는 세심한 주의를 기울여야 할 것이다. 다른 연구자가 본 연구를 시도할 때 연구자들은 다른 기업환경 측면에서 본 연구의 기본 전제를 검토해야 한다.

본 연구에서의 독립변수들 중에서 사용한 관계가치는 Ulaga & Eggert(2006b)와 Irene et al.(2009)에 의해 구성하였지만 다른 독립변수들(상품가치, 직원가치, 정보기술가치)은 탐색적으로 구성하여 연구가 진행되어 추후 실증연구에서는 다른 연구자들(Chumpitaz & Paparoidamis, 2007; 김태우, 2005)이 사용한 변수를 포함할 수 있다는 것을 고려하여야 한다.

이러한 연구결과들을 종합하면 수십 년 동안의 경험적인 발견을 뒷받침해주는 근거를 이해하게 되고 여행업에서 B2B 관계 가치가 매우 만족스럽고, 신뢰하고 서로 몰입한다면 도매 기업에 대한 애호적 태도를 유지하게 되어 긍정적인 성과로 나타나게 되어 도매업, 소매업 그리고 소비자 모두 건강한 거래가 이루어지도록 더욱 더 많은 연구가 필요할 것으로 사료된다.

4) 향후 연구 과제

본 연구의 한계로 인하여 다음과 같은 연구가 계속적으로 이어졌으면 하는 바램으로 다음 몇 가지 향후 연구 과제를 제시하고자 힌다.

첫째, 도매기업의 상품가치가 신뢰에 정의 영향을 미치지 못하고 역으로 소매기업의 신뢰가 상품가치에 영향을 미치는 연구 결과나 신뢰가 소매기업의 성과에 정의 영향을 미치지 못하고 부의 영향을 미치는 연구 결과는 선행연구가 없는 관계로 전문가의 의견을 반영하여 연구의 질을 높이고자 하였으나 향후 보다 깊이 있는 연구가 있어야겠다고 사료된다.

둘째, 직원가치가 현재거래 관계인 관계몰입에 부의 영향을 미치는 것은 천민호의 선행연구(2004)가 있었고 본 연구자도 결과에 동의하지만 보다 발전된 연구가 필요할 것으로 사료된다.

셋째, 전자상 거래의 발달이 급속도로 진행되고 있는 현실을 감안하여 여행업에서는 도매기업의 IT 가치를 보다 고도화하여 소매기업의 관계만족과 소매기업의 소비자와의 성과를 증대할 수 있는 지속적인 연구가 필요할 것으로 사료된다.

넷째, B2B2C거래의 개념이 최근에 진화된 거래모델로서 학문적으로 논의된 선행연구의 한계로 실증적이고 실용적인 연구의 한계에 부딪힐 수밖에 없었다. 향후 B2B2C거래의 보다 깊이 있는 연구가 요구되며, 특히, 전자상거래에서의 연구가 보다 다양하게 이루어졌으면 한다.

※ 논문 부정 행위 종류

연구 논문의 부정은 ① 위조, ② 변조, ③ 표절, ④ 중복게재, ⑤ 부당한 저자 표시 등 크게 5가지로 구분한다. 논문 표절은 우리나라 1990년대부터 국민적인 관심이 되었으며, 2000년 인사청문회 제도가 도입된 이후 공직후보자의 주요 낙마 사유중 하나였다.

위조는 존재하지 않는 데이터나 연구 결과 등을 허위로 만들어내는 것을 말한다.

변조는 연구 재료나 장비, 과정 등을 조작하거나 데이터를 변형 또는 삭제해 연구 결과를 왜곡하는 행위를 말한다.

표절(剽竊)은 타인의 아이디어나 연구 내용을 적절한 인용 없이 자신의 논문에 사용하는 것이다. 그러나 '일반지식'은 표절이 아니다. 그리고 자기 이름으로 내는 보고서나 논문에서 핵심내용이나 분량의 대부분이 남의 글에서 따온 것이라면 출처를 밝히더라도 표절이 될 수 있다. 타인의 연구모델을 출처 표시없이 사용하는 것은 중대한 표절이다.

중복게재는 이미 발표한 자기 논문의 일부나 전체를 자신의 다른 논문에 포함시키면서 출처 표시를 하지 않은 경우이며, 학계에선 '자기 표절(Self-plagiarism)'이라고도 한다.

'부당한 저자 표시'는 연구에 기여한 사람을 논문 저자에서 빼거나, 연구에 공헌하지 않은 사람을 감사 또는 예우 차원에서 저자로 넣는 것을 뜻한다. 자신이 지도한 제자의 석(박)사 논문을 요약해 다른 학술지에 게재하면서 자신을 제1저자, 제자를 제2저자로 표기한 것도 학계에서는 '부당한 저자 표시'라고 보고 있다.

※ 논문 표절 검정 사이트

1. http://www.turnitin.com/ko/home
   로그인 : jung3kwon@hanmail.net

2. www.copykiller.co.kr
   로그인 : jung3kwon@hotmail.com

통계편

논 문 작 성 법

V 논문작성 5단계

1 자료 코딩

논문작성에서 코딩(Coding)은 설문지 문항의 척도에 대한 자료들을 컴퓨터로 처리하기 편리하도록 부호화(숫자, 문자)하여 업무용 프로그램(Excel) 또는 응용통계 프로그램(SPSS) 등에 규칙적으로 입력하는 것이다.

설문지 코딩은 업무용 프로그램 엑셀(Excel)에 입력한 후에 응용통계 프로그램(SPSS)에서 활용하는 것이 매우 유용하다. 그리고 설문지 코딩은 연구자가 업무용 프로그램에 직접 입력하는 것이 정확하며, 연구자가 아닌 다른 사람이 입력하면 성의 없이 입력될 수 있다.

	A	B	C	D	E	F	G	H	I	J	K	L	M	N	O	P	Q	R	S	T	U	V	W	X
1	순번	연령	학력	결혼	경력	성별	방법	선호	C1	C2	C3	C4	B1	B2	B3	B4	B5	B6	B7	B8	B9	B10	B11	B12
2	1	4	1	2	2	2	1	1	4	3	3	3	3	4	4	4	3	4	2	2	1	2	1	2
3	2	4	1	2	4	2	1	1	5	5	4	4	3	4	4	4	3	2	2	3	2	2	1	2
4	3	1	1	1	1	1	1	1	5	4	4	3	2	3	2	4	4	4	3	4	3	4	3	3
5	4	5	2	2	4	2	1	1	1	1	3	1	1	4	4	4	3	3	4	4	1	3	1	1
6	5	5	1	1	4	2	1	2	5	4	2	4	3	4	4	5	3	3	3	4	2	1	1	3
7	6	2	2	1	2	2	1	1	3	3	3	4	3	4	4	4	3	2	1	1	1	1	1	3
8	7	4	1	2	2	2	1	1	4	4	3	3	1	4	2	5	4	2	3	4	3	3	2	2
9	8	1	2	1	3	2	1	1	2	1	1	3	3	4	4	5	3	2	4	3	2	2	1	5
10	9	4	1	2	3	2	1	1	5	4	3	4	3	4	4	5	3	2	2		1	2	2	3
11	10	3	1	1	3	1	1	1	3	3	3	4	3	4	4	4	3	3	2	2	1	1	1	3
12	11	3	2	2	3	2	1	1	4	4	4	5	3	2	1	4	3	3	2	2	2	2	2	4
13	12	3	1	1	2	2	1	1	4	3	3	4	3	4	4	4	3	3	3	3	1	1	1	3
14	13	3	1	1	3	1	1	1	4	5	4	3	3	4	4	4	2	4	3	3	3	3	2	3
15	14	3	1	1	3	1	1	1	4	5	2	4	2	3	4	4	3	3	2	3	3	2	2	3
16	15	4	1	2	4	2	1	1	4	2	2	3	4	4	4	4	2	2	2	2	2	2	2	2
17	16	4	1	2	4	2	1	1	3	4	4	4	2	2	4	4	4	4	3	4	4	3	4	4
18	17	4	1	2	4	2	1	1	4	4	2	4	4	4	4	4	3	3	3	3	3	3	3	3
19	18	3	1	1	2	2	1	1	5	5	5	5	1	1	1	4	3	4	2	2	2	2	2	3

[그림 23] 엑셀 코딩

설문지 자료 코딩은 〈그림 22〉 엑셀 창에서 1개의 행은 1개의 설문지 전체이며, 첫 번째 행은 변수명이고 두 번째 행부터 응답자의 응답이다.

엑셀 창에서 열(알파벳)은 1칸을 질문 문항 1개씩 적용하며, 행(숫자)은 1줄을 설문지 1개로 생각하고 입력하면 된다. 그러나 명목척도에서 "과일 7개 중 3개 선택 ..."은 분석을 어떻게 하는지에 따라 다르지만 열을 7개로 만들어서 해당되는 과일을 1 또는 0로 표시한다.

※ SPSS의 버전이 18.0 이하는 엑셀의 확장자명이 .xls로 되어야 한다. 만약 엑셀의 확장자명이 .xlsx이면 .xls로 다른 이름 저장을 한다.

2 통계프로그램(SPSS)에서 Excel자료 열기 및 저장

1) SPSS 프로그램을 실행한다.

2) File → Open → Data... 클릭

3) 오픈자료 창이 나타난다.

- 파일형식에 Excel(*.xls) 선택
- 찾는 위치에서 엑셀자료 위치지정
- 자료를 선택하면 파일이름에 지정된다.
- 열기

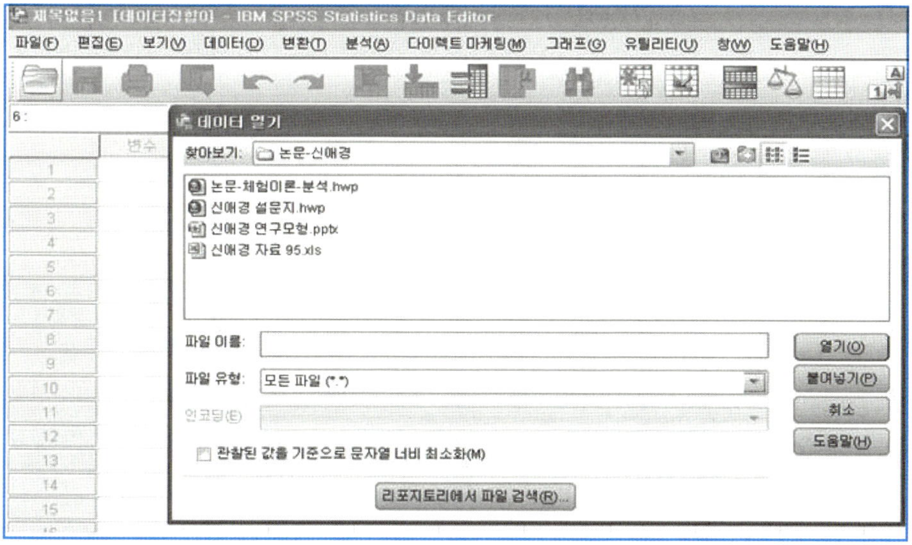

4) 엑셀자료 원본열기 창이 나타난다.

☑ Read variable names from ...

첫줄이 변수명이면 읽기 지정 체크

변수명이 아니면 체크 안 함.

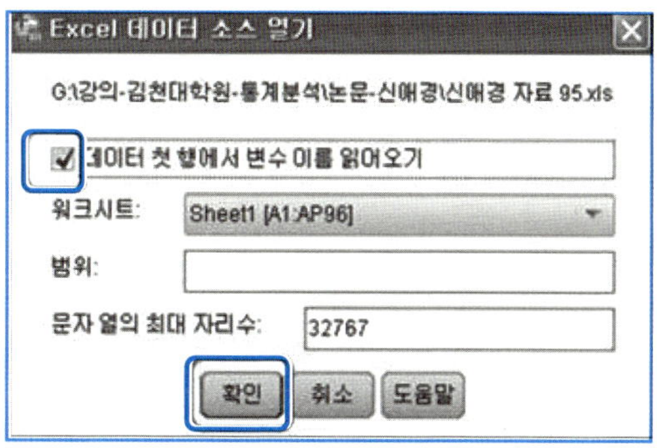

5) OK 클릭

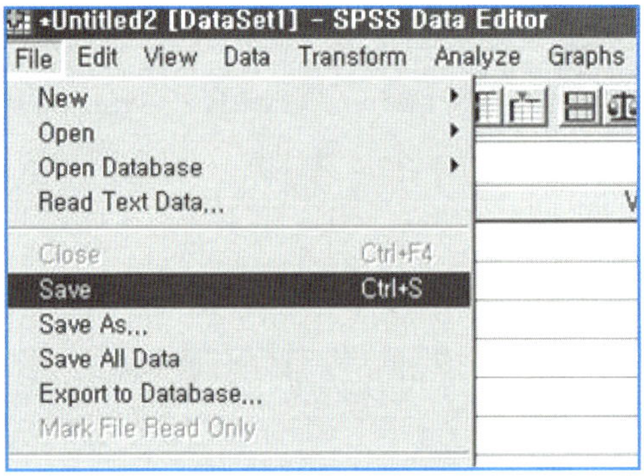

6) [File → Save] 클릭

7) 파일 형식에 SPSS(*.sav)를 선택한다.

파일 이름란에 파일명을 입력한다.

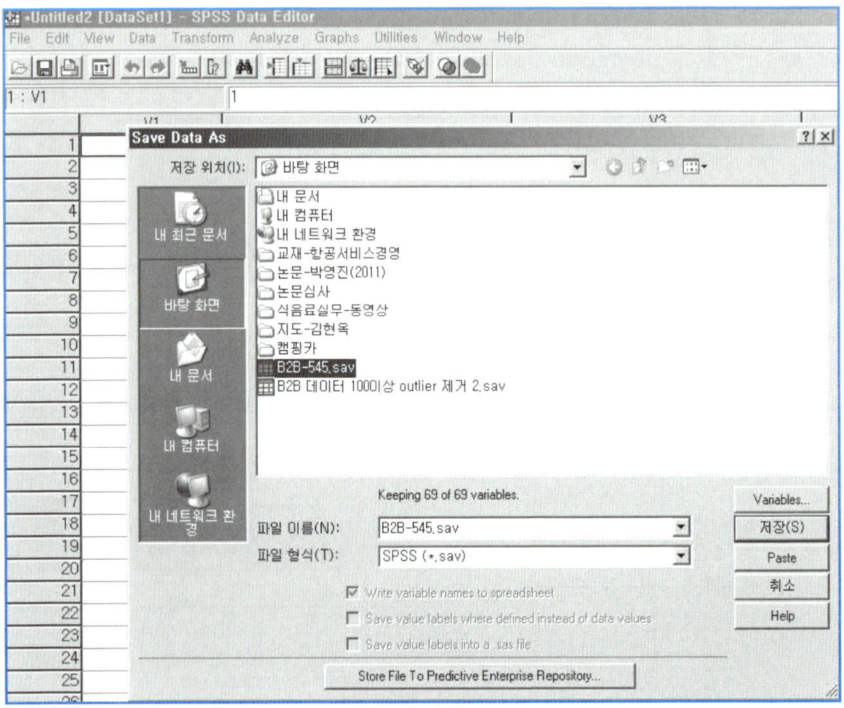

3 SPSS 파일 불러오기

1) 파일(B2B-545.SAV)을 클릭한다.

SPSS 자료구조는 자료뷰(Data View)와 변수뷰(Variable View)로 구성된다.

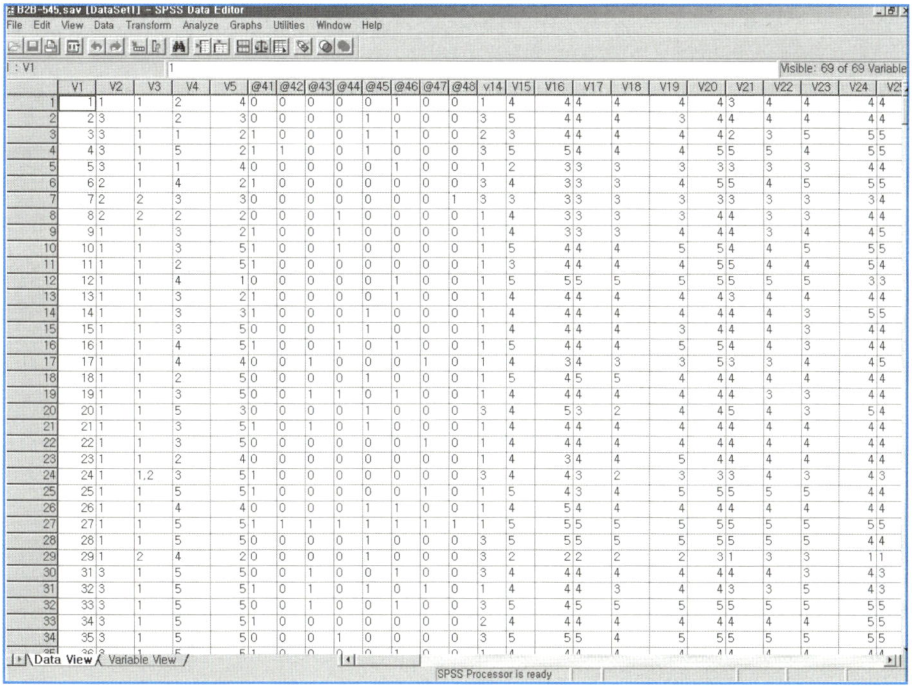

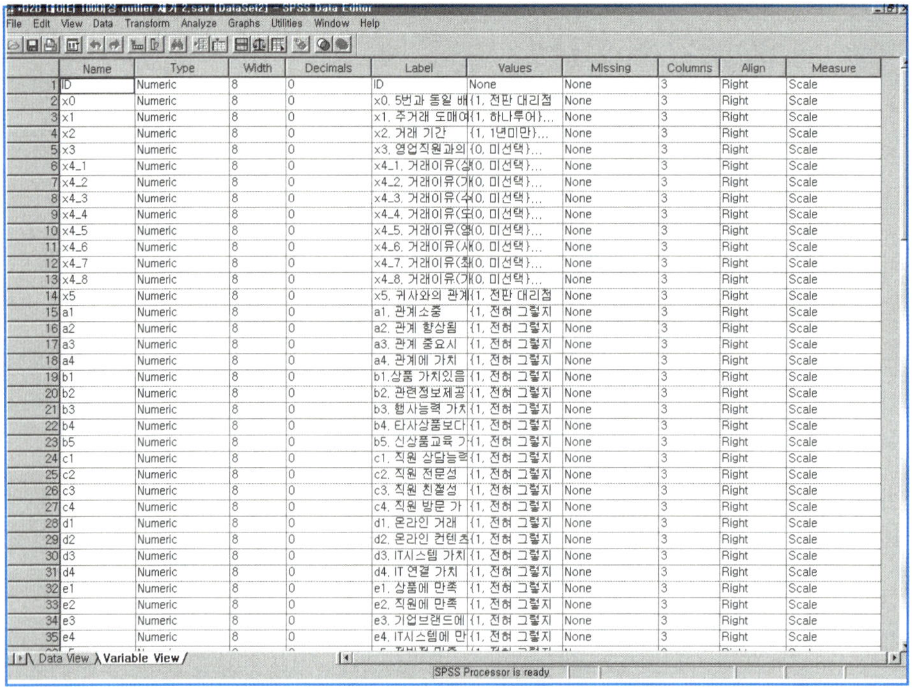

File Edit View Data Transform Analyze Graphs Utilities Window Help

	Name	Type	Width	Decimals	Label	Values	Missing	Columns	Align	Measure
1	ID	Numeric	8	0	ID	None	None	3	Right	Scale
2	x0	Numeric	8	0	x0. 5번과 동일 배	{1. 전판 대리점	None	3	Right	Scale
3	x1	Numeric	8	0	x1. 주거래 도매여	{1. 하나루어}...	None	3	Right	Scale
4	x2	Numeric	8	0	x2. 거래 기간	{1. 1년미만}...	None	3	Right	Scale
5	x3	Numeric	8	0	x3. 영업직원과의	{0. 미선택}...	None	3	Right	Scale
6	x4_1	Numeric	8	0	x4_1. 거래이유(생	{0. 미선택}...	None	3	Right	Scale
7	x4_2	Numeric	8	0	x4_2. 거래이유(개	{0. 미선택}...	None	3	Right	Scale
8	x4_3	Numeric	8	0	x4_3. 거래이유(수	{0. 미선택}...	None	3	Right	Scale
9	x4_4	Numeric	8	0	x4_4. 거래이유(요	{0. 미선택}...	None	3	Right	Scale
10	x4_5	Numeric	8	0	x4_5. 거래이유(영	{0. 미선택}...	None	3	Right	Scale
11	x4_6	Numeric	8	0	x4_6. 거래이유(새	{0. 미선택}...	None	3	Right	Scale
12	x4_7	Numeric	8	0	x4_7. 거래이유(채	{0. 미선택}...	None	3	Right	Scale
13	x4_8	Numeric	8	0	x4_8. 거래이유(개	{0. 미선택}...	None	3	Right	Scale
14	x5	Numeric	8	0	x5. 귀사와의 관계	{1. 전판 대리점	None	3	Right	Scale
15	a1	Numeric	8	0	a1. 관계소중	{1. 전혀 그렇지	None	3	Right	Scale
16	a2	Numeric	8	0	a2. 관계 향상됨	{1. 전혀 그렇지	None	3	Right	Scale
17	a3	Numeric	8	0	a3. 관계 중요시	{1. 전혀 그렇지	None	3	Right	Scale
18	a4	Numeric	8	0	a4. 관계에 가치	{1. 전혀 그렇지	None	3	Right	Scale
19	b1	Numeric	8	0	b1.상품 가치있음	{1. 전혀 그렇지	None	3	Right	Scale
20	b2	Numeric	8	0	b2. 관련정보제공	{1. 전혀 그렇지	None	3	Right	Scale
21	b3	Numeric	8	0	b3. 행사능력 가치	{1. 전혀 그렇지	None	3	Right	Scale
22	b4	Numeric	8	0	b4. 타사상품보다	{1. 전혀 그렇지	None	3	Right	Scale
23	b5	Numeric	8	0	b5. 신상품교육 가	{1. 전혀 그렇지	None	3	Right	Scale
24	c1	Numeric	8	0	c1. 직원 상담능력	{1. 전혀 그렇지	None	3	Right	Scale
25	c2	Numeric	8	0	c2. 직원 전문성	{1. 전혀 그렇지	None	3	Right	Scale
26	c3	Numeric	8	0	c3. 직원 친절성	{1. 전혀 그렇지	None	3	Right	Scale
27	c4	Numeric	8	0	c4. 직원 방문 가	{1. 전혀 그렇지	None	3	Right	Scale
28	d1	Numeric	8	0	d1. 온라인 거래	{1. 전혀 그렇지	None	3	Right	Scale
29	d2	Numeric	8	0	d2. 온라인 컨텐츠	{1. 전혀 그렇지	None	3	Right	Scale
30	d3	Numeric	8	0	d3. IT시스템 가치	{1. 전혀 그렇지	None	3	Right	Scale
31	d4	Numeric	8	0	d4. IT 연결 가치	{1. 전혀 그렇지	None	3	Right	Scale
32	e1	Numeric	8	0	e1. 상품에 만족	{1. 전혀 그렇지	None	3	Right	Scale
33	e2	Numeric	8	0	e2. 직원에 만족	{1. 전혀 그렇지	None	3	Right	Scale
34	e3	Numeric	8	0	e3. 기업브랜드에	{1. 전혀 그렇지	None	3	Right	Scale
35	e4	Numeric	8	0	e4. IT시스템에 만	{1. 전혀 그렇지	None	3	Right	Scale

Data View / Variable View

SPSS Processor is ready

4 자료분석 및 해석

코딩된 자료분석은 응용통계 프로그램(SPSS, AMOS[4], LISREL[5], EQS[6])을 활용하여 다양한 분석을 실시하여 유용한 정보로 생산한다.

논문에서 사용하는 통계의 종류는 기술통계와 추론통계로 구분할 수 있다.

4) Analysis of MOment Structure : Arbuckle, J. L. and Wothe, W.(2000). Amos 4.0 User's Guide, SmallWaters Corporation.

5) Linear Structual RELation : Joreskog과 Sorbom가 만든 프로그램.

6) EQS(Structural Equation Program)

1) 기술통계(descriptive statistics)

수집된 자료를 이용하여 표본의 통계량을 구하거나 자료를 요약하여 정보로 만드는 데에 사용되는 통계이다(ex. 가공되지 않은 원래 자료를 의사결정에 활용할 수 있는 정보의 형태로 전환하는 과정에서 사용되는 통계. 빈도분석, 신뢰도분석, 요인분석, 군집분석, 다차원척도법(MDS), 컨조인트분석).

2) 추론통계(inferential statistics)

일반적으로 통계학에서의 추론통계를 의미하며, 추리통계라고도 한다. 추리통계는 표본의 통계량을 이용하여 모집단의 특성을 알려주는 모수를 추정하거나 모수에 대한 가설을 검정하는 데에 사용되는 통계이다. 모수를 추론하는 방법에는 추정(推定, estimation)과 가설검정(檢定, hypothesis test)이 있다. 가설검정은 표준화된 검정통계량의 분포(Z, t, $x2$)에 기초하여 실시된다. t분포는 자유도가 무한대로 가면 정규분포에 접근한다. 추론통계는 모수통계와 비모수통계로 구분한다.

5 가설검정(hypothesis test)

1) 가설 종류

가설검정은 표본으로부터 얻어지는 정보를 이용하여 모수에 대한 예상, 주장 또는 단순한 추측 등의 옳고 그름을 판정하는 과정을 통계적 가설검정 또는 간단히 검정(test)이라 한다. 귀무가설과 대립가설은 상반되는 것이다.

(1) 귀무가설(null hypothesis)

가설을 세울 때 가능하면 기각할 목적으로 세우는 통계적 가설. H0라 표기한다.

(2) 대립가설(alternative hypothesis)

가설을 세울 때 가능하면 채택할 목적으로 세우는 통계적 가설이며, 연구가설(H1)이라 한다.

2) 가설검정 오류

가설 검정의 오류는 두 가지 오류를 범할 수 있다. 실제는 진실인데 가설이 기각되는 경우(제1종 오류)와 실제는 거짓인데 가설이 채택되는 경우(제2종 오류)이다.

[표 14] 가설검정 오류

검증 결과 / 실제 현상	H0=채택 H1=기각	H0=기각 H1=채택
H0=진실(True) H1=거짓(False)	올바른 결정 (30 < N < 500)	제1종 오류 무죄 → 유죄 합격 → 불합격 진짜 약 → 악화
H0=거짓(False) H1=진실(True)	제2종 오류 유죄 → 무죄 불합격 → 합격 가짜 약 → 양호	올바른 결정 (30<N<500)

다음 사례연구를 풀어보자.

사례연구 1 장희빈이 사약을 먹고 죽지 않는다면 몇 종 오류인가?

사례연구 2 연구가설(만족도가 높을수록 애호도에 영향을 미친다)이 기각되면 몇 종 오류인가?

사례연구 3 연구가설(스트레스가 많을수록 이직의도에 영향을 미친다)이 채택되면 몇 종 오류인가?

표본의 크기가 너무 큰 경우(N=500 이상)에 제2종 오류를 범할 수 있다. 여기서 제2종 오류란 연구결과로써 의미가 없는 자료를 수용하게 됨으로써 발생하는 오류이다. 표본의 크기가 클 때, 각 변수 간의 상관관계가 서로 적은 경우(예를 들어, 두 변수 간의 상관관계가 0.10)에도 두 변수가 유의수준에 있다는 결과가 산출될 수 있다. 실제로는 연관이 없는 두 사실이 연관성이 있는 것처럼 왜곡될 수 있다. 그러므로 표본설계에 있어서 크기 너무 크거나 작은 표본은 적절하지 않다.

❶ 대부분의 연구에서 적절한 표본의 크기는 30 이상 500 이하이다.

❷ 표본이 여러 가지 부표본으로 쪼개질 때(여성/남성, 청소년층/노년층 등) 각 항목당 최소한 30개의 표본크기가 적정하다.

❸ 다변량 연구에서(다중회기 분석을 포함) 표본의 크기는 변수의 몇 배(10배 아니면 그 이상)가 되어야 한다.

❹ 엄격한 실험 통제(대조구, 대조표준)가 있는 단순 실험연구에서는 성공적인 연구를 위해서 10에서 20에 해당하는 작은 표본크기가 요구된다.

사례연구 1번 답은 제2종 오류, 사례연구 2번 답은 제2종 오류, 사례연구 3번 답은 제1종 오류이다. 사례연구 2번과 3번은 연구가설이므로 영가설을 반대로 해석하여 판단한다. 따라서 사례연구 2번이 기각되면 연구가설을 제거하고 다시 분석한다. 그리고 사례연구 3번이 채택되었다면 연구결과에 대한 해석을 실무적 시사점이나 연구 한계점에 나타내는 것이 바람직하다.

6 가설 분석 프로세스

분석절차 방법은 응용통계 프로그램 SPSS와 AMOS를 활용한 분석절차이다.

1) 회귀 분석절차

1차 빈도분석 → 탐색적 요인분석 → 회귀분석

2차 빈도분석 → 탐색적 요인분석 → 신뢰도분석 → 상관분석 → 회귀분석

2) 구조방정식 분석절차

1차 빈도분석 → 탐색적 요인분석 → 상관분석 → 회귀분석

2차 요인별 확인적 요인분석 → 전체 확인적 요인분석 → 공분산구조분석

3차 신뢰도분석 → 상관분석 → 경로분석 → 직 · 간접효과분석

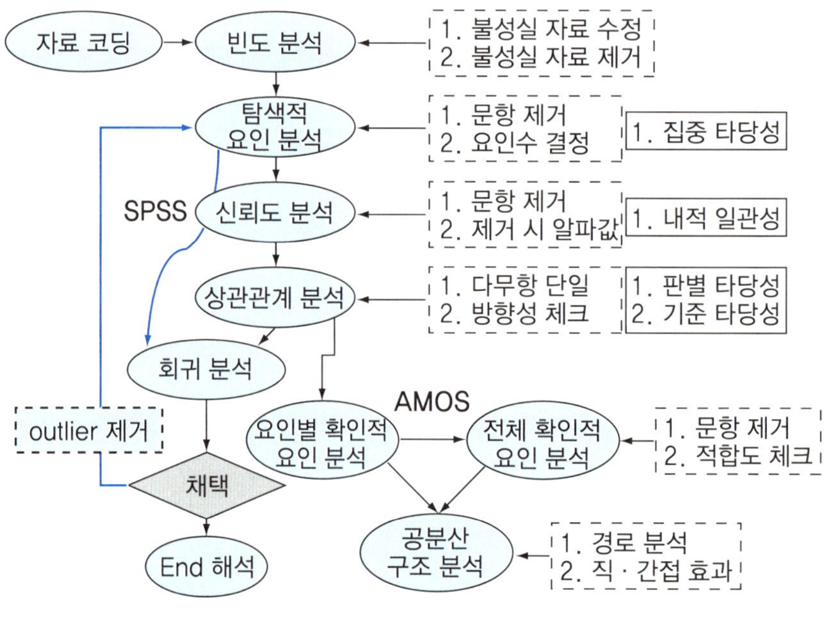

[그림 24] 자료 분석절차

7 변수의 개념과 용어

측정변수 예측변수 관찰변수 관측변수	잠재변수 Latent Construct 개념	회귀모델	개념적 모델	선형구조 방정식 모델	오차항
x1~x6	크사이(xi, ξ) (ksi, ξ)	독립변수	선행변수	외생변수	델타(delta, δ)
x9		조절변수			
y1~y3	에타(eta, η)	매개변수		내생변수	엡실론(epsilon, ε)
y4~y5		종속변수	결과변수		제타(zeta, ζ)
사각형	타원	측정변수 ← 잠재변수		측정모델	람다(lambda, λ)
		외생잠재 ↔ 외생잠재		구조모델	화이(phi, Φ)
		독립변수 → 매개변수			감마(gamma, r)
		매개변수 → 종속변수			베타(beta, β)

* 준거변수(reference variable) : 1로 고정된 측정변수이다.
* 구조모델은 경로모델이며 더미변수를 포함될 수 없다.

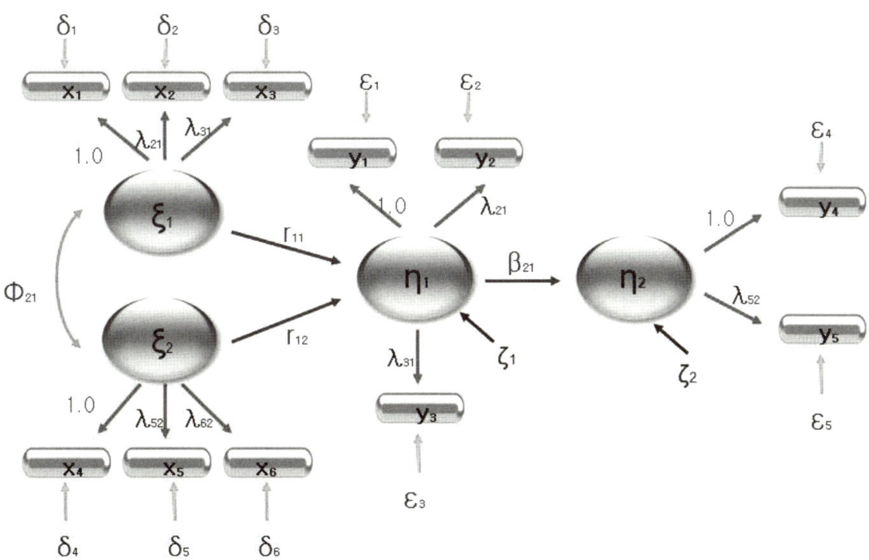

델파이 기법(delphi method)이 처음 등장한 것은 1848년으로 경마(競馬)의 결과를 예측해 보는 데서 시작되었다. 이를 1950년대 말경에 미국의 민간 연구기구인 랜드(RAND)연구소가 군사전략 연구에 도입하여 발전시켰으며, 1964년 이후에는 각종 산업분야에까지 활용할 수 있도록 개발함으로써 미래의 기술발전이나 생활수준을 예측하는 데도 널리 이용되기 시작하였다. 최근에는 델파이 기법으로 미래예측 이외에도 조직의 목표 설정이나 정부의 정책수립 및 기획에 이르기까지 적용 영역이 확대되어 비계량적(非計量的) 분석기법 중 가장 많이 활용되고 있다.

사례연구는 심층면접, 다른 조직 내의 비슷한 상황과 관련된 문제의 분석 등을 포함한다. 사례연구는 기업 측이 자신들의 문제를 들어내기를 꺼려하기 때문에 다른 비교 가능한 조직에서 같은 문제의 형태를 발견하는 것은 문제해결의 기술로써 자주 이용되지는 않는다. 그러나 사례연구는 질적 연구의 특성을 가지고 있으며 과거 문제해결 경험에 비추어 현재의 문제를 해결하는데 적용하기에 용이하다. 또한 사례연구는 어떤 현상을 이해하는데 매우 유용하며 경험적 검증을 위한 보다 많은 이론을 도출하는데도 유용하다.

8 빈도분석(Frequency)

1) 찬부식 또는 선다식(Multiple-choice)

도수분포표의 산출 및 변수값들이 이루는 분포의 특성과 빈도를 알아보는데 이용된다. 분포의 특성은 평균값, 중앙값, 최빈값으로 나타내어지는 분포의 대푯값이다. 표준편차, 분산, 범위, 최저값, 최고값으로 나타내어지는 산포도이다. 그리고 왜도(〈 3)와 첨도(〈 10)로 일변량 정규분포의 형태를 판단한다.

빈도분석은 코딩(coding) 작업을 실시하고서 결측치나 오류값이 입력되어 있는지를 검토하기에 유용하다. 그리고 빈도분석은 회귀분석의 이상값(outlier)[7]을 제거한 후에 실시하여 논문의 최종 자료로 사용할 수 있다.

[분석절차] 분석(A) → 기술통계량(E) → 빈도분석(F)

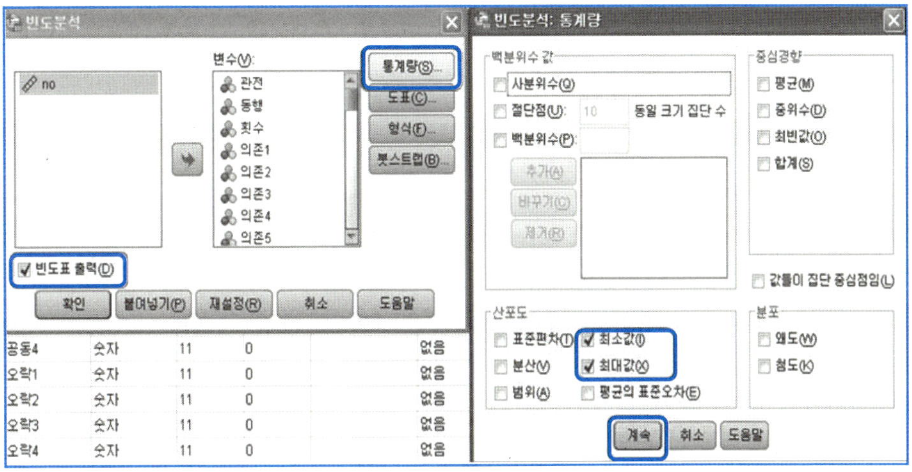

1) '빈도표 출력' 을 체크한다.

2) 통계량에서 산포도의 '최소값', '최빈값' 을 체크한다.

3) 나머지는 연구자의 필요에 따라 체크하여 분석한다.

2) 복수응답(Multiple response)

복수응답은 먼저 설문문항 척도에 대하여 임시 변수($변수)를 정의한 후에 빈도분석이나 교차분석을 실시한다.

7) 이상값(outlier)은 회귀분석의 잔차분석에서 표준편차의 절대값이 3보다 큰 값이다.

[분석절차]

분석(A) → 복수응답(Multiple response) → 변수정의(Define Variable Sets)

분석(A) → 복수응답(Multiple response) → 빈도분석 또는 교차분석

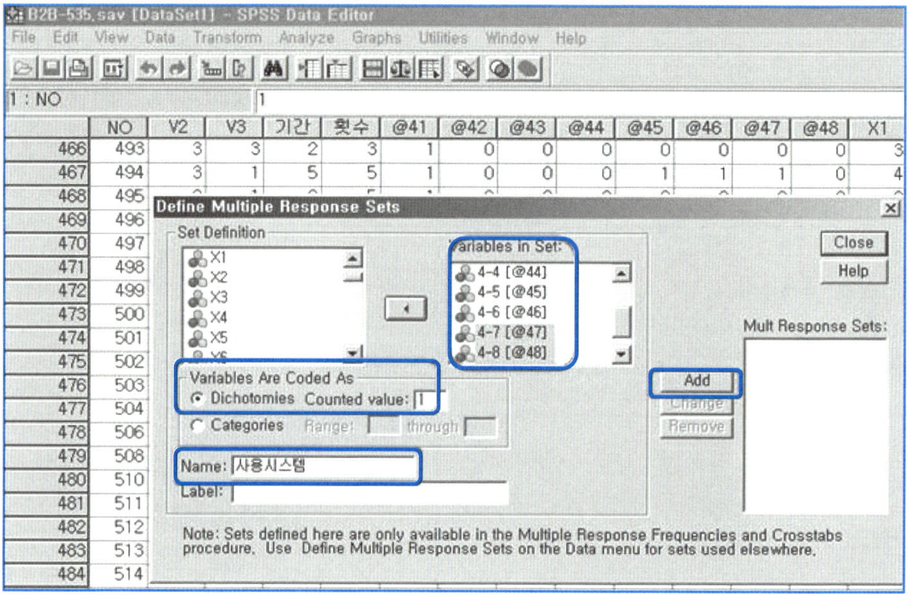

9 타당성 및 신뢰도 검정

타당성(validity)은 '타당도'라고도 한다. 타당성이란 개념이나 속성(변수)을 측정하기 위하여 개발된 측정도구(설문문항)가 어느 정도로 정확하게 측정하였는가를 나타내며, 검정으로부터 만들어진 추정의 적합성, 의미성, 유용성과 관련된 정도를 의미한다.

신뢰도(Reliability)란 유사하거나 동일한 측정도구를 사용하여 동일한 개념을

반복하여 측정하였을 때 나타나는 측정값들의 분산을 의미하며, 얼마나 안정적(stability)으로 일관성(consistency)이 있으며, 통계적으로 오차 없이 예측가능성(preditability) 있게 측정하는지에 대한 정도이다.

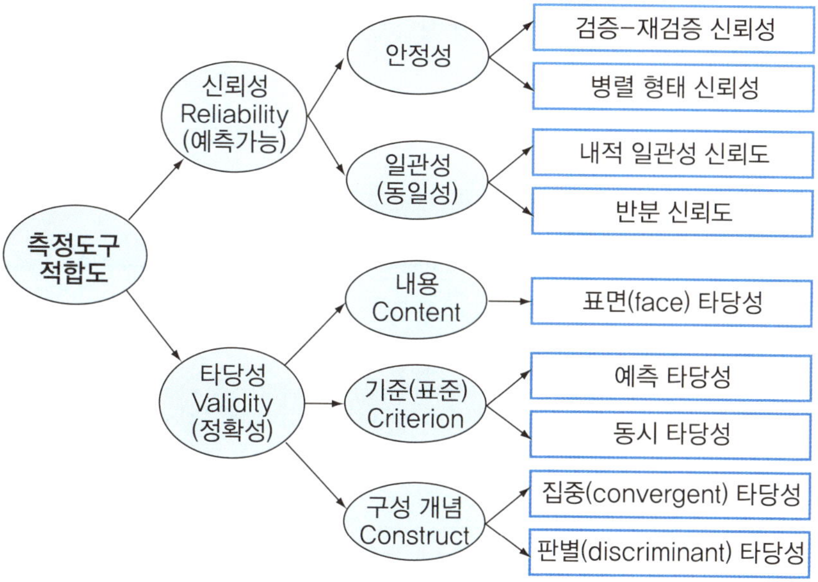

타당성 평가방법은 1) 내용 타당성(content validity, 표면(face) 타당성, 내적 타당성), 2) 기준(준거, 경험) 타당성(criterion validity, 공인(concurrent), 예측(pre- dictive), 사후(postdictive), 외적타당성), 3) 개념(구성, 구인) 타당성(construct vali- dity) 등으로 나누어 볼 수 있다. 이 중에서 개념 타당도는 가장 일반적인 방법으로 요인분석이 있으며, 다른 세 가지 타당도를 모두 포함하고 있다.

신뢰도 측정방법은 재검사법(test-retest method), 병렬(유사, 복수)형식법(parallel-forms technique), 반분법(split-half method), 내적 일관성법(internal- consistency method) 등이 있다.

개념 타당성(construct validity)은 다음 세 가지의 타당도를 검토하여야 한다(배병렬, 2007[8)], 2008[9)]).

첫째, 집중 타당도(convergent validity)는 "동일한 개념을 측정하는 다중의 척도가 어느 정도 일치하는가를 알아보는 것"이며, "그 결과가 비슷하게 나타나야 한다"는 것이다. 즉, 다수의 측정변수들이 잠재변수에 높은 상관을 보이면 집중 타당도가 있는 것이다. 집중 타당성은 2개의 다른 도구로 같은 개념을 측정하면서 얻어낸 점수가 깊은 상호관계를 보일 때 성립된다.

둘째, 판별 타당도(discriminant validity)는 "다른 개념을 측정하는 척도가 어느 정도 다르게 측정하는가"를 알아보는 것이며, "그 결과가 확실한 차이가 나타나야 한다"는 것이다. 즉, 잠재변수들이 낮은 상관을 보이면 판별 타당도가 있는 것이다. 판별 타당성은 2개의 변수가 상호관계가 없을 거라고 예측하고, 실제로 측정하여 얻어낸 점수가 그렇게 나올 때 성립된다.

셋째, 법칙 타당도(nomological validity)는 "잠재변수 간의 가설적 관계가 유의적인가"에 대해 알아보는 것이며, "그 결과가 유의적으로 나타나야 한다"는 것이다. 척도가 다른 이해 타당도라고 부르기도 한다.

10 타당성의 평가검정

타당성 검정은 등간척도의 문항을 요인분석(factor analysis)으로 실시한다. 요인분석은 변수들 간의 상관관계를 이용하여 서로 유사한 변수들끼리 묶어 주는 방법이다. 상관관계가 높은 변수들끼리 동질적인 몇 개의 집단으로 묶어준다는 점에서 자료의 요약, 변수의 구조파악, 불필요한 변수의 제거, 측정도구의 타당성 검증, 대상을 묶는데 이용되며 추가적인 분석방법에 요인점수를 이용하기도 한다.

8) 배병렬(2007), Amos 7에 의한 구조방정식 모델링: 원리와 실제, 서울; 도서출판 청람
9) 배병렬(2008), LISREL 구조방정식모델(제2판): 이해, 활용 및 프로그래밍, 서울; 도서출판 청람

요인분석은 SPSS 프로그램에서 실시하는 탐색적 요인분석(Exploratory Factor Analysis, EFA)과 AMOS(또는 LISREL, EQS) 프로그램에서 실시하는 확인적 요인분석(Confirmatory Factor Analysis, CFA)이 있다.

탐색적 요인분석은 연구자가 어떤 요인들과 요인의 수에 대하여 확실한 정보가 없을 경우 실시하는 것이고, 확인적 요인분석은 연구자가 요인 수에 대한 정보를 가지고 있을 때 실시하는 분석이다.

AMOS에서 개념 타당성(construct validity)의 평가는 다음과 같이 타당도를 검토하여야 한다.

1) 집중 타당도(convergent validity)의 평가는 다음 세 가지 방법에 의하여 실시한다.

첫째, 요인분석의 표준화 요인적재량(λ)이 높아야 하고(0.5 이상, 0.7 이상이면 매우 좋음), 통계적으로 유의적(C.R. > 1.960)이어야 한다.

임계율(critical ratio, C.R.)=모수 추정치(Estimate)/표준오차[10](S.E.)

예) 〈표 15〉 C.R.(13.817)=모수 추정치(1.0307)/표준오차(0.0746)

다중상관자승(SMC: Squared Multiple Correlations)은 표준화 요인적재량의 제곱이며, 항목이 요인에 얼마나 설명되는가를 나타낸다.

예) 〈표 15〉 SMC(0.4445)=표준화요인적재량(0.6667 * 0.6667)

둘째, 분산추출의 평균(VE)은 표준화 요인적재량의 제곱을 합한 다음 항목 수로 나누어 계산하고, 그 값이 0.5 이상이면 집중 타당도가 있는 것으로 해석한다.

셋째, 개념 신뢰도[11](Composite α)가 0.7 이상이면 집중 타당도가 있는 것으로 해석한다(본서 개념신뢰도 참조).

10) 표준오차는 표본분포의 표준편차이다. 표본분포는 표본의 크기가 클수록 정규분포에 근사하게 접근한다.

11) 개념신뢰도(construct reliability)는 지표의 내적 일관성을 측정하는 것으로 합성신뢰도(composite reliability)라고도 한다.

[표 15] 내생변수에 대한 타당성 및 신뢰도 검증 결과

요인명	측정 문항	비표준화 회귀				표준적재치	SMC
		Estimate	S.E.	C.R.	p		
관계만족	도매여행사의 상품에 대해 만족한다.	1.0000				0.6667	0.4445
	도매여행사의 직원 관계에 만족한다.	1.0307	0.0746	13.817	0.000	0.6893	0.4751
	도매여행사의 기업 브랜드에 만족한다.	1.2144	0.0807	15.044	0.000	0.7628	0.5819
	도매여행사가 제공하는 IT시스템에 만족한다.	1.1407	0.0859	13.275	0.000	0.6581	0.4331
	도매여행사에 대하여 전반적 관계에 만족한다.	1.0690	0.0721	14.822	0.000	0.7491	0.5611
신뢰	도매여행사는 우리에게 성실하고 정직하다.	1.0000				0.7438	0.5532
	도매여행사는 우리에게 약속을 지키려고 노력한다.	0.9802	0.0492	19.907	0.000	0.7428	0.5518
	도매여행사는 문제 발생 시 해결하려고 노력한다.	1.0655	0.0628	16.976	0.000	0.7770	0.6037
	도매여행사는 우리의 요구사항에 관심을 갖는다.	1.0821	0.0649	16.674	0.000	0.7629	0.5820
	도매여행사가 제공하는 정보는 신뢰한다.	0.9549	0.0597	16.003	0.000	0.7321	0.5360
관계몰입	도매여행사의 판매방침을 동의(지지)한다.	1.0000				0.6611	0.4371
	도매여행사의 상품가격 변동되어도 구매할 것이다.	1.0441	0.0791	13.194	0.000	0.6744	0.4548
	도매여행사에 대해 타 도매여행사에게 대변한다.	1.1890	0.0826	14.387	0.000	0.7509	0.5638
	도매여행사와 관계는 자긍심을 느끼게 해준다.	1.3052	0.0863	15.117	0.000	0.8039	0.6462
애호도	도매여행사의 상품들을 향후에도 판매하려고 한다.	0.9902	0.0445	22.228	0.000	0.7360	0.5416
	도매여행사와 관계를 지속적으로 유지하려고 한다.	1.0000				0.7123	0.5073
	타 소매여행사에게 도매여행사를 추천하고 싶다.	1.3026	0.0796	16.366	0.000	0.7707	0.5940
	도매여행사 상품을 다른 고객에게도 추천하고 싶다.	1.1975	0.0719	16.643	0.000	0.7847	0.6158
	도매여행사와 문제발생하지 않는 한 관계 지속한다.	1.0545	0.0677	15.583	0.000	0.7318	0.5355

NPAR	χ^2	df	p	CMIN/df	GFI	NFI	RFI	IFI	TLI	CFI	RMSEA
46	440.79	144	0.000	3.0611	0.920	0.921	0.907	0.945	0.935	0.945	0.062

2) 판별 타당도(discriminant validity)의 평가는 다음 세 가지 방법에 의하여 실시한다.

첫째, 평균분산추출(average variance extracted: AVE) 값이 상관계수(φ)의 제곱값(φ^2)을 상회하는지 여부를 검토한다. 즉, AVE>φ^2이면 판별 타당도가 있다고 본다.

둘째, 변수들 간에 동일하다는 가설(φ=1.0)을 기각하는지를 판단한다. 즉, 95% 신뢰구간에서 (φ+2.0×표준오차)가 1이 아니면 판별타당도가 있다고 본다.

셋째, 제약모델[12)]과 비제약모델[13)]을 설정한 후, 카이스퀘어(χ^2) 차이분석을 실시하여, 두 모델 간에 차이가 유의적(α=0.05에서 3.84 이상)이면 판별 타당도가 있다고 본다.

상관관계 분석은 잠재변수들 간의 관련성을 의미하는 판별 타당성과 방향성(성(+), 부(−))을 알아보는 기준 타당성(criterion related validity)을 나타낸다.

11 요인분석(Factor Analysis)

요인분석의 목적은 첫째, 많은 문항들을 유사한 문항(주요 요인)으로 확인하기 위하여, 둘째, 미 유사한 문항을 제거하여 주요 정보로 요약하기 위하여, 셋째, 줄여진 요인들을 이용하여 회귀분석, 상관분석, 경로분석 등을 실시하기 위하여 분석한다.

1) 탐색적 요인분석(Exploratory Factor Analysis, EFA)

탐색적 요인분석은 여러 개의 변수(항목)를 몇 개의 요인으로 축약하였으므로 요인을 새로운 변수로 취급하여 회귀분석이나 판별분석 등에 활용할 수 있다. 이때 이용되는 자료는 변수의 원래 자료가 아니라 요인점수이다.

요인추출모델의 결정은 요인추출에서 고유값(eigenvalues)을 기준으로 결정하는 방법과 총분산 중에서 요인이 설명해 주는 정도를 기준으로 정하는 방법 그리고 연구자가 사전에 요인의 수를 결정하는 방법이 있다.

요인의 수 결정은 고유값(eigenvalues)[14)]이 1.0 이상[15)]인 요인을 추출한다. 한편

12) 제약모델은 두 잠재변수 간의 상관모수(φ)를 1로 고정한 것이다.
13) 비제약모델은 두 잠재변수 간에 자유로운 상관관계(φ)를 갖는 것이며, 자유모델이라고도 한다.
14) 고유값(eigenvalues) : 각각의 요인으로 설명할 수 있는 변수들의 분산총합으로 요인별로 모든

Jolliffe(1986)[16]은 Kaiser 규칙의 1대신 0.7을 제안한 바 있다. 또한 추출된 요인들에 의해서 각 변수들이 얼마나 설명되는지를 나타내는 공통성(communality) 값이 ±0.4 이상으로 선정하여, ±0.4 미만인 항목은 최종분석에서 제외하여 사용한다.

요인의 회전(factor rotation)은 최초의 해를 보다 명확히 하기 위한 과정이다. 회전방식에는 회전축이 직각을 유지하면서 회전하는 Orthogonal 방식과 직각을 유지하지 않는 Oblique 방식이 있다. 사회과학에서 어느 다른 두 개의 요인이 완전히 독립적이지 못한 경우가 많아 직각을 유지하지 못하는 경우도 많기 때문에 비직각회전방식인 Oblique 회전방식을 적용하는 것이 보다 현실적일 수도 있다.

그러나 추가분석을 위해 요인점수를 이용하기 위해서는 직각회전방식을 취해야만 요인점수들 간의 상관관계, 즉 multicolinearity를 방지할 수 있다. 즉, 요인의 회전방법은 공통요인 간 상관이 없으면 직각회전(Varimax), 상관이 가정되면 사각회전(Oblique)을 선택하여 실시한다.

(1) 직각회전방식(Orthogonal Rotation Procedure)

회전축이 직각을 유지하며 회전하므로 요인들 간의 상관계수가 "0"이 된다. 따라서 요인 간 상호 독립적인 경우에 사용된다. 이 방식은 다중공선성(Muticollinearity)을 피하기 위한 경우에 사용될 수 있다.

이 방식에는 Varimax, Quartimax, Equimax 등이 있으며, Varimax 방식을 가장 많이 사용된다.

변수의 요인적재값을 제곱하여 더한 값이다. 요인적재값의 제곱은 해당변수가 요인에 의하여 설명되는 분산의 비율을 나타낸다. 요인적재량(factor loadings)은 각 변수와 해당 요인 간의 상관관계 계수로써 상관관계의 정도이며, 값이 0.4 이상이면 유의한 변수로 판단한다.

15) 주성분이 상관행렬에 기초하고 있기 때문에 상관행렬의 대각원소가 1이므로 각 주성분의 분산은 1이 된다. 그러므로 고유값이 적어도 1 이상이 되어야 한다는 것이 Kaiser의 규칙이므로 이를 기준으로 사용한다. Kaiser, H. F.(1958). The Varimax Criterion for Analytic Rotation in Factor Analysis. Psychomettika, 23, 187-200.

16) Jolliffe, I. T.(1986). Principal Component Analysis, Springer-Verlag.

(2) 사각회전방식(Oblique Rotation Procedure)

요인 간 상호 독립적이지 않고 상관관계가 존재한다고 가정할 때 사용되는 방법이다. 이 방식에는 Oblimin(Oblique), Covarimin, Quartimin, Biquartimin 등이 있으며, Oblimin 방식을 가장 많이 이용된다.

Kaiser 계수는 요인분석을 위한 표본 크기의 적합도를 검증하는 방법으로 MSA(Measure of Sampling Adequacy)계수라고도 한다.

따라서 총분산 설명력(variance extracted)이 0.5 이상이 되도록 요인들을 선택한 후 각 요인에 대해서도 요인적재치가 0.3 이상이면 적절한 측정변수(0.5 이상이면 중요한 측정변수)라고 판단한다(R. Bagozzi and Y. Yi(1988), On the Evaluation of Structural Equation Models, Journal of Academy of Marketing Science, 16(4), 405-425.

> 요인분석의 추출방법은 주성분분석(principle component analysis)[17]을 사용하였으며, 요인의 회전방법은 요인 간에 독립성을 유지하고, 각 요인의 적재치를 단순화하기 위하여 직각회전(orthogonal rotation) 방식인 베리멕스(varimax) 방식을 사용하였다. 요인적재량(factor loading)이 0.4 이상이면 유의한 변수로 판단하였으며, 요인의 수 결정은 고유값(eigen-value)이 1.0 이상인 요인을 추출하였다. 또한 추출된 요인들에 의해서 각 변수들이 얼마나 설명되는지를 나타내는 공통성(communality) 값이 ±0.5 이상으로 선정하여(이학식 · 임지훈, 2008), ±0.5 미만인 항목은 최종분석에서 제외하여 사용하였다.

17) 주성분분석(principle component analysis) : (i)여러 개의 (ii)변이에 관한 구조적인 해석이 어려운 (iii)서로 상관되어 있는 변수들을 적절히 선형으로 변환시켜, (I)소수 몇 개의 (II)개념적 의미를 부여할 수 있는 (III)서로 독립적인 주성분을 유도하여, 이를 해석하는데 그 목적이 있다. 즉, 다변량으로 구성된 데이터를 소수의 특징적인 변량을 합성하여 데이터를 분석하는 것이다. 이는 통계분석(군집분석, 요인분석, 회귀분석 등)의 입력 자료로 이용되어 일련의 분석과정에서 중간단계의 역할을 한다.

요인점수는 변수로 저장할 수 있다. 저장된 변수는 회귀분석 또는 판별분석에서 독립변수로 사용될 수 있으며, 종속변수는 사용할 수 없다. 그리고 차이분석에서는 사용하지 말고, 합산평균(composite mean)을 사용한다.

고유값(eigen values) 1.0 이상
공통성(communality) 0.5 이상(단, 0.4 미만 제거, 0.5 미만 무시하고 해석)
요인적재값(factor loadings) 0.5 이상(단, 0.4 미만 제거, 0.5 미만 검토)
총분산 설명력(variance extracted) 0.6 이상(단, 0.5 미만 재분석)

2) 탐색적 요인분석 정재과정

탐색적 요인분석은 실증분석에서 매우 중요하며, 연구 결과에 지대한 영향을 미친다. 그러므로 연구자는 연구의 성격에 따라 단계적으로 진행한다.

(1) 문항의 수

첫째, 요인분석은 2개 요인이상으로 구성한다.

둘째, 한 요인은 3개 문항 이상으로 구성한다(배병렬, 2008, p.407).

단, 2개 문항 이상으로 구성된 요인은 신뢰도 검정에 유의한다.

셋째, 모든 문항은 등간척도로 구성한다.

(2) 변수 문항의 선택

첫째, 독립변수, 매개변수, 종속변수의 문항을 모두 선택하여 검정을 실행하는 경우

둘째, 독립변수(2개 요인 이상)와 독립변수 외의 문항으로 각각 검정을 실행하는 경우

셋째, 독립변수, 매개변수, 종속변수의 문항을 각각 검정을 실행하는 경우

(3) 요인의 수 결정

요인분석은 설문지 구성과 변수의 조작적 정의에 따라 작성된 설문지 문항들을 살펴보면서 문항을 제거한다. 문항을 제거하면 총분산설명력은 점점 높게 개선된다.

❶ 요인의 수가 적을 경우

첫째, 설문 문항의 내용, 구성이 잘못되었거나 설문조사 대상의 잘못 선정하거나 무성의 응답으로 나타날 수 있다. 연구자는 고민하지 않을 수 없다. 설문조사를 다시 할 수도 없다면, 이론적 연구를 보완하여 그대로 사용하여도 괜찮은지 검토하고, 제5장의 연구의 한계점에 기술한다.

둘째, 요인분석에서 의도하는 요인 수를 탐색적 요인추출(extraction) 필드에 입력한 후에 문항을 분석, 정제한다.

셋째, 확인적 요인분석(Confirmatory Factor Analysis, CFA)을 실시하여 구조방정식 모델분석으로 연구를 진행한다.

※ 사례분석 B2B.sav : 매개, 종속변수 분석

❷ 요인의 수가 같을 경우

요인의 수가 같을 경우에는 문항을 잘못 제거하면 요인의 수가 줄어들 수 있으므로 주의하며, 특히 한 요인에 4개 문항 이상 구성될 경우에만 다음 문항들을 제거하는 것이 좋다.

첫째, 설문지를 검토하여 다른 요인에 포함된 문항을 1개씩 제거한다.

둘째, 공통성이 가장 적은 0.5 이하의 문항을 1개씩 제거한다.

셋째, 요인적재치가 가장 적은 0.5 이하의 문항을 1개씩 제거한다.

넷째, 총분산 설명력이 0.6 미만일 경우에는 요인적재치가 가장 적은 문항을 제

거하여 분산설명력을 높게 한다. 만약 문항을 제거하기 싫으면, 연구의 한계점에 적절한 설명을 기술한다.

❸ 요인의 수가 많을 경우

첫째, 한 요인에 1개의 문항으로 구성된 문항을 1개씩 제거한다.

둘째, 한 요인에 2개의 문항으로 구성된 문항 중에서 다른 요인에 요인적재치가 없는 문항을 먼저 제거한다.

셋째, 한 요인에 4개의 문항으로 구성된 문항 중에서 다른 요인에 요인적재치가 유사한 크기로 있는 문항을 1개씩 제거한다.

넷째, 한 요인에 3개의 문항으로 구성된 문항은 다른 요인의 문항을 제거한 후에 문항의 중요성을 검토하여 문항을 제거할 것인지를 결정한다.

※ 요인분석의 추출(extraction) 수를 입력한 후에 문항을 제거하는 방법도 있다.

※ 사례분석 파일 정보시스템.sav

1) 문항 x11~x69 선택 (요인 수 = 6)

2) 아래 표와 같이 11개의 요인을 6개의 요인으로 축소한다.

3) x14, x19, x69 문항을 차례로 1개씩 제거한다.

4) x24, x33, x40 문항을 차례로 1개씩 제거한다.

Rotated Component Matrix(a)

	Component										
	1	2	3	4	5	6	7	8	9	10	11
x46	.789										
x48	.783										
x47	.769										
x45	.750										
x50	.731										
x44	.725										
x42	.695										
x49	.693										
x41	.670										
x54	.596			.462							
x55	.577			.523							
x43	.569									.382	
x38		.798									
x36		.748									
x37		.747									
x31		.745									
x35		.720									
x34		.714									
x40		.659									
x39		.653									
x32		.637									
x53		.554		.427							
x62			.774								
x68			.760								
x63			.739								
x61			.701								
x67			.682								
x66			.569	.400							
x64			.513								
x65			.474								
x52				.718							
x51				.711							
x56	.358			.620							
x22					.748						
x23					.682	.353					
x21					.612						
x15					.506			.433			
x24					.490						
x25			.383		.474	.393					
x28						.718					
x27						.566					
x26					.362	.527					
x20						.483	.412				
x18						.451		.447			
x14						-.412					
x11							.875				
x13							.840				
x12							.627				
x17								.738			
x16					.372			.640			
x69									-.858		
x33		.477								.626	
x19											.602

Extraction Method: Principal Component Analysis.
Rotation Method: Varimax with Kaiser Normalization.
a Rotation converged in 33 iterations.

요인분석 방법

1. 메뉴 : [분석(A)] → [데이터축소(D)] → [요인분석(F)]

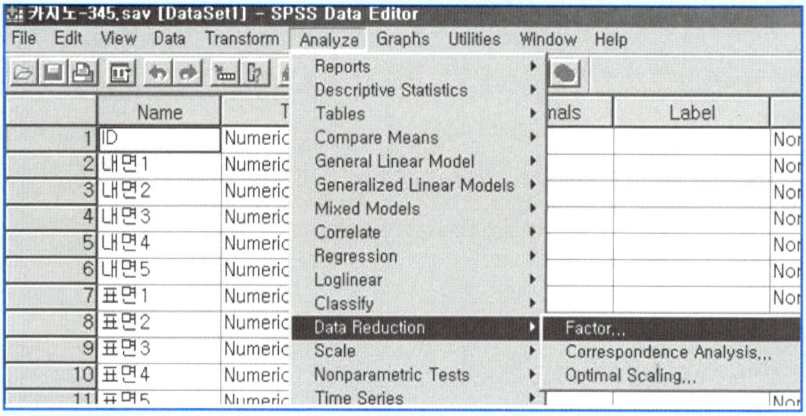

2. 새로운 창에서 분석하고자 하는 변수들을 오른쪽으로 이동한다.

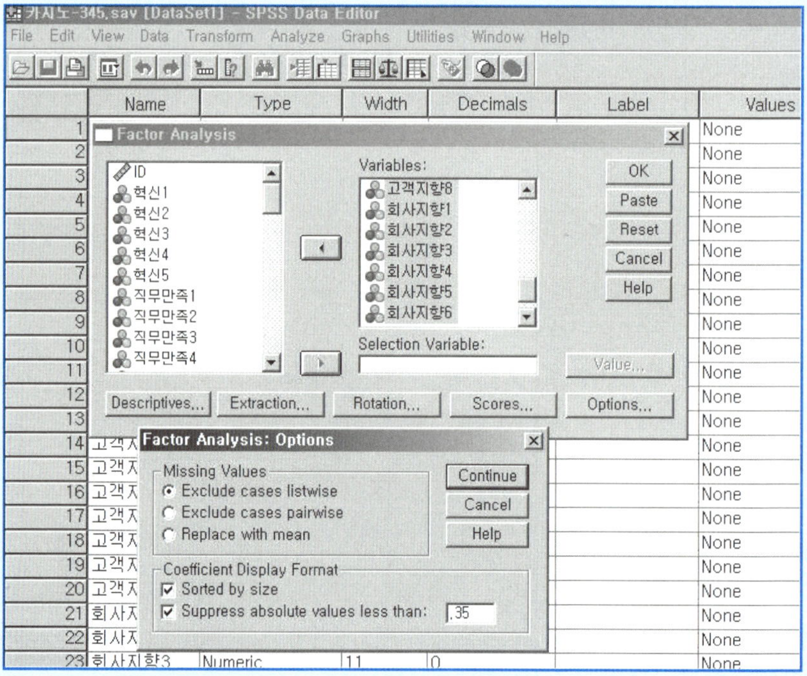

3) 하단 [Descriptive] → [KMO and Bartlett's Sphericity test]를 선택한다.
4) 하단 [Rotation...]을 클릭한 후 〈베리맥스〉를 선택한다.
단, 회전이 안 될 경우는 회전수 25를 50으로 수정한다.
5) 하단 [Options...] → 〈계수출력형식〉의 〈크기순〉에 체크한다.
6) 하단 [Options...] → 〈계수출력형식〉의 〈.35〉를 입력하고 계속을 클릭한다.

3) 확인적 요인분석(Confirmatory Factor Analysis, CFA)

확인적 요인분석(CFA)은 탐색적 요인분석(EFA)과 같이 자료의 타당성을 증명하는데 이용한다. 탐색적 요인분석은 확인적 요인분석의 전 단계로 이용되는 경우가 많으며, 탐색적 요인분석의 결과는 확인적 요인분석에 의해서 검증됨으로써 보다 신뢰할 수 있는 결론에 도달할 수 있다(송지준, 2009).

확인적 요인분석은 단일요인의 변수가 아니고 2개 이상 요인의 변수이면 반드시 한꺼번에 분석을 실시한다. 이런 경우에는 잠재변수 간에 공분산으로 연결하여 분석을 실시한다(송지준, 2009).

분석 방법

1. Amos Graphics 클릭하면 Amos 프로그램이 시작된다.
2/ Amos 도구모음의 빨강 아이콘으로 측정변수, 잠재변수, 오차항을 그린다.
분석모형은 요인별로 도형을 그리고 파일로 저장한다. 그러나 분석모형은 전체를 그리는 것이 좋다.
3. Amos 도구모음의 파랑 아이콘으로 SPSS 자료를 연결한다.
File → Data Files...
File Name → 자료를 찾아 선택 → View Data → OK를 클릭한다.

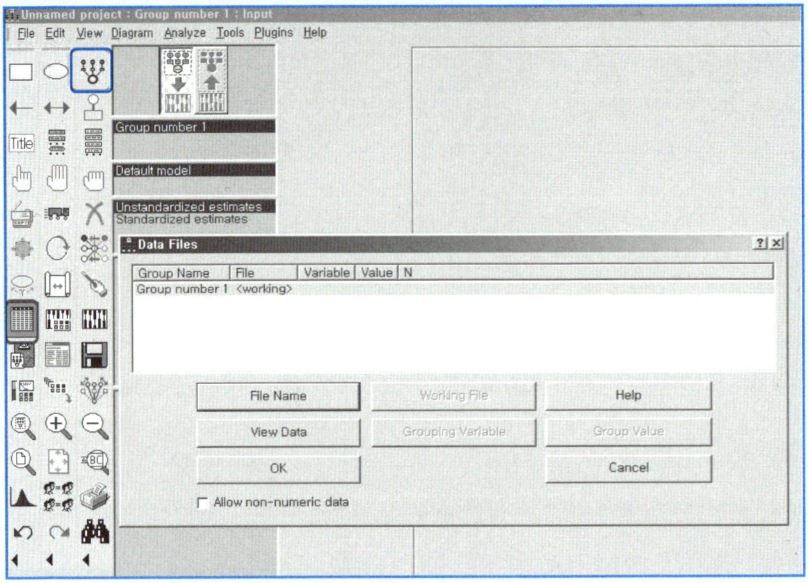

4. 모형에 잠재변수, 측정변수, 오차항의 변수명을 지정한다.

View → Variables in Dataset...

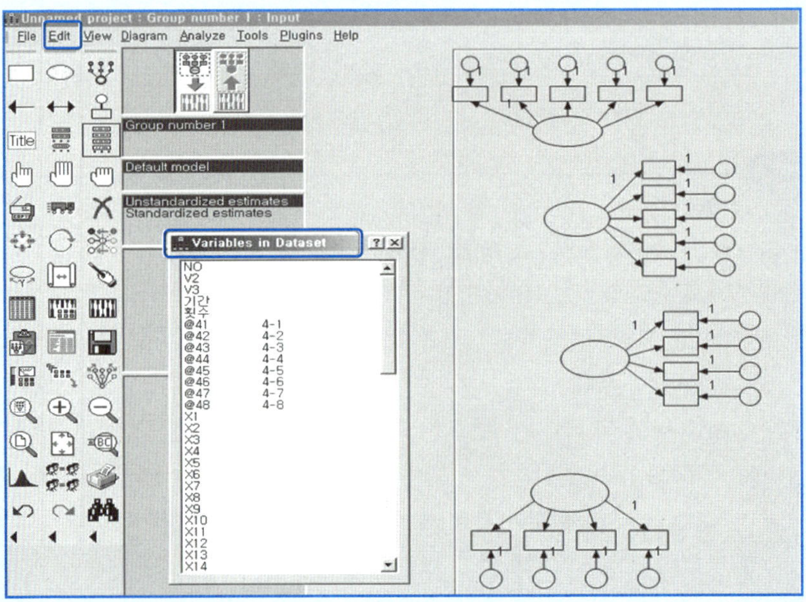

1) SPSS의 측정변수를 AMOS의 모형에 이동시킨다.

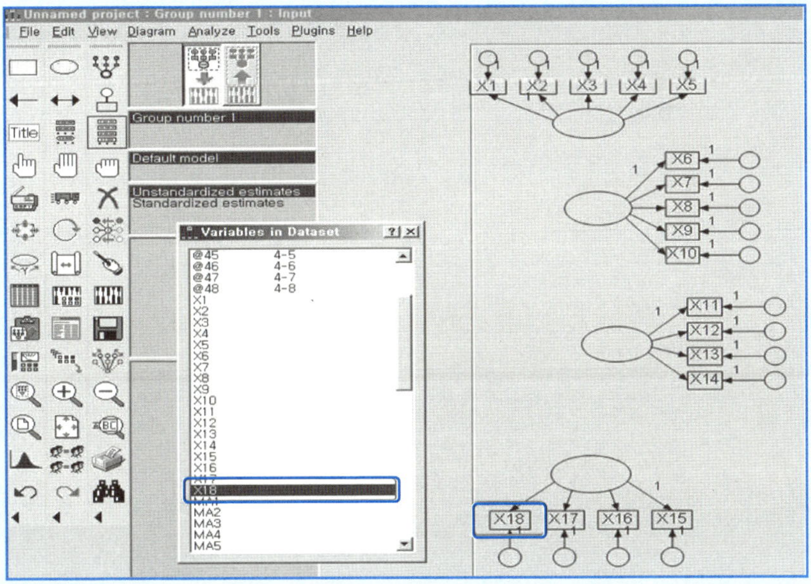

2) 잠재변수를 AMOS의 모형에 입력시킨다.

잠재변수 모형에서 오른쪽 마우스 클릭 → Object Properties...을 클릭

Variable name란에 잠재변수(관계가치)를 등록한다.

다른 잠재변수들은 잠재변수의 모형을 클릭하여 반복적으로 등록한다.

단, 잠재변수명은 SPSS의 자료에 없는 변수명으로 지정한다.

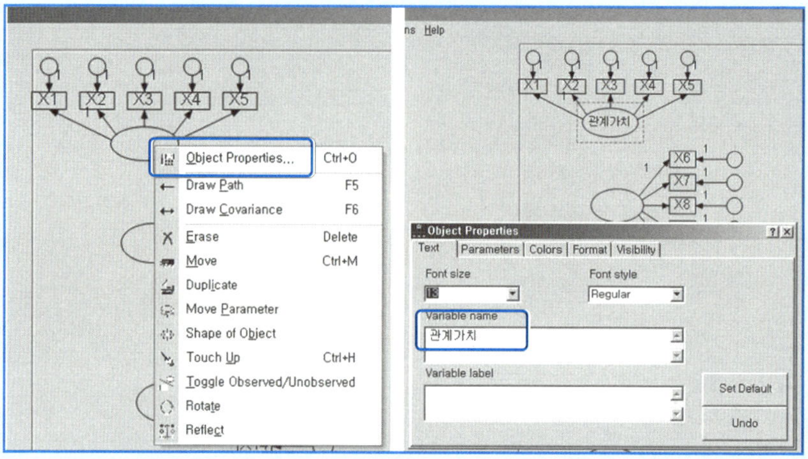

3) 오차변수를 AMOS의 모형에 입력시킨다.

오차변수 입력은 (2)잠재변수 입력과 동일하다.

오차변수는 측정변수명(X1)과 유사한 번호(e1)로 지정하면 편리하다.

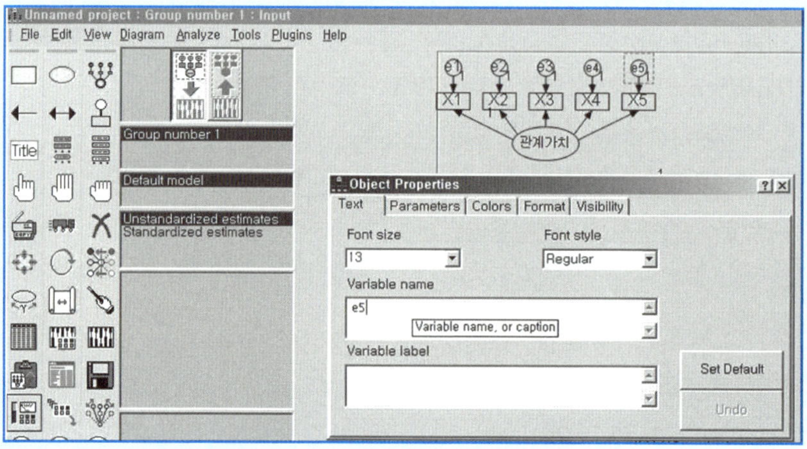

5. View → Analysis Propertirs...

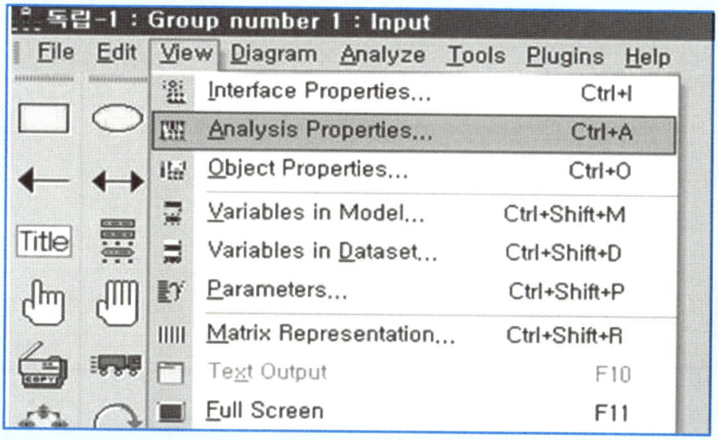

6. 3개 항목 및 상관계수(correlations of estimates) 체크

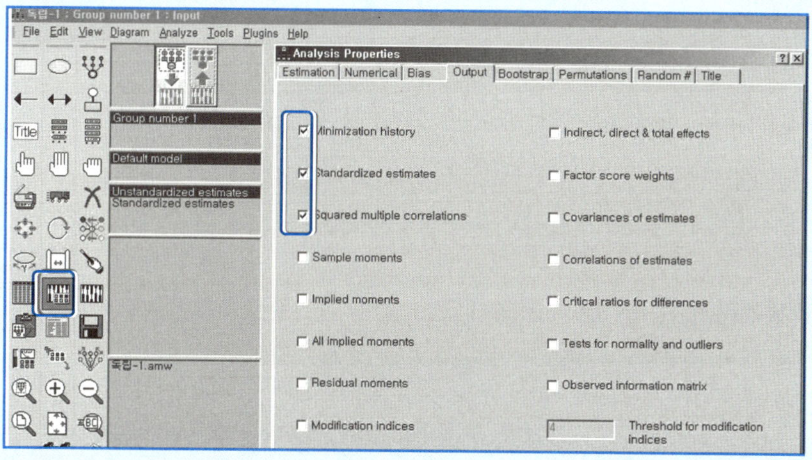

7. Analyze → Calculate Estimates 또는 왼쪽의 빨강색 아이콘

8. 검정결과는 왼쪽의 파랑색 아이콘을 클릭한다.

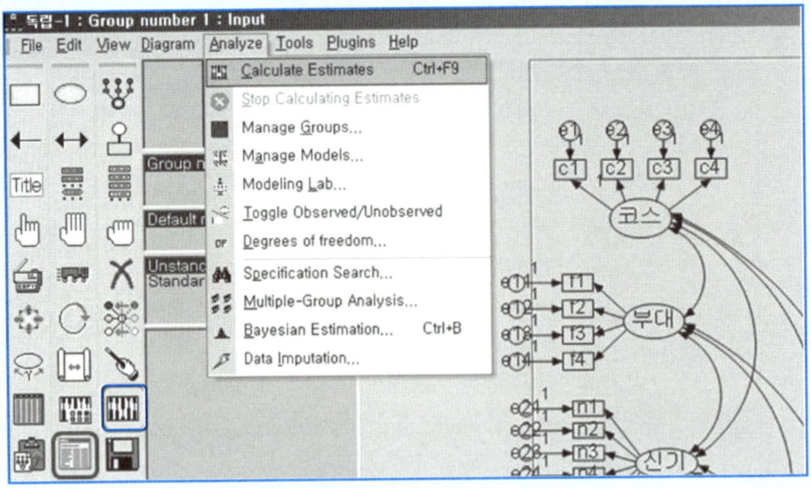

4) AMOS 검정결과 해석

Regression Weights(인과계수, 요인적재치)에서 검정통계량(C.R.)의 값은 회귀분석의 t값과 동일한 의미이므로 ±2.576(p< 0.01) 또는 ±1.960(p< 0.05)보다 클 때, 그의 예측치(Estimate)는 통계적으로 의미가 있다.

검정통계량(C.R.)의 값 = 예측치(Estimate) / 표준오차(S.E.)

Standardized Regression Weights(표준인과계수, 표준화 요인적재치(λ))에서 예측치(Estimate)가 0.5 이상 나타나면 인과관계가 높은 것으로 해석한다.

Variances(분산)는 잠재요인과 측정변수에 대한 분산 값을 보여준다. Variances에서 예측치(Estimate)가 음수로 나타나면, 헤이우드 케이스 (Heywood Case) 현상으로 SMC값과 적합도 검정결과를 파악하는 것은 무의미하다. 이를 해결하는 방법은 첫째, 헤이우드 케이스가 발생한 변수를 제거한다. 둘째, 오차항을 0.005와 같이 아주 작은 값으로 고정시켜서 적재치를 1보다 작은 값으로 하기 위해서이다.

이런 경우는 변수를 제거하는 것이 적합도 검정결과의 측정치가 적합도 기준값에 양호하게 나타난다.

다중상관자승(SMC : Squared Multiple Correlations)은 회귀분석에서 R^2와 같은 의미로 설명력을 나타내며, 이 값이 1에 가까울수록 설명력이 높다는 것을 의미한다. SMC값은 0.4 이상의 값을 보이면 잠재변수는 측정변수들의 변량을 잘 설명하는 것으로 해석할 수 있다. SMC는 관측변수(측정변수)의 신뢰도를 평가하는데 이용된다.

Fit Measures 2(모델 적합도 검정결과)는 3가지 모델 중에서 Default model에 나타난 결과 수치만 해석한다. CMIN은 카이스퀘어(Chi-square) 검정결과이다.

■모델 적합도 검정결과 해석

구분	적합도 기준값	적합지수	표본 크기	설 명
CMIN(χ^2)	>0.05	절대적합지수		카이스퀘어(Chi-square) 값으로 모형의 적합 정도를 평가.
p	>0.05	유의확률		
CMIN/DF	< 3	간명적합지수		표준(Normed) χ^2
RMR	<0.05	절대적합지수		잔차 평균자승 제곱근 Root Mean square Residual
GFI	>0.9		n〉200	적합도 지수 Goodness of Fit Index R^2과 유사
AGFI	>0.8	간명적합지수		수정된 적합도 지수 Adjusted Goodness of Fit Index
RMSEA	〈0.05~0.08	절대적합지수		근사오차평균자승 이중근 Root Mean Square Error of Approximation
LO90	〈0.08			
HI90	〈0.09			
TLI NNFI	>0.9	증분적합지수	n〉150	터커-루이스 지수 Turker-Lewis Index 비표준 적합지수 Non-Normed Fit Index
CFI	>0.9		적음	비교 적합지수 Comparative Fit Index
NFI	>0.9			표준 적합지수 Normed Fit Index
IFI	>0.9			증분적합지수 Incremental Fit Index
RFI	>0.9			상대적합지수 Relative Fit Index

구분	적합도 기준값	적합지수	표본 크기	설 명
PNFI	>0.9	간명적합지수		간명표준 적합지수 parsimonious Normed Fit Index
CN	>200	Critical N	200	적절한 표본 크기를 나타내주는 지수

적합지수는 절대적합지수, 증분적합지수, 간명적합지수 등으로 나눌 수 있다.

절대적합지수(Absolute fit index)는 제안모델이 표본공분산행렬을 어느 정도나 예측할 수 있는가를 측정하는 것으로 모델의 전반적인 적합도를 평가하는 지수이다.

증분적합지수(incremental fit index)는 기초모델(독립모델, 영모델)에 대한 제한모델의 적합도가 개선되는 정도를 평가할 수 있는 지수이다.

간명적합지수(parsimonious fit index)는 모델의 적합도가 너무 많은 추정계수에 의해 과대적합(over-fitting)하고 있는가를 진단한다.

증분적합지수의 RMR, GFI, AGFI 항목이 나타나지 않을 경우

1. AMOS 메뉴의 View → Analysis Property 클릭
2. Estimation 탭 클릭
3. Estimate means and intercepts 옵션을 해제하고 분석한다.
   만약 Estimate means and intercepts 옵션을 체크하고 분석하라는 메시지가 나오면 측정변수에 응답이 없는 경우(결측치 있음)이므로 측정변수를 수정 또는 삭제한다.

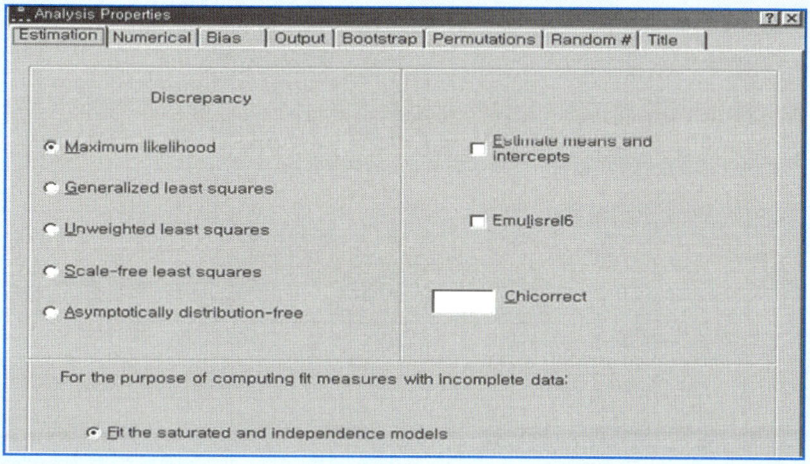

다중상관자승의 항목이 나타나지 않을 경우

1. AMOS 메뉴의 View → Analysis Property 클릭
2. Output 탭 클릭
3. Squared multiple correlations 옵션을 체크하고 분석한다.

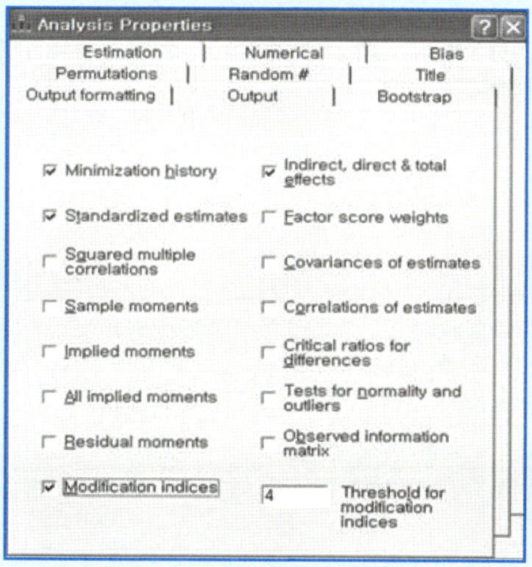

2) 내생변수의 확인적 요인분석

내생변수에 대한 확인적 요인분석은 22개의 최초문항에 대하여 모형의 적합도를 저해하는 문항에 대해 수정지수(Modification Index)를 활용하여 3개의 문항을 제거한 후 19개의 문항으로 최종모형에서 x^2=440.792, df=144, p=0.000, CMIN/df=3.06, RMR=0.018, GFI=0.920, NFI= 0.921, RFI=0.907, IFI=0.945, TLI=0.935, CFI=0.945, RESEA=0.062로 분석되어 높은 적합도로 나타났다. 표준적재치(SRW[18])는 모두 0.5 이상으로 나타났으며, 다중상관자승(SMC)은 0.4 이상으로 모두 나타났다.

[표 16] 내생변수에 대한 타당성 및 신뢰도 검증 결과

요인명	측정 문항	비표준화 회귀				표준 적재치	SMC
		Estimate	S.E.	C.R.	p		
관계 만족	도매여행사의 상품에 대해 만족한다.	1.0000				0.6667	0.4445
	도매여행사의 직원 관계에 만족한다.	1.0307	0.0746	13.817	0.000	0.6893	0.4751
	도매여행사의 기업 브랜드에 만족한다.	1.2144	0.0807	15.044	0.000	0.7628	0.5819
	도매여행사가 제공하는 IT시스템에 만족한다.	1.1407	0.0859	13.275	0.000	0.6581	0.4331
	도매여행사에 대하여 전반적 관계에 만족한다.	1.0690	0.0721	14.822	0.000	0.7491	0.5611
신뢰	도매여행사는 우리에게 성실하고 정직하다.	1.0000				0.7438	0.5532
	도매여행사는 우리에게 약속을 지키려고 노력한다.	0.9802	0.0492	19.907	0.000	0.7428	0.5518
	도매여행사는 문제 발생 시 해결하려고 노력한다.	1.0655	0.0628	16.976	0.000	0.7770	0.6037
	도매여행사는 우리의 요구사항에 관심을 갖는다.	1.0821	0.0649	16.674	0.000	0.7629	0.5820
	도매여행사가 제공하는 정보는 신뢰한다.	0.9549	0.0597	16.003	0.000	0.7321	0.5360
관계 몰입	도매여행사의 판매방침을 동의(지지)한다.	1.0000				0.6611	0.4371
	도매여행사의 상품가격 변동되어도 구매할 것이다.	1.0441	0.0791	13.194	0.000	0.6744	0.4548
	도매여행사에 대해 타 도매여행사에게 대변한다.	1.1890	0.0826	14.387	0.000	0.7509	0.5638
	도매여행사와 관계는 자긍심을 느끼게 해준다.	1.3052	0.0863	15.117	0.000	0.8039	0.6462
애호도	도매여행사의 상품들을 향후에도 판매하려고 한다.	0.9902	0.0445	22.228	0.000	0.7360	0.5416
	도매여행사와 관계를 지속적으로 유지하려고 한다.	1.0000				0.7123	0.5073
	타 소매여행사에게 도매여행사를 추천하고 싶다.	1.3026	0.0796	16.366	0.000	0.7707	0.5940
	도매여행사 상품을 다른 고객에게도 추천하고 싶다.	1.1975	0.0719	16.643	0.000	0.7847	0.6158
	도매여행사와 문제발생하지 않는 한 관계 지속한다.	1.0545	0.0677	15.583	0.000	0.7318	0.5355

NPAR	x^2	df	p	CMIN/df	GFI	NFI	RFI	IFI	TLI	CFI	RMSEA
46	440.79	144	0.000	3.0611	0.920	0.921	0.907	0.945	0.935	0.945	0.062

18) 표준적재치(SRW)=표준화 회귀가중치(standardized regression weight)

12 신뢰도 분석(Reliability Analysis)

사회적 연구에서는 가장 널리 쓰이고 있는 내적 일관성 평가방법으로 문항이 얼마나 동질적이고 일관되는지의 정도와 개념을 측정하기 위해서 다점수 척도로 구성된 여러 개의 항목을 이용할 경우 크론바 알파(Cronbach α) 계수를 이용하여 신뢰도를 측정한다. 일반적으로 Cronbach' s α계수는 1.0에 가까울수록 '매우 좋고', .60 이하일 경우 '부족' 하다고 여겨지며, .70 이상일 경우 '받아들일 만함', .80 이상이면 '만족' 이다.

그러나 이분 항목에 쓰이는 Kuder-Richardson formula(Kuder & Richardson, 1937)가 있다.

또한, 신뢰성 검정을 받기 전에 항목들이 부정형 질문의 대답은 모두 먼저 전도되어야 한다.

신뢰도는 설문에서 얻은 실제 측정점수의 전체 분산에 대한 분산의 비율이다. 진점수(true score) 분산이 높을수록 신뢰도가 높다. 즉 오차를 줄임으로써 신뢰도를 높일 수 있다.

신뢰도를 증진시키기 위하여 다음과 같은 방안을 제시하고자 한다.

첫째, 설문 문항 수를 증가시킨다. 양호한 문항표본이 커지면 검사의 대표성 및 신뢰도가 높아질 가능성이 있다. 한 요인의 문항 수는 4~5문항 이상이 적절하다.

둘째, 명료하지 않은 문항을 수정하거나 제거한다. 문화차이로 단어가 다르게 해석하는 경우는 현실에 맞도록 수정한다. 특히, 외국어는 직역보다 자국에 적절한 표현으로 번역한다.

셋째, 간단하지 않은 문항을 수정하거나 제거한다. 문항이 2가지 이상 구성되어 혼동하는 경우는 단순하도록 수정한다.

넷째, 검사를 실시하는 환경이 표준화되도록 한다. 설문에 대한 내용을 동일하게 충분히 설명을 실시한다. 또한, 검사의 시기와 장소를 잘 선택한다.

다섯째, 코딩, 채점 및 분석절차를 일관성 있게 유지한다. 객관성이 있도록 노력하여야 한다.

이외에도 신뢰도를 높이기 위하여 연구자는 측정도구를 선정하기 전에 선행연구의 실증연구의 요인분석 결과나 가설검증 결과를 잘 검토한다.

신뢰도 검증은 요인분석에서 한 요인에 묶인 항목들을 선택하여 각각 검증한다.

신뢰도 검증은 한 요인에 3개 항목 이상 구성이 되어 있어야 '항목제거 시'를 선택하여 검증할 수 있다. 검증결과 항목제거 시 일부 항목의 값이 요인의 신뢰도 계수보다 높게 나타났다면 그 항목을 제거할 것인지 판단은 연구자가 제거하지 않은 이유를 밝히고 선택하여 사용할 수 있다.

신뢰도 검증은 한 요인에 2개 항목만 구성되어 있다면 '항목제거 시'를 선택하지 않고 검증한다.

분석절차

1. 분석(A) → 척도(scAle) → 신뢰도 분석(R)
2. 항목(Items)에 해당 변수를 이동
3. 통계(Statistics...) → 필요 항목 체크 → 계속(Continue)
4. OK

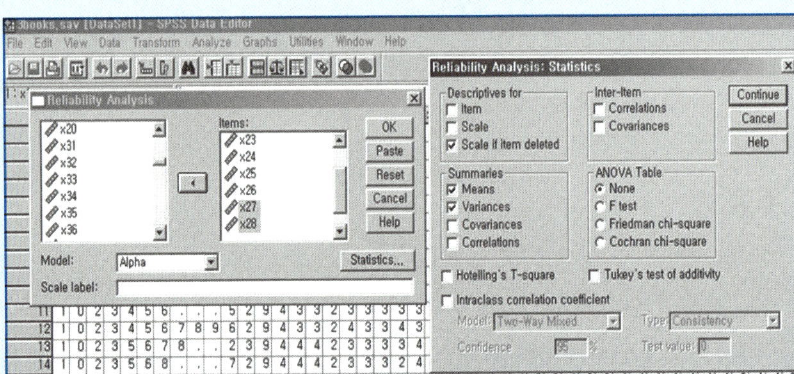

Reliability Statistics

Cronbach's Alpha	Cronbach's Alpha Based on Standardized Items	N of Items
.909	.910	8

Item-Total Statistics

	Scale Mean if Item Deleted	Scale Variance if Item Deleted	Corrected Item-Total Correlation	Squared Multiple Correlation	Cronbach's Alpha if Item Deleted
x35	24.54	17.089	.746	.564	.893
x38	24.65	16.876	.773	.614	.891
x31	24.74	17.472	.728	.599	.895
x32	24.77	17.714	.674	.505	.900
x36	24.56	18.007	.740	.586	.895
x37	24.70	17.867	.711	.545	.897
x33	24.43	17.812	.617	.436	.905
x34	24.58	17.748	.673	.479	.900

분석 결과표를 보고 논문에 아래 표와 같이 작성한다.

품질 요인	외생측정변수 측정항목	기술통계		Cronbach's α	
		평균	표준편차	항목제거시	α
요인-3 서비스	8. 지원부서는 문제를 신속하게 처리하려고 한다.	3.49	.808	.891	.909
	5. 프로그램 문제가 발생 시 성의껏 해결해 준다.	3.59	.799	.893	
	1. 지원부서는 불편사항들을 이해하고 도와준다.	3.40	.758	.895	
	2. 지원부서는 질문에 정확한 지식을 갖고 있다.	3.37	.767	.900	
	6. 지원부서는 사용자 의견을 수렴하려고 한다.	3.58	.669	.895	
	7. 지원부서는 사용자들과 약속을 잘 지킨다.	3.44	.713	.897	
	4. 지원부서는 프로그램 사용법을 알려 준다.	3.55	.763	.905	
	3. 컴퓨터가 고장 나면 도와주려고 노력한다.	3.71	.806	.900	

품질 요인	외생측정변수 측정항목	기술통계 평균	기술통계 표준편차	Cronbach's α 항목제거시	Cronbach's α α
요인-2 정보	8.최근 자료의 조회 및 출력을 할 수 있다.	3.70	.683	.802	.838
	5.출력된 자료들은 자신의 업무에 도움이 된다.	3.67	.656	.811	
	4.출력된 자료들의 수치가 정확하다.	3.54	.753	.809	
	7.필요한 자료에 대해서 조회/출력이 다양하다.	3.55	.766	.820	
	3.여러 자료들이 동료들의 업무에 도움이 된다.	3.62	.705	.814	
	1.자료를 편리하게 조회/출력할 수 있다.	3.53	.689	.818	
요인-1 시스템	1.인터넷 검색할 때 응답속도가 적절하다.	3.49	.792	.722	.820
	3.화면 페이지 넘어가는 속도가 적절하다.	3.43	.755	.711	
	2.자료를 쉽게 입력(저장)할 수 있다.	3.63	.670	.809	
N=384		평균	1.전혀 그렇지 않음. 2.그렇지 않음. 3.보통이다. 4.그렇다. 5.매우 그렇다.		

측정모델 평가

측정모델을 평가하는 신뢰도는 개념 신뢰도(construct reliability) 또는 합성신뢰도(composite reliability: CR)와 평균분산추출(average variance extracted: AVE)을 들 수 있다(김계수, 2011; 배병렬, 2007).

개념 신뢰도와 평균분산추출의 값은 확인적 요인분석에서 제공하지 않으므로 연구자가 아래의 식-1, 식-2에 따라 각각 산출한다.

$$\text{개념신뢰도} = \frac{(\sum \text{표준화 추정치})^2}{(\sum \text{표준화 추정치})^2 + \sum \text{측정오차}} \quad \text{.......식-1}$$

$$\text{평균분산추출} = \frac{(\sum \text{표준화 추정치})^2}{(\sum \text{표준화 추정치})^2 + \sum \text{측정오차}} \quad \text{.......식-2}$$

a. 표준화 추정치 = 표준 적재치(standardized regression weight) 또는 표준화 회귀가중치(SRW)의 평가치(estimate)
b. 측정오차 = 분산(variance)의 평가치(estimate) = 1 – (표준 적재치 x 표준 적재치)

개념 신뢰도(CR)는 일반적으로 수용 가능한 신뢰도 수준은 0.7(또는 0.6) 이상이며, 평균분산추출(AVE)은 0.5 이상이 되면, 신뢰도가 있는 것으로 해석한다.

그리고 오차분산의 값이 다르게 나타나기 때문에 LISREL과 AMOS의 결과 값이 다르며, AMOS값이 더 큰 값으로 나타난다(배병렬, 2007).

판별타당성 확인은 평균분산추출지수(AVE)와 상관계수(correlations of estimates) 제곱값을 비교하여 상관계수 제곱값이 평균분산추출지수(AVE)보다 작으면 판별타당성이 있다고 해석한다. 만약 크게 나타나면, 표준적재치(SRW)가 낮은 변수를 하나씩 제거하고 다시 분석한다(김계수, 2011, p.644).

13 연관성 분석(relationship analysis)

연관성 분석은 독립변수(성별)와 종속변수(소득)는 어떠한 관계에 있는지를 알아보고자 하는 것이다. 자료의 척도에 따라 명목척도는 교차분석(카이제곱)을 실시하며, 서열척도는 스피어만 상관관계분석을, 등간 또는 비율 척도는 피어슨 상관관계분석을 실시하며, 그 외 정준상관분석이 있다.

1) 교차분석

교차분석은 카이스퀘어(χ^2) 검정이라고도 한다. 교차분석은 두 범주형 변수가 서로 독립성인지 관계를 판단하는 검정방법이다. 두 변수가 독립이 아니라면, 두 변수 간의 반응에 차이가 있다면 얼마나 차이가 있는가를 측정하는 것이다. 교차분석은 독립변수와 종속변수가 모두 질적변수(명목변수)로 구성한다.

[분석절차] 분석(A) → 기술통계량(E) → 교차분석(Closstabs)

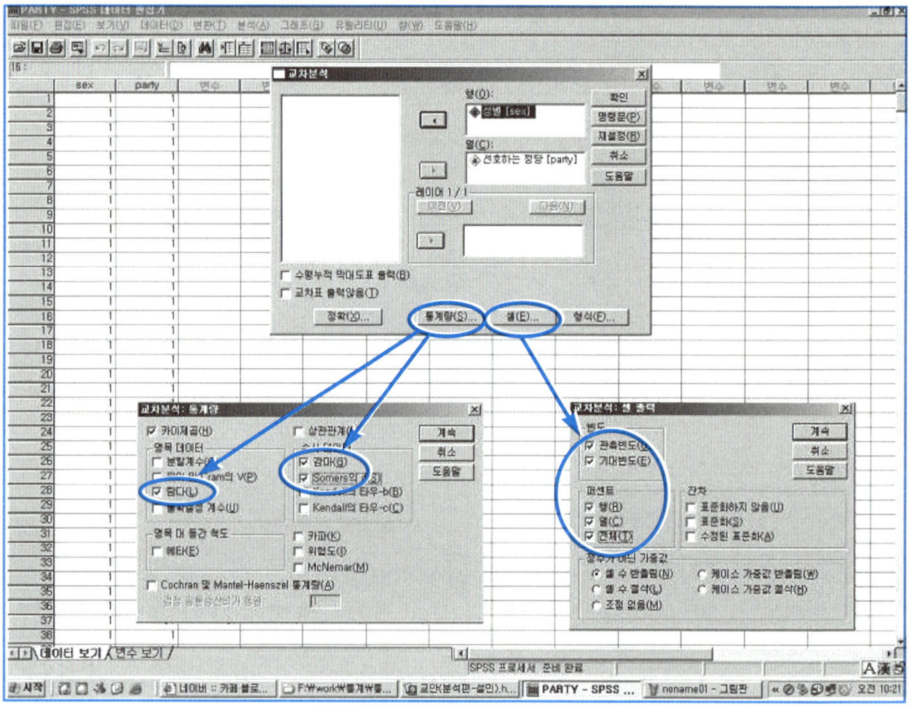

교차분석에서 행(Row)에는 종속변수(매출증대)를 이동하며, 열(Col)에는 독립변수(업종)를 이동시킨다.

가설 10 **관광산업 업종에 따라 예약시스템의 매출증대 효과에 차이가 있을 것이다.**

웹 예약시스템 매출증대 효과는 〈표 17〉과 여행업, 항공업, 호텔업 모두 '매출증대에 도움이 됨' 항목에 47명(55.3%), 45명(80.4%), 43명(57.3%)으로 각각 나타났으며, 전체적으로는 '매출증대에 도움이 됨' 135명(62.5%)으로 가장 높게 나타났다. 그리고 분할계수는 0.235로 두 변수 관계가 작은 것으로 나타났다. 피어슨 카이제곱 값은 12.614, 유의확률 p= .013(< .05)으로 유의적으로 나타나, 관광 업종에 따라 예약시스템 사용으로 매출증대 효과는 차이가 있는 것으로 검증되었다. 따라서 가설 10은 채택되었다.

이는 웹 예약시스템에 대한 필요성에 대해선 대부분 동의를 하나 기존 시스템을 개발하여 운영하는 기업들의 경우 이를 표준화하는 것보다는 호환성을 확보하는 방안을 마련하는 것이 오히려 좋을 것이라 판단되는 것으로 보인다. 그리고 향후 인터넷을 통한 글로벌 비즈니스를 해나가기 위해서는 반드시 이 문제는 국제적 표준화에서 출발할 문제로 다양한 접근을 통해 예약시스템을 국제적 표준으로 만들어 갈 필요가 있을 것이다.

[표 17] 예약시스템의 매출증대 효과

연계성	업종(n=216)			합계
	여행업(%)	항공업(%)	호텔업(%)	빈도(%)
매출증대에 도움이 됨	47(55.3)	45(80.4)	43(57.3)	135(62.5)
매출증대에 도움이 안 됨	15(17.6)	5(8.9)	8(10.7)	28(13.0)
잘 모르겠다	23(27.1)	6(10.7)	24(32.0)	53(24.5)
합계	85(100.0)	56(100.0)	75(100.0)	216(100.0)

Pearson Chi-Square=12.614, 점근 유의확률(양쪽 검정)= .013,
0개(0.0%)셀은 5보다 작은 기대빈도를 가지는 셀, 최소기대빈도 : 7.26
분할 계수= .235, 근사 유의확률= .013

※ 카이제곱 적합도(fit) 검증은 한 명목변수가 빈도에 얼마나 적합한가를 조사하는데 사용하는 방법이다.

예) 가설 : 자동차에 대한 5가지 색깔의 선호도는 차이가 있을 것이다.

[분석절차] 분석(A) → 비모수검정(N/T) → 카이제곱(Chi-Square)

2) 상관분석(correlation)

상관관계 분석은 가설을 검정하기 전에 변수들 간의 관련성에 대한 정도와 강도 그리고 방향을 파악하기 위하여 실시한다(송지준, 2009). 또는 다변량분산분석(MANOVA)을 실행하기 전에 실시하며, 종속변수들이 서로 상관관계가 높을 경우 MANOVA를 사용하면 ANOVA보다 결합된 차이를 밝혀낼 수 있다. 상관분석은 하나의 변수가 다른 변수와 어느 정도 밀접한 관계성을 갖고 변화하는가를 알아보기 위해서 이용된다.

상관관계 정도는 0에서 ±1 사이로 나타나며, 상관관계의 변화 강도는 ±1에 가까울수록 높다. 상관관계 변화의 방향은 플러스(+)를 정의 방향으로 마이너스(−)를 부의 방향으로 의미한다. 상관관계의 계수가 ±0.2 미만은 상관관계가 없으며, ±0.2~±0.4 미만은 낮은(약간) 상관관계, ±0.4~±064 미만은 보통 상관관계, ±0.6~±08 미만은 높은 상관관계, ±0.8 이상은 매우 높은 상관관계가 있다고 해석한다(김계수[19], 2011). 상관계수의 제곱을 결정계수라 하며 이 결정계수는 설명력을 의미한다.

19) 김계수(2011), 조사연구방법론, 서울: 한나래출판사.

[표 18] 상관관계 분석 결과

변수		Mean	표준편차	1	2	3	4	5	6	7	8	9
선택속성	편의성	3.28	.956	1								
	디자인	3.70	.728	.046	1				1			
	주변정보	4.11	.789	.473**	.125	1						
	광고정보	3.16	.951	.133	.489**	.107	1					
이용성	편의성	3.34	.871	.635**	-.015	.371**	-.018	1				
	디자인	3.71	.812	-.064	.660**	.074	.524**	-.029	1			
	주변정보	3.84	.733	.254**	.315**	.408**	.148*	.325**	.311**	1		
	광고정보	3.23	.868	.146*	.484**	.119	.658**	.010	.599**	.191**	1	
관광지도 만족		4.00	.716	.339**	.377**	.455**	.220**	.355**	.314**	.519**	.228**	
N = 205 리커트 5점 척도 (1.매우부정, 5.매우긍정)				* 상관계수는 0.05 수준(양쪽)에서 유의. ** 상관계수는 0.01 수준(양쪽)에서 유의.								

상관관계는 두 변수 간의 상관관계를 나타내는 단순상관관계와 하나의 변수와 두 변수 이상의 변수 간의 상관관계를 나타내는 다중상관관계, 그리고 다른 변수들의 상관관계를 통제하고 순수하게 두 변수 간의 상관관계를 나타내는 편(부분)상관관계(partial correlation)가 있다.

상관관계 분석은 설문자료가 등간/비율 척도이면 피어슨(Pearson)의 상관계수로, 서열척도이면 스피어만(Spearman)의 상관계수로 분석한다.

독립변수와 종속변수는 모두 양적변수(등간변수, 비율변수, 서열변수)이며, 분석할 자료는 측정문항이 2개 이상이면 잠재변수로 변환하여 분석한다.

[분석절차] 분석(A) → 상관분석(Correlate) → 이변량(Bivariate)

3) 정준상관분석(CCA ; Canonical Correlation Analysis)

정준상관분석은 두 변수군(sets of variables) 사이의 관계를 분석하는 다변량분석기법이다. 각 변수군은 여러 변수로 구성한다. 예를 들면, 여러 변수들은 두 변수군인 신체적 변수군(몸무게, 허리둘레, 맥박수)와 체력적 변수군(턱걸이, 복근운동, 높이뛰기)으로 분류되고 이들 변수군 간의 연관성을 살펴볼 수 있다.

Wilks' s lambda(λ)

Syntax

```
include file 'c:program files\spss\canonical correlation.sps'
cancorr set1=variables lists(종속), set2=variables lists(독립).
```

4) 차이분석(Difference analysis)

독립변수(질적 변수 : 성별, 학력)에 따라 종속변수(양적 변수 : 만족도, 몸무게) 1개 이상은 평균의 차이를 검증할 때 이용한다.

(1) T-test(독립변수의 카테고리가 2개, 성별)

- **독립표본 T-test** 독립변수는 시간의 차이 없이 이분화가 가능할 때(남/여)
- **대응(paired)표본 T-test** 독립변수는 시간의 차이가 존재하여 전, 후(교육 전/후)

[분석절차 ❶] 분석(A) → 평균비교(M) → 독립표본 T검정(T)

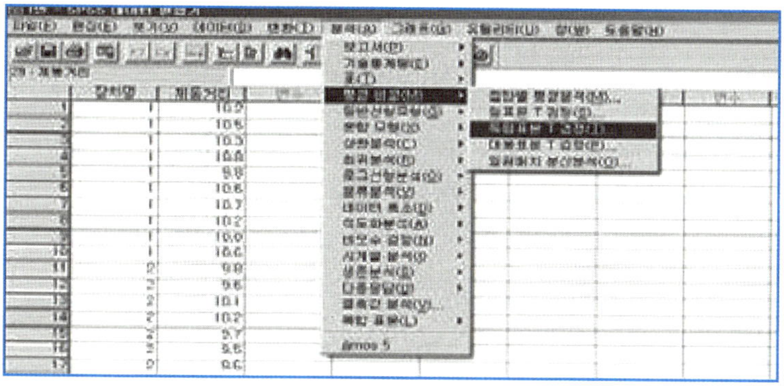

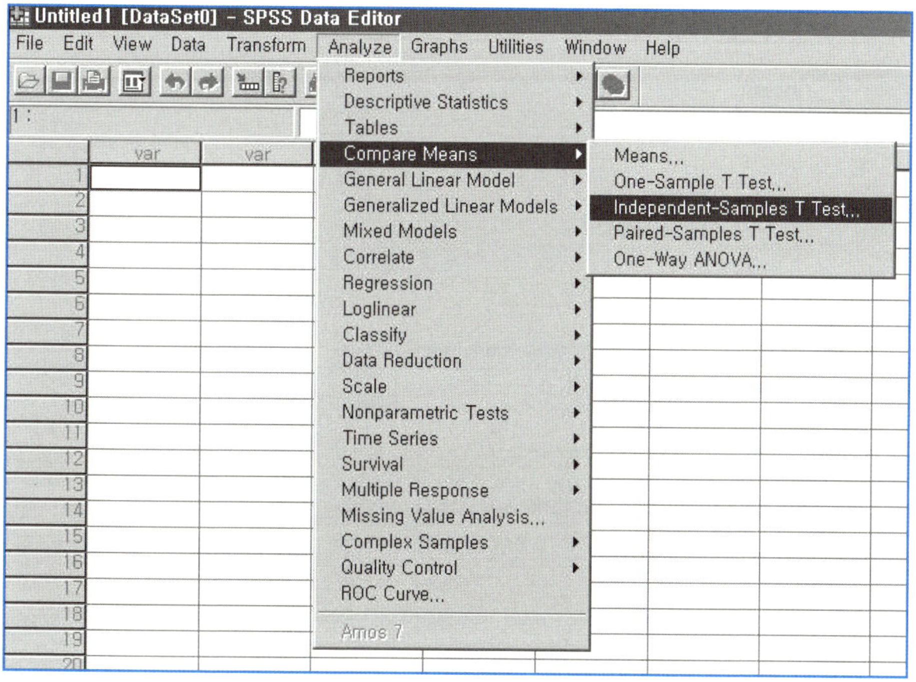

[분석절차 ❷] 집단변수(G) → 독립변수(성별), 집단정의(D) : 1, 2
검정변수(T) → 종속변수

[분석절차 ❸] 옵션 → 신뢰구간 → 95 → 계속

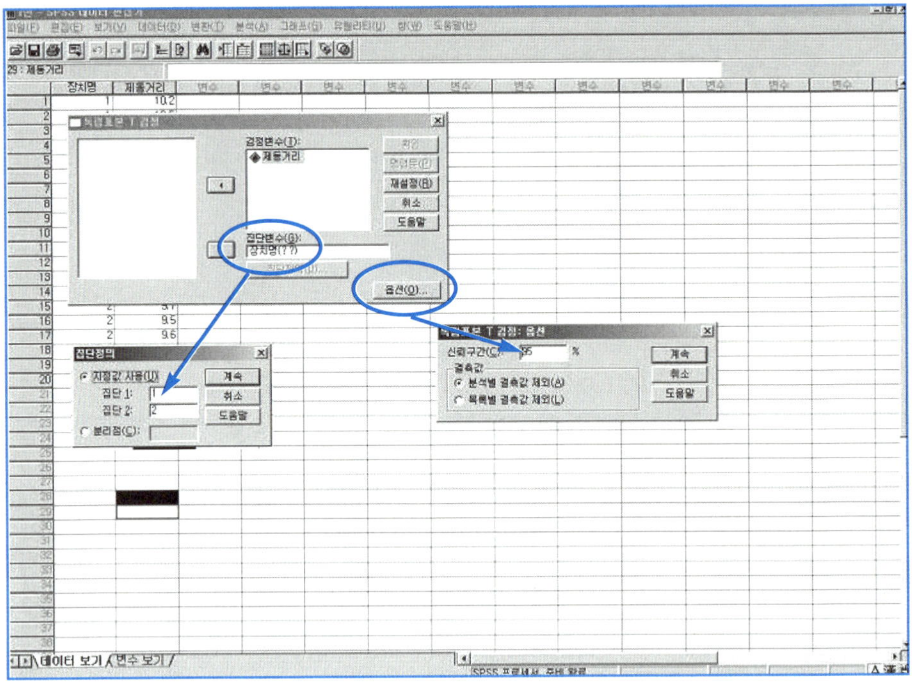

Independent Samples Test

		Levene's Test for quality of Variance		t-test for Equality of Means						
									95% Confidence Interval of the Difference	
		F	Sig.	t	df	ig. (2-tailed	Mean Difference	Std. Error Difference	Lower	Upper
언어적5	Equal varianc assumed	29.899	.000	-8.716	358	.000	-.52111	.05979	-.63869	-.40353
	Equal varianc not assumed			-8.716	323.632	.000	-.52111	.05979	-.63874	-.40349
비언어적	Equal varianc assumed	.025	.874	-7.951	358	.000	-.49667	.06246	-.61951	-.37382
	Equal varianc not assumed			-7.951	357.126	.000	-.49667	.06246	-.61951	-.37382

연구 가설 1은 '관광지 유형에 따라 관광해설사의 커뮤니케이션 유형에는 차이가 있을 것이다'를 검정하기 위하여 T-Test를 실시하였더니 〈표 1〉와 같이 나타났다.

분석결과, 방문지 유산의 유형 두 집단은 자연유산(거문오름) 180명, 문화유산

박물관) 180명으로 동일하게 나타났으며, 평균의 차이는 문화유산이 더 크게(-0.5211) 나타났다.

첫째, 방문지에 따라 언어적 커뮤니케이션은 F값의 유의확률이 0.000으로 등분산이 가정되지 않았다. 그러나 t값이 −8.716(p= 0.000)으로 연구가설이 채택되어, 방문지 유산의 유형(자연적, 문화적)에 따라 언어적 커뮤니케이션을 지각하는데 문화적 유산에 차이가 있는 것으로 나타났다.

둘째, 방문지에 따라 비언어적 커뮤니케이션은 F값의 유의확률이 0.874로 등분산이 가정되었다. 그리고 t값이 −7.951(p= 0.000)로 연구가설이 채택되어, 방문지 유산의 유형(자연적, 문화적)에 따라 비언어적 커뮤니케이션을 지각하는데 문화적 유산에 차이가 있는 것으로 나타났다.

■ 커뮤니케이션 유형의 T-Test 검증

종속변수	관광지 유형	N	Mean	Mean Difference	Levene' test		t	Sig. (2-tailed)
					F	Sig.		
언어적	자연 유산	180	3.6967	−0.5211	29.899	.000	−8.716***	.000
	문화 유산	180	4.2178					
비언어적	자연 유산	180	3.5167	−0.4966	0.025	.874	−7.951***	.000
	문화 유산	180	4.0133					

*:p<.05, **:p<.01, ***:p<.001

14 분산분석(Analysis of Variance : ANOVA)

독립변수의 카테고리가 2집단(학력) 이상의 평균 간 차이를 검증하는데 이용되는 방법이다. 독립변수 1개는 명목척도이며, 종속변수 1개는 등간척도 또는 비율척도이어야 한다.

- **일원 분산분석(One way ANOVA)** 독립변수 1개, 종속변수 1개 이상
- **이원 분산분석(Two way ANOVA)** 독립변수 2개, 종속변수 1개
- **다변량 MANOVA(Multivariate ANOVA)** 독립변수 1개 이상, 종속변수 2개 이상

분산분석은 '각 모집단의 분산이 같다'고 가정하고 설계된 이론이다. 그러므로 분산이 같다는 결론을 먼저 검정하고 등분산이라고 가정할 수 있다면 비로소 다음 단계의 검정을 진행할 수 있다. 검정하는 방법은 바틀렛(Bartlett), 하틀리(Hartly), 레번(Levene), 코크란(Cochran) 등의 검정방법이 있다(남기성[20], 2011).

즉, Levene의 등분산 검정 결과, 유의확률이 .05로서($p>0.05$) 집단 간의 분산이 동일하다는 귀무가설을 기각하지 못한다. 그러므로 모집단의 분산이 동일하다고 판단할 수 있다.

그러나 다중비교는 분산분석에서 귀무가설의 기각 여부에 상관없이 수행할 수 있다(남기성, 2011, p.188). 대신, 분산-공분산 행렬이 동일하다를 검정한다.

1) 공분산분석(Analysis of Covariance : ANCOVA)

분산분석에서 독립변수가 두 개일 때는 실제로 어느 하나의 효과에 촛점을 두고

20) 남기성(2011), SPSS 18을 이용한 통계분석을 어떻게?, 파주: 자유아카데미.

다른 하나의 변수는 통제변수로 하여 분석을 실시할 수도 있다. 이 경우는 다원변량 분석 중에서도 공분산분석을 실시한다.

공분산분석은 외생변수가 종속변수에 상관관계가 높을수록 분산분석 대신 공분산분석을 실시하여 순수한 처치효과를 조사하여, 이러한 2가지 이상의 외생변수들이 종속변수에 미치는 영향을 제거하려는 목적으로 사용한다. 공분산분석은 하나의 변수가 미치는 효과를 제거한 상태에서 나머지 하나의 종속변수에 미치는 순수한 효과만을 분석하고자 할 때 행하는 방법이다.

독립변수는 범주를 나타내는 명목척도이며, 종속변수는 간격척도 또는 비율척도의 자료이다. 공변량(covariate)으로 처리되는 독립변수는 간격척도 또는 비율척도의 자료이다.

H 소비자들이 제품에 대해 갖고 있는 사전태도(5점 척도)가 광고 대안(3가지)에 따라 제품태도(5점 척도)에 차이가 있을 것이다.

[일원분산 분석]

분석(A) → 평균비교

→ 일원배치분산분석(종속 : 제품태도, 요인 : 광고)

→ 옵션(기술통계량, 동질성 검정 체크)

[공분산 분석]

분석(A) → 일반선형모형(G) → 일변량(U) ...

[결과] 일원분산분석 결과에서는 광고 대안에 따라 제품태도에 차이가 있을 것으로 나타났다. 그러나 공분산분석 결과에서는 차이가 없는 것으로 나타났다. 이는 광고대안의 차이라기보다 주로 사전태도의 차이에 기인하는 것이라고 해석할 수 있다.

[목적] 설계단계에서 통제하지 못했던 외생변수를 공변수로 첨가함으로서 "유의한 차이가 없는 것" 같이 보였던 결과가 "유의한 차이가 있는 것"으로 바뀔 수 있다.

공분산분석을 하지 않고 2개의 변수를 모두 독립변수로 하여 각각의 영향과 두 변수가 결합되어 일어나는 효과를 분석할 때는 상호작용효과를 고려한 다원변량분석(factorial design)을 실시한다.

2) 사후분석(Post Hoc Multiple Comparisons)

분산분석은 집단 간의 차이가 있는가만 밝혀주며, 3집단 이상은 어떤 집단과 어떤 집단 간에 차이가 있는가를 밝혀주지 못하기 때문에 이를 알아보는 방법으로 사후검증(multiple comparison)을 실시한다.

등분산인 경우는 분산분석표에서 검정한 결과가 평균의 차이를 인정한 경우이며, 이분산인 경우는 Brown-Forsythe와 Welch의 검정에서 둘 다 유의한 경우에만 실시할 수 있다.

등분산인 경우는 Scheffe, Tukey, LSD, Duncan 등을 사용하며, 이분산인 경우는 Dunnett의 T3, Tamhane의 T2, Games-Howell, Dunnett의 C 등을 사용한다.

Tukey 각 cell의 크기가 같을 때만 사용하고, 두 평균들 간의 비교에 유용하다.

Scheffe / Bonferroni 각 cell의 크기가 같거나 다르거나 상관없이 사용하고, 여러 개의 대비들을 동시에 비교하거나 혹은 표본의 서로 다를 때 유용한 검정법으로서 가장 보수적으로 검정이 이루어지므로 비교적 높은 신뢰도를 인정받고 있다.

Duncan 보수적으로 검정이 이루어지는 Scheffe 혹은 Tukey에 비해 비교적 귀무가설을 잘 기각시키는 것으로 평가되고 있다.

Tamhane T2 T검정을 기준으로 하는 보존성 대응별 비교 검정에 적용하거나, 분산이 동일하지 않을 때 적용한다.

(1) 일원 분산분석(One way ANOVA)

독립변수 1개(카테고리 2집단 이상), 종속변수 1개 이상

분석 절차

1. 분석(A) → 평균비교(M) → One-way ANOVA...(O)

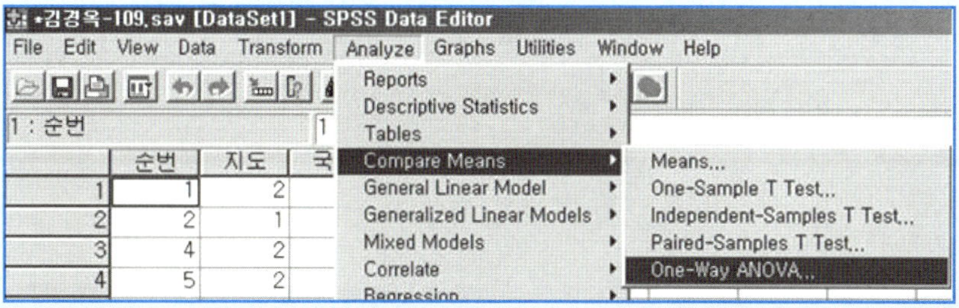

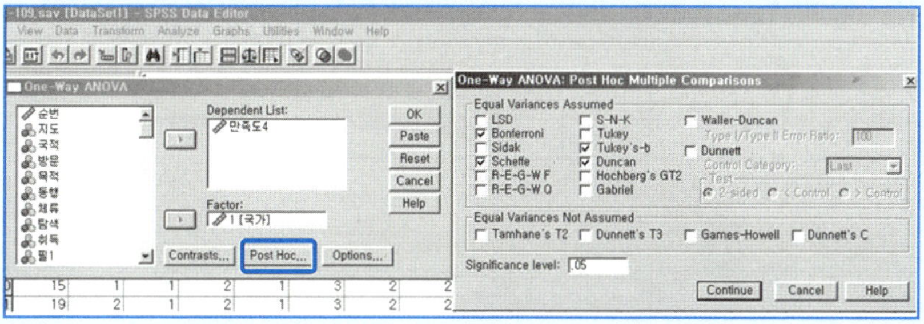

독립변수는 요인란에 그리고 종속변수는 종속변수란에 선택한다.

대비(Constant)는 두 집단간 수준의 평균차이를 검정하는 것이다.

옵션은 분산 동질성 검정, Brown-Forsythe, Welch를 클릭한다.

(2) 이원 분산분석(Two-way ANOVA)

독립변수 2개, 종속변수 1개

이원분산분석 결과는 주효과와 상호작용효과를 보여준다. 주효과는 한 처치변수

의 변화가 결과변수에 미치는 영향에 관한 것이며, 상호작용효과는 다른 처치변수의 변화에 따라 한 처치변수가 결과변수에 미치는 영향에 관한 것이다.

분석 절차

1. 분석(A) → 일반선형모형(G) → 일변량(U)

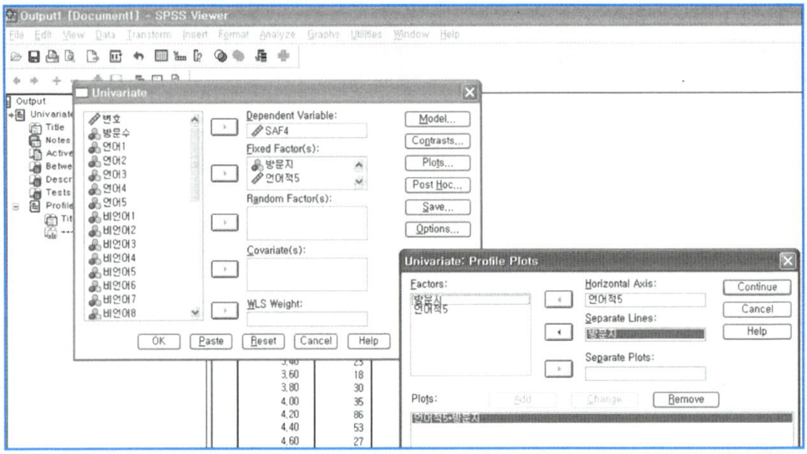

모형(M)에서 제곱합(Q)은 제1유형을 선택한다.

Tests of Between-Subjects Effects

Dependent Variable: SAF4

Source	Type I Sum of Squares	df	Mean Square	F	Sig.
Corrected Model	100,657[a]	28	3,595	17,698	,000
Intercept	5454,171	1	5454,171	26851,373	,000
방문지	20,664	1	20,664	101,731	,000
언어적5	75,315	16	4,707	23,174	,000
방문지 * 언어적5	4,679	11	,425	2,094	,020
Error	67,234	331	,203		
Total	5622,063	360			
Corrected Total	167,891	359			

a. R Squared = ,600 (Adjusted R Squared = ,566)

연구 가설 1은 '관광지 유형과 관광해설사의 언어적 커뮤니케이션 형태에 따라 방문객 만족에 미치는 영향은 다를 것이다'를 검정하기 위하여 Two way ANOVA를 실시하였더니 〈표 2〉와 같이 나타났다.

분석결과, 첫째. 방눈지 유형의 주효과는 F값이 101.731로 확률이 유의적으로(p= .000〈 .001) 검정되어서, 방문지 유형에 따라 방문객 만족에는 차이가 있는 것으로 나타났다.

둘째. 언어적 커뮤니케이션의 주효과는 F값이 23.174로 확률이 유의적으로(p= .000〈 .001) 검정되어서, 언어적 커뮤니케이션에 따라 방문객 만족에는 차이가 있는 것으로 나타났다.

셋째. 방문지 유형과 언어적 커뮤니케이션의 상호작용효과는 F값이 2.094로 확률이 유의적으로(p= .020 〈 .05) 검정되어서, 방문지 유형과 언어적 커뮤니케이션에 따라 방문객 만족에는 차이가 있는 것으로 나타났다.

[표 2] 언어적 커뮤니케이션의 방문객 만족에 대한 효과검증

Source	평 균				제1유형 제곱합	df	Mean Square	F	Sig.
	고	저	고	저					
모형	3.653		4.132		100.657	28	3.595	17.698***	.000
관광지 유형	자연유산		문화유산		20.664	1	20.664	101.731***	.000
언어적	4.583	1.500	4.650	2.000	75.315	16	4.707	23.174***	.000
유형*언어적					4.679	11	.425	2.094 *	.020
오차					67.234	331	.203		
합계					5622.063	360			

*:p〈.05, **:p〈.01, ***:p〈.001, 종속변수 = 방문객 만족

언어적 커뮤니케이션 유형에 대한 관광지 유형 두 집단의 평균은 자연유산이 1.500부터 4.583까지 합계 3.653이며, 문화유산이 2.000부터 4.650까지 합계 4.132로 나타나 문화유산이 더 높게 나타났다.

15 다변량 분산분석(MANOVA : Multivariate ANOVA)

다변량 분산분석(MANOVA)은 집단 간의 종속변수에 대한 평균 차이를 검증할 때 이용된다는 점에서는 분산분석과 동일한 점이 있으나 다음의 점들에서 차이가 있다.

대부분의 종속변수들이 서로 상관관계를 가지고 있기 때문에 MANOVA는 종속변수의 조합에 대한 효과의 동시검정을 중요시한다. 따라서 MANOVA는 ANOVA와는 달리 집단 간의 결합된 차이를 밝혀낼 수 있어 집단 간의 차이를 밝히는데 사용가능한 정보를 보다 많이 사용할 수 있다.

다변량 분산분석은 종속변수가 2개 이상일 때 종속변수 간의 평균값의 차이를 검증하거나 독립변수의 변화에 대한 종속변수들을 종합한 값의 차이를 검증할 때 이용한다.

다변량 분산분석은 종속변수군에서의 차이가 있음을 검증할 뿐만 아니라 종속변수군에서의 차이가 종속변수들 중에서 어느 변수에서 차이가 나는지도 검증할 수 있다. 또한 분산분석의 경우는 종속변수가 1개이지만 다변량 분산분석은 종속변수가 다수일 때 이용된다는 점과 종속변수들 간의 상관관계를 고려한다는 점이다.

분산분석과 마찬가지로 독립변수는 다수가 될 수도 있으며 공분산분석에서처럼 통제변수를 도입할 수도 있다. 공분산분석을 포함하는 경우는 MANCOVA라고 한다.

다변량 분산분석은 다음 세 가지 가정이 필요하다. 첫째, 관측치가 서로 독립적이다. 종속변수들 간의 상호관계를 동시에 고려하여 분석한다. 상호관계를 이용한다는 것은 다수의 변수를 한꺼번에 종속변수화하기 위해서 각 변수의 독립된 확률분포를 이용하는 것이 아니라 다수의 변수들이 결합되어 나타나는 결합분포를 이용함을 의미한다(즉, 상관분석에서 상관관계가 있어야 한다. 상관관계가 없으면 다변량 분산분석을 할 필요성이 없이 변수들을 개별적으로 ANOVA검정을 실시한다). 둘째, 각 집단의 분산-공분산 행렬이 동일하다(독립변수의 다변량 검정). 셋째, 모든 변수들은 다변량 정규분포를 따른다(즉, "평균벡터가 같다"는 귀무가설은 기각되어야 한다). 그러나 귀무가설이 채택되면 검정은 여기서 끝이 난다. 변수들의 결합분포를 이용하기 위해서는 결합분포가 정규분포를 이루어져야 "개체-간의 효과 검정"을 실시한다.

분석 절차

상관분석을 실시한 후 다변량 검정을 실시한다.

1. 분석(A) → 상관분석 → 이변량 상관계수

종속변수들 간에 상관관계가 없으면 다변량 분산분석을 할 필요성이 없이 변수들을 개별적으로 ANOVA검정을 실시한다.

2. 분석(A) → 일반선형모형(G) → 다변량(M)

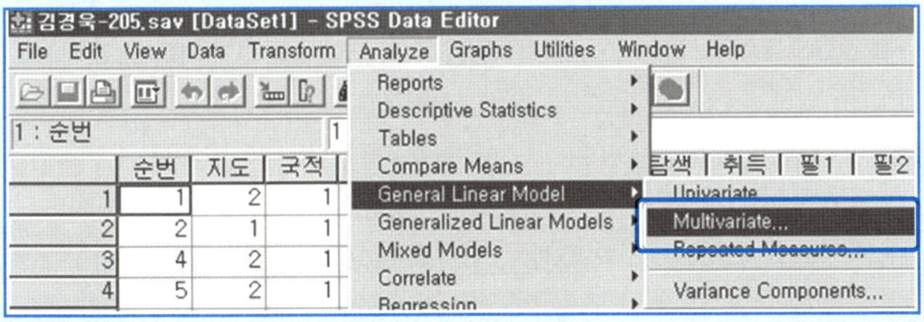

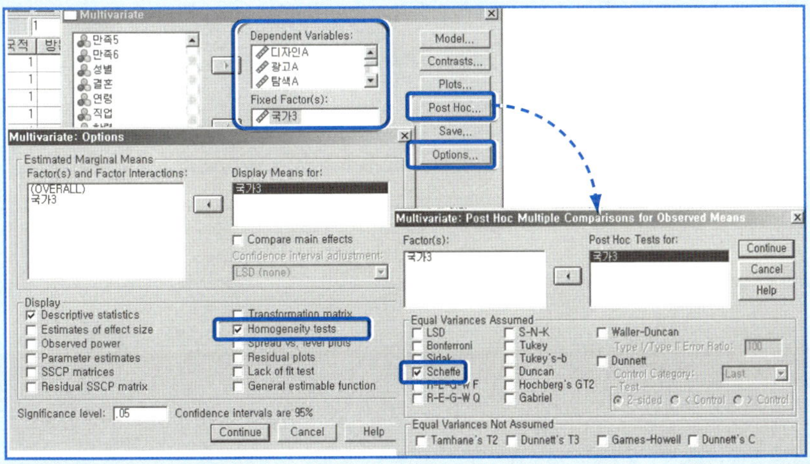

- 모수요인에 독립변수, 종속변수에 종속변수란에 삽입한다.
- 모형(M)에서 제곱합(Q)은 제3유형을 선택한다.
- 사후분석(H)은 사후검증변수에 독립변수를 설정하며, 필요한 방법을 체크한다.
- 옵션(O)은 동질성 검정을 설정한다.

차이분석은 한국을 방문하는 외국인 국적(일본, 중국, 기타)에 따라 관광안내지도 선택속성(편의성, 디자인, 주변정보, 광고정보)에 대한 다변량 분산분석(MANOVA)을 이용하여, 사후검증(국가 간 차이)을 실시하였다.

분석결과, 국적의 세 집단은 일본 99명, 중국 76명, 기타 30명으로 나타났다. 세 집단의 공분산 행렬이 동일하다는 가정에 대한 Box's M 검증결과는 영가설이 F=2.703(p= .000< 0.001)으로 나타나, 등분산을 가정하지 않았다. 국적 세 집단의 효과는 차이가 있는지에 대한 다변량 검증 결과, 네 가지(Pillai의 트레이스, Wilks의 람다, Hoteling의 트레이스, Roy의 최대근) 통계량의 유의확률이 모두 5% 이하에서 유의하게 나타나(p< .05), 평균벡터가 같다는 귀무가설은 기각되었다. 그러므로 국적에 따라 지도 선택속성에는 차이가 있음을 알 수 있다.

개체-간 효과검정 결과, 관광지도 선택속성의 편의성(F=7.441, p= .001), 주변정보(F=5.090, p= .007< .010), 광고정보(F=17.163, p= .000< .001)는 국적 세 집단에 따라 다르지만, 디자인(F=2.370, p= .096> .050)은 국가 세 집단에 따라 동일한 것으로 나타났다. 연구가설(H4)은 채택되어 국적에 따라 지도 선택속성에는 차이가 있는 것으로 나타났다.

[표 19] 관광안내지도 선택속성과 국적의 효과 검증

효과		값	가설자 유도	오차자 유도	F	유의확률
국적	Pillai's Trace	.252	8	400	7.207	.000
	Wilks' Lambda	.755	8	398	7.492a	.000
	Hotelling's Trace	.314	8	396	7.776	.000
	Roy's Largest Root	.280	8	200	13.976	.000
모수	종속변수	제III유형 제곱합	자유도	평균제곱	F	유의확률
국적	편의성	12.802	2	6.401	7.441***	.001
	디자인	2.484	2	1.242	2.370	.096
	주변정보	6.101	2	3.050	5.090**	.007
	광고정보	26.815	2	13.407	17.163***	.000
국적 : 1. 일본(n=99), 2. 중국(n=76), 3. 기타(n=30)			Box's M=56.227, F=2.703, Sig= .000			

*: p< .05, **: p< .01, ***: p< .001
a: 정확한 통계량

위의 결과를 토대로, 관광지도 선택속성의 네 가지(편의성, 디자인, 주변정보, 광고정보)는 어느 집단 간에 통계적으로 평균 차이가 있는지를 살펴보기 위하여, 표본의 크기가 다르고 등분산을 가정하지 않으므로 던네트(Dunnett T3)의 사후검증을 사용하였다.

분석결과, 첫째, 관광지도 선택속성의 편의성은 일본-기타 국가 간에 차이가 있는 것으로 나타났다. 둘째, 관광지도 선택속성의 위치정보는 일본-기타 국가 간에 차이가 있는 것으로 나타났다. 셋째, 관광지도 선택속성의 광고정보는 일본-중국 국가 간에 차이가 있는 것으로 나타났다.

[표 20] 관광지도 선택속성의 사후검증

종속 변수	국가(I)	국가(J)	평균차(I-J)	표준오차	유의확률	결과
편의성	1	2	-.324	.143	.072	
	1	3	-.709***	.169	.000	유
	3	2	.385	.199	.167	
디자인	1	2	.239	.105	.072	
	1	3	.128	.165	.825	
	3	2	.111	.164	.873	
위치정보	1	2	-.265	.117	.074	
	1	3	-.461*	.129	.002	유
	3	2	.196	.113	.239	
광고정보	1	2	.789***	.139	.000	유
	1	3	.351	.175	.142	
	3	2	.437	.192	.077	
국가 : 1. 일본(n=99), 2. 중국(n=76), 3. 기타(n=30)						

*: p< .05, **: p< .01, ***: p< .001

Ⅵ 논문작성 6단계

1 인과/영향 분석(Cause & Effect analysis)

인과/영향 분석은 독립변수(양적 자료)가 종속변수(양적 자료)에 미치는 영향력의 크기를 파악하고 독립변수의 일정한 값에 대응하는 종속변수의 값을 예측하려는 것이다. 인과/영향 분석은 회귀분석 또는 구조방정식의 경로분석을 실시하여 검정한다.

먼저 회귀분석을 실시하기 전에 탐색적 요인분석에서 나타난 요인별로 측정변수를 합산하여 평균을 구하는 잠재변수로 변환한다. 단, 문항이 1개이면 변환하지 않는다.

분석 절차

1. 변환[Transform] → 변수계산[Compute Variable...]

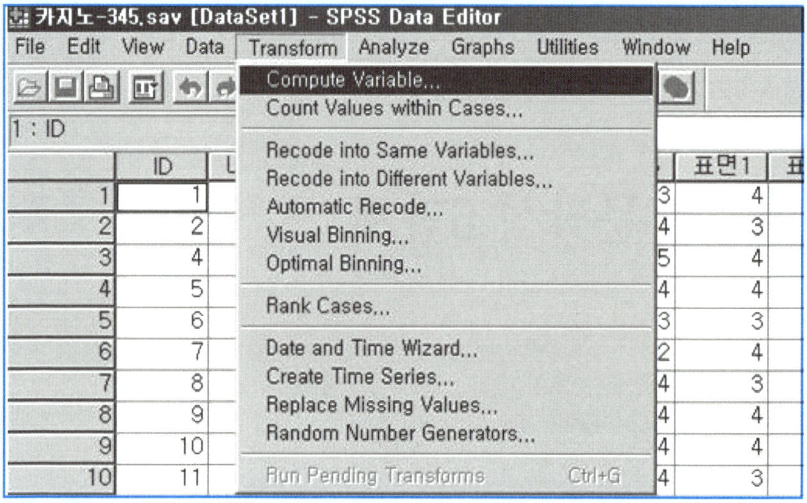

2. 대상변수[Target Variable] : 대상이 되는 잠재변수를 입력한다.

수식[Numeric Expression] : 측정변수의 식을 입력한다.

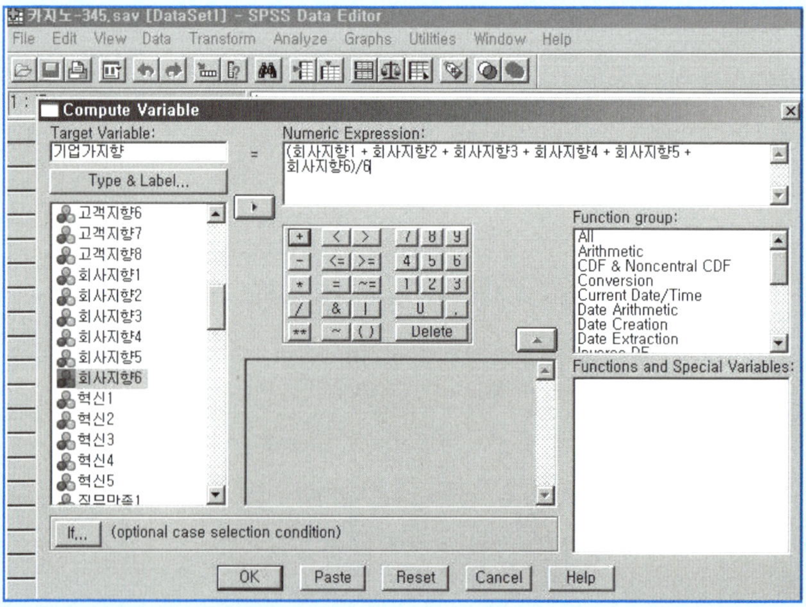

1) 회귀분석(regression analysis)

회귀분석은 변수들 간의 상호관계를 분석하고 특정변수의 변화로부터 다른 변수의 변화를 예측하기 위하여 사용된다. 종속변수에 영향을 미치는 변수를 규명하고 이들 변수들에 의해서 하나의 선형방정식을 도출하며 도출된 선형방정식을 회귀식이다.

회귀식이 과연 종속변수를 어느 정도 예측해 줄 수 있으며, 회귀식에 포함된 독립변수들 중에서 어느 변수가 가장 예측력이 높은지도 검증하게 된다. 그리고 회귀식의 도출은 오차의 제곱의 합을 최소화하는 최소제곱법을 이용하게 된다.

회귀분석은 변수들 간의 상호관련성을 분석하는 데 있어서 독립변수와 종속변수의 관련성의 강도와 독립변수 값의 변화에 따른 종속변수 값의 변화 예측에 초점을 두게 된다.

회귀분석은 독립변수와 종속변수 모두 메트릭(양적) 자료이어야 가능하다. 그러나 로지스틱 회귀분석의 종속변수는 질적 자료(명목척도)이다.

(1) 단순회귀분석 독립변수의 개수가 1개, 종속변수의 개수가 1개

(2) 다중회귀분석 독립변수의 개수가 2개 이상, 종속변수의 개수가 1개

(3) 로지스틱 회귀분석 소득수준에 따른 테마파크 방문여부(이분형, Yes or No)

다중회귀분석은 독립변수를 투입방법(method)에 따라 동시입력(enter), 단계입력(stepwise), 제거(remove), 후진(backward), 전진(forward)이 있다. 일반적으로는 동시입력(enter) 방법을 사용하고 있다. 한편 기각되는 요인이 1개 이상 발생되는 경우에는 후진(backward) 방법을 사용하여 새로운 모형을 만들어 선택할 수 있다. 그러나 기각되는 요인이 없을 경우에 결과는 동시입력(enter) 방법과 동일하다.

후진(backward) 방법은 먼저 독립변수를 동시입력(enter) 방법으로 진행한 후에 제거기준(F의 y확률>=0.10) 순위에 따라 변수 하나씩 제거된다. 여기서 모형-1

과 모형-2가 발생하면 어느 모형을 선택하는가의 문제는 모형의 간명성과 설명력(수정된 R^2)으로 적절하게 판단하여 선택할 수 있다.

단계입력(stepwise) 방법과 전진(forward) 방법의 분석 결과는 동일하며, 분석 방법에서 전진(forward) 방법은 채택기준(F의 y확률<=0.05) 순위이며, 단계입력(stepwise) 방법은 채택기준과 제거기준(F의 y확률>=0.10) 순위에 따라 하나씩 채택한다.

더미변수 변환 및 역코딩 변환

회귀분석에서 독립변수가 명목자료일 때는 dummy변수 또는 가상변수로 변환하여 이용할 수 있다. 더미변수의 수는 집단의 문항 수(n)보다 하나 적게 변수(n-1)를 만든다. 만약 성별은 두 집단의 문항 수이므로 1개의 더미변수로 변환한다.

학력(V3) 수준이 '1.고졸, 2.대졸, 3.대학원졸' 이라면 다음과 같다.

V3=1이면 DUMV31=0, DUMV32=0
V3=2이면 DUMV31=1, DUMV32=0
V3=3이면 DUMV31=0, DUMV32=1

변환 절차 2가지

자료 변환하는 방법은 2가지가 있으며, 2번째 방법이 용이하다.

1번째) 변환(Transform) → 변수계산(Compute Variable)

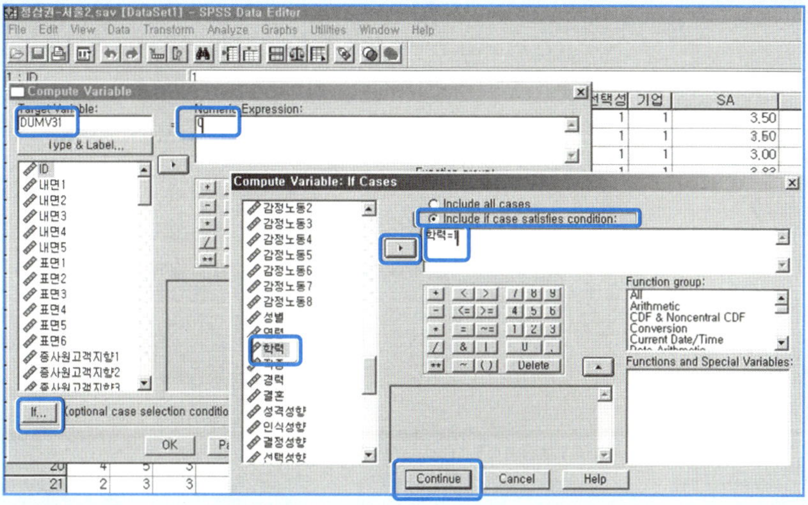

위의 방법을 6회 반복하면 새로운 DUMV31과 DUMV32의 더미변수가 생성된다.

2번째) 변환(Transform) → 다른 변수 생성(Recode into Different Variable)

출력변수(DUMV31)를 지정하고 기존변수(V3) 값 1, 2, 3과 새로운 값 0, 1, 0을 서로 대응되도록 반복하여 추가(Add)한다.

출력변수(DUMV32)를 지정하고 기존변수(V3) 값 1, 2, 3과 새로운 값 0, 0, 1을 서로 대응되도록 반복하여 추가(Add)한다.

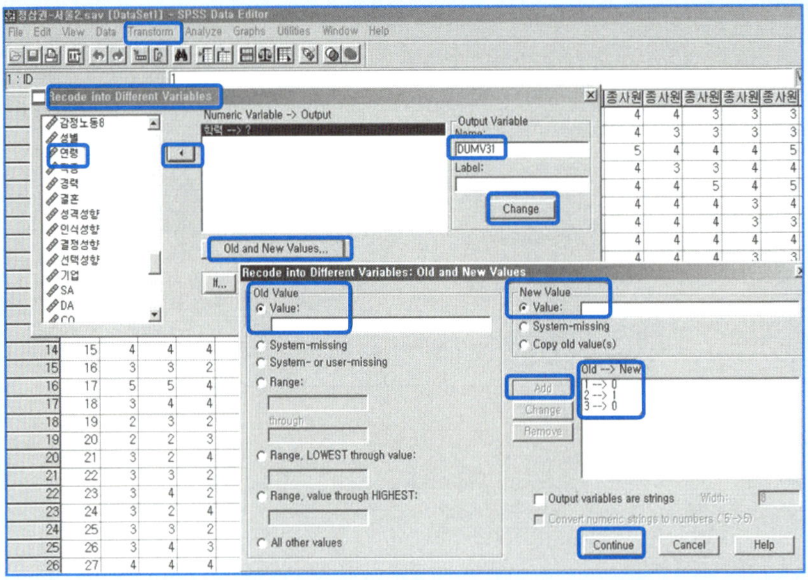

위의 방법을 2회 반복하면 새로운 DUMV31과 DUMV32의 더미변수가 생성된다.

이 방법은 역 코딩이 필요할 때에도 같은 방법으로 실시하면 매우 편리하다.

새로운 변수(NEWV11)를 지정하고 기존변수(V11)의 값 1, 2, 3, 4, 5와 새로운 값 5, 4, 3, 2, 1을 서로 대응되도록 반복하여 추가(Add)한다.

또한 이 방법은 7점 척도 자료를 5점 척도로 변환이 필요할 때에도 같은 방법으로 실시하면 매우 편리하다. 이때 기존변수(V11)에 대한 빈도분석의 도표출력(Charts)을 실시하여 정규분포가 되도록 분석한 후 변환한다.

예) 1→1, 2→1, 3→2, 4→3, 5→4, 6→5, 7→5로 변경하거나
1→1, 2→2, 3→2, 4→3, 5→4, 6→4, 7→5로 변경한다.

독립변수와 더미변수를 포함한 회귀식은 절편의 변화만을 갖는다.

분석 절차

1. 분석(Analyze) → 회귀(Regression) → 선형(Linear...)

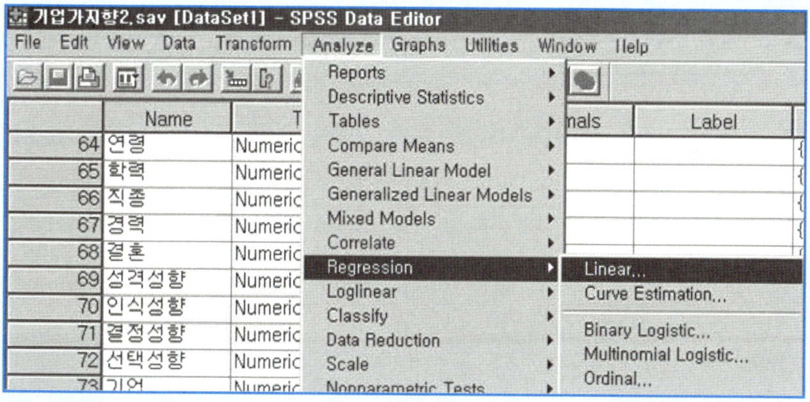

2. 종속변수[Dependent] 1개 변수 선택

독립변수[Independent(s)] 1개 또는 다수의 변수 선택

방법[method] Enter 방식 선택

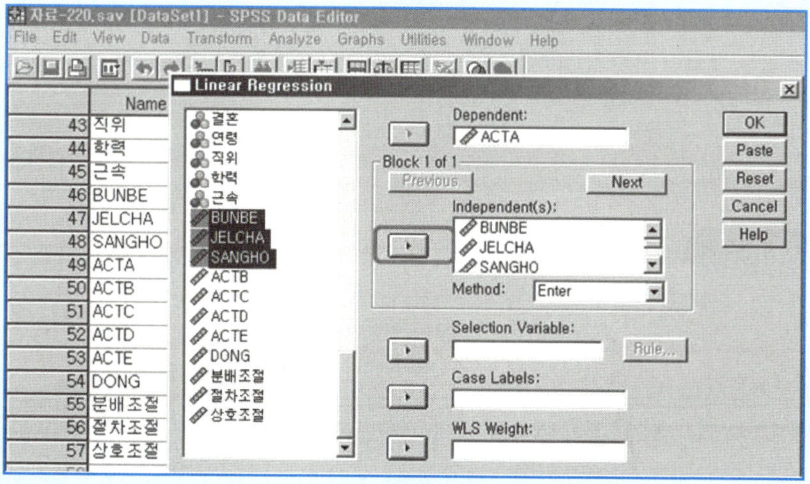

3. 통계[Statistics...]

Residuals 기본으로 모두 체크.

Model fit 기본으로 체크

R squared change 조절회귀분석을 실시하는 경우에 체크

Collinearity diagnostics 다중공선성 통계량을 파악할 경우 체크, 계속 (Continue) 클릭

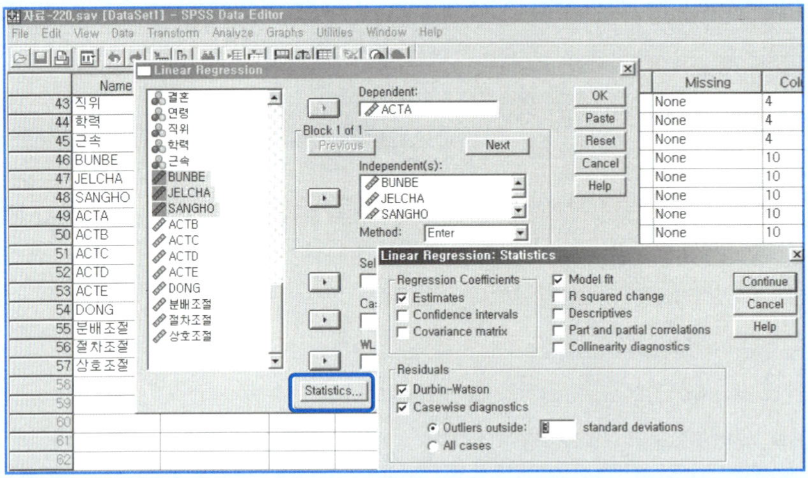

4. 실행 [OK]

분석결과 해석

Model Summary b

Model	R	R Square	Adjusted R Square	Std. Error of the Estimate	Durbin-Watson
1	.543[a]	.295	.285	.49616	1.685

a. Predictors: (Constant), SANGHO, BUNBE, JELCHA

b. Dependent Variable: ACTE

회귀분석의 표본결정계수 알스퀘어(R^2)는 모형의 적합성 검정에 사용한다. 표본결정계수는 최소제곱법의 원리가 그 값을 극대화시키는 것이기에 상향편의된 추정치이다. 따라서 표본결정계수의 값은 모결정계수보다 클 수밖에 없다.

알스퀘어(R^2) = 회귀식(Regression) 제곱합 / 전체(Total) 제곱합
= 22.246 / 75.420 = .295

다중회귀분석의 모형요약 해석은 정확한 추정치를 얻기 위해서는 사용된 자유도(독립변수의 수)와 표본의 수를 고려한 수정결정계수(Adj. R^2)를 이용해야 한다. 그러므로 독립변수의 수가 다르거나 표본의 대상(성별, 매출액)이 다르거나 또는 표본의 크기가 200개 이상일 경우에는 두 결정계수의 차이가 미미하지만, 표본이 200개 미만일 경우에는 반드시 "수정결정계수"를 사용한다. (표본의 수 = 220)

수정된 R^2 = 1 − (1 − R^2)(표본수 − 1)/(표본수 − 1 − 독립변수의 수)
= 1 − (1 − .295)(220 − 1)/(220 − 1 − 3) = .285

더빈−왓슨(Dubin−Watson)의 분석결과는 2에 가까우면, 잔차에 대한 상관관계(독립성)가 없어 회귀모형이 적합하며, 10에 가까우면 부적합하다.

분산분석의 분석결과는 유의확률이 통계적으로 $p < 0.05$이면 "회귀계수를 사용할 수 있다"고 해석한다.

Coefficients [a]

Model		Unstandardized Coefficients		Standardized Coefficients	t	Sig.
		B	Std. Error	Beta		
1	(Constant)	1.367	.227		6.029	.000
	BUNBE	.173	.067	.197	2.607	.010
	JELCHA	.069	.080	.072	.863	.389
	SANGHO	.394	.083	.358	4.781	.000

a. Dependent Variable: ACTE

비표준화 베다(β) 계수는 상수를 포함한 독립변수의 계수를 회귀식으로 표시할 경우에 사용한다.

독립변수의 표준오차(Std. Error)는 요인점수로 계산된 경우에 매우 동일하거나 유사한 값으로 나타난다.

표준화 베다(β) 계수는 연구모형의 분석결과에 표시할 경우에 독립변수들의 특성이 다르므로 이를 표시한다. 즉, 독립변수가 종속변수에 미치는 상대적인 영향력을 해석한다.

t값은 t=〉 1.960이면 확률(Sig.) p〈 0.05이며, t=〉 2.576이면 p〈 0.01이다.

다중공선성은 독립변수들의 속성이 다를 경우에 실시하며, VIF< 10, 상태지수(CI)< 100이면 다중공선성이 없는 것을 의미한다.

> ※ t 분포는 평균이 0이고 표준편차가 1인 종모양의 대칭분포이다.
> 자유도에 따라 종모양이 변화하고, 자유도(df)가 30개 이상이면 표준정규분포(Z 분포)와 일치한다.
> p〈 0.05이면 t=〉 1.960이다. p〈 0.1이면 t=〉 1.645이다.
> p〈 0.01이면 t=〉 2.576이다. p〈 0.001이면 t=〉 3.391이다.

> ※ F 분포는 두 집단 간의 분산비율을 나타내는 양(+)의 통계량이며 오른쪽 꼬리 종모양의 비대칭분포이다.
> 2개의 자유도에 따라 종모양이 변화하고, 자유도(df)가 커질수록 정규분포에 가까워진다.

> ※ (표본)평균은 수집된 자료를 대표하는 양. $\overline{X_j} = \frac{1}{n}\sum_{i=1}^{n} X_{ij}$

※ (표본)분산은 표본평균 주위에 변화하는 정도

$$s_j = \frac{1}{n-1}\sum_{i=1}^{n}(X_{ij} - \overline{X}_j)^2$$

※ (표본)표준편차는 표본평균 주위에 산포되어 있는 정도

$$s_j = \sqrt{s_j}$$

※ (표본)공분산은 두 변수가 같이 변화하는 정도

$$s_{jk} = \frac{1}{n-1}\sum_{i=1}^{n}(X_{ij} - \overline{X}_j)(X_{ik} - \overline{X}_k)$$

이상점(outlier)은 회귀 모형에서 이상점(가외치)을 규명하기 위해서는 회귀 방정식의 잔여값(residuals)을 먼저 조사한다. 잔차값의 절대치는 평균을 빼서 표준편차로 나누어 Z점수를 산출하여 표준화할 수 있다. 표준화 잔차값이 2보다 크면 가외치로 간주되며, 이는 잔여값이 95% 신뢰구간의 한계에서 벗어나기 때문이다. 아래 표처럼 선형회귀분석에서 표준잔차(Z-score)가 3 이상인 자료 번호를 제시하여 준다.

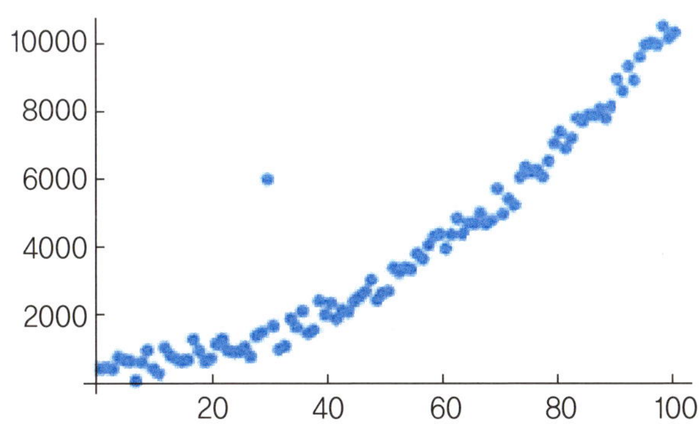

■Casewise Diagnostics(케이스별 진단)

Case Number 자료 번호	Std. Residual 표준 잔차	종속변수 값	Predicted Value 예측값	Residual 잔차
150	3.576	5.00	3.4793	1.52067
182	3.029	4.67	3.3785	1.28814

분석자는 자료를 번호가 큰 번호부터 지워야 한다(182번 삭제 후 150번 삭제). 삭제한 후 꼭 파일을 새 이름으로 저장한다. 그리고 가외치를 제거하고 선형회귀분석을 실시하면 F값과 R^2값이 상승할 수 있으나 t값이 부정적 또는 긍정적으로 변화된다. 그러므로 분석자는 가외치 자료를 제거할지를 신중하게 판단한다. 만약 회귀분석에서 t값이 1.960보다 작으면($p > 0.05$) 제거하고 분석하여 판단한다.

연구 가설 4~6은 "기업가 지향성과 고객지향성 그리고 표면행동이 내면행위에 유의한 영향을 각각 미칠 것이다"를 검증하기 위하여 다중회귀분석을 실시하였다. 종속변수는 내면행위이며, 독립변수는 기업가 지향성과 고객지향성 그리고 표면행동이다. 투입방법은 동시입력(enter) 방식으로 모두 변수들의 평균점수를 투입하였다.

가설의 분산분석 결과는 독립변수인 기업가 지향성, 고객지향성, 표면행동과 종속변수인 내면행위 간의 상관관계(R= .736)는 높은 상관관계를 보이고 있다. 종속변수에 대한 전체설명력(R^2= .542)은 54.2%를 설명하고 있으며, 자유도를 반영한 수정된 R2는 .537로 나타났다. 더빈-왓슨(Dubin-Watson)의 분석결과는 2에 가까운 1.70으로 나타나, 잔차에 대한 상관관계(독립성)가 없어 회귀모형이 적합하다. 회귀모형의 유의성은 F값이 111.63($p < .001$)으로 종속변수(내면 행위)를 설명하는데 매우 적합한 것으로 나타났다.

표면행동에 대한 다중회귀식에 투입한 독립변수들의 유의성 검증결과는 첫째, 기업가 지향성은 다른 두 변수(고객지향성, 표면 행동)가 회귀식에 포함되는 경우 t값이 2.550($p < .05$), 둘째, 고객지향성은 다른 두 변수(기업가 지향성, 표면 행

동)가 회귀식에 포함되는 경우 t값이 9.744(p< .001), 셋째, 표면 행동은 다른 두 변수(기업가 지향성, 고객지향성)가 회귀식에 포함되는 경우 t값이 3.598(p< .001)로 유의한 수준에 영향을 미치는 것으로 나타났다. 따라서 연구가설 4~6은 채택되었다.

[표 21] 내면행위에 대한 회귀분석 결과

독립 변수	비표준화 변수		표준화	t값	유의확률	결과
	β	표준오차	Beta			
(상수)	.668	.181	-	3.693	.000	
기업가 지향성	.120	.047	.124	2.550*	.011	채택
고객 지향성	.576	.059	.536	9.744***	.000	채택
표면 행동	.183	.051	.181	3.598***	.000	채택
종속 변수=내면 행위 R= .736, R^2= .542, 수정R^2= .537				F=111.630, Sig. = .000 Dubin-Watson=1.700		

*: p< .05, **: p< .01, ***: p< .001

2) 조절 회귀 분석(MRA : moderated regression analysis)

회귀분석을 이용한 조절효과 분석 방법은 세 가지 종류가 있다.

첫째, 조절변수의 중위수를 기준으로 두 개 이상의 집단(median split)으로 나누어 각 집단별 독립변수와 종속변수 간의 관계에 관한 회귀식을 산출하여, 양 집단의 회귀계수의 방향과 크기 및 R^2의 변화 등을 비교하는 방법인 평행선 검정(parallelism test)이다. 평행선 검정은 두 가지 지표에 대한 검정 통계량으로 판단한다. (1) 두 집단의 회귀계수를 방향과 강도를 검증하며, (2) R^2의 크기를 비교하는 Fisher의 Z 검증 방법이다.

둘째, 잔차평균제곱을 이용해 두 (집단) 회귀식의 계수 차이를 비교하는 Chow Test(차우 검정)이다. Chow Test 방법은 상이한 두 개의 자료를 각 집단별로 선형

회귀분석에서 산출된 회귀계수가 통계적으로 차이가 나는가를 검증하는 방법으로 F 통계량을 계산하여 차이를 판단한다.

셋째, 독립변수와 조절변수를 곱해서 만든 조절항(상호작용항) 등 두 개의 변수를 독립변수로 하여 종속변수에 대한 회귀분석을 실시하여 조절항의 통계적 유의성을 검증하는 방법이다.

조절항(상호작용항) 검정은 상황적 관계(contingency relationship)를 나타내는 상호작용항을 직접 검증할 수 있기 때문에 상황적 관계에 대한 가설검증에 매우 적합한 분석이다. 또한 다른 독립변수들이 회귀식에 포함된 후 상호작용항의 설명력에 대한 유의성이 결정된다는 점에서 상호작용 효과를 판별하는데 보수적인 방법이며, 자료에 포함된 정보를 충분히 활용할 수 있는 방법이다.

상호작용항을 이용한 조절회귀분석의 일반적인 형태는 다음과 같다.

$$Y = e + X1 + X2 \text{ ------------------------- } (\text{i})$$

$$Y = e + X1 + X2 + Z \text{ ---------------------- } (\text{ii})$$

$$Y = e + X1 + X2 + Z + X1 \times Z + X2 \times Z \text{ -------- } (\text{iii})$$

(Y : 종속변수, X1, X2 : 독립변수, Z : 조절변수, X1×Z, X2×Z : 상호작용항)

조절회귀분석은 단계적(stepwise) 방법으로 투입하여 실시하며, 독립변수 창에 독립변수(X1 또는 X2), 매개변수(Z), 상호작용항(X1×Z 또는 X2×Z)을 단계적으로 입력하고 분석한다.

분석결과는 위의 회귀모형 (iii)에서 상호작용항(X1×Z, X2×Z)이 종속변수(Y)에 유의적인 영향을 미치며, 회귀식의 설명력이 (i)과 (ii)보다 유의적으로 증가한다면, Z는 조절변수(moderator)가 된다.

그러므로 분석결과는 모형요약에서 설명력(R^2)이 유의수준에서 유의하게 증가한다면 조절효과가 있다고 해석한다(송지준, 2009). 즉, 3단계에서 통계변화량의 F변화량이 통계적으로 유의하게 나타나야 한다.

그러나 상호작용항이 유의적인 영향을 주지 않으면, 가설화된 조절변수가 예측

(독립)변수나 기준(종속)변수와 어떠한 관계를 가지고 있는가를 결정한다. 여기서 조절변수가 예측변수 및 기준변수와 관계가 있느냐 없느냐에 따라서 조절변수의 유형은 순수 조절, 유사 조절 그리고 상동관계 변수로 구분된다.

순수조절변수(pure moderator)는 조절변수가 종속변수에 대해 독립변수와 상호작용효과가 있으면서 동시에 조절변수가 종속변수(또는 독립변수)와 관련성이 전혀 없으며, 독립변수와 종속변수 간의 관계의 형태(+, −)에 영향을 주는 경우이다.

유사조절변수(quasi moderator)는 조절변수가 종속변수에 대해 독립변수와 상호작용효과가 있으면서 조절변수가 종속변수(또는 독립변수)와 관련성이 있으면 준조절변수라 한다. 유사조절변수는 형태(+, −)에서만 차이가 나타나며, 종속변수에 영향을 주는 또 다른 독립변수일 수 있다.

상동관계변수(homologizer)는 조절변수가 종속변수에 대해 독립변수와 상호작용효과가 없으면서 조절변수가 종속변수(또는 독립변수)와 관련성도 없지만 독립변수와 종속변수 간 계수의 강도(크기)에만 영향을 주는 변수이다. 이러한 현상은 오차항에 그 원인이 있으며, 이때 오차항은 조절변수의 함수에 따라 결정되기 때문이다. 계수의 형태(+, −)가 아닌 계수의 강도(계수의 크기)에서만 차이가 나타나는 특징이다. 하위집단분석을 통하여 평가된다.

조절변수가 종속변수에 대해 독립변수와 상호작용효과가 없으면서 조절변수가 종속변수 그리고/혹은 독립변수와 관련성이 있으면 조절변수는 또 다른 독립변수이거나 매개변수일 가능성이 있다. 즉, 이 변수는 조절변수가 아니다.

종속변수 / 상호작용항	조절변수가 영향관계 없음	조절변수가 영향관계 있음
조절효과 없음	조절변수 아님 상동변수(homologizer)	조절변수 아님 독립변수일 가능성 높다.
조절효과 있음	순수 조절변수 (pure moderator)	유사 조절변수 (quasi moderator)

상호작용항 조절효과 검정 사례는 다음과 같다.

분석결과, 1단계에서는 선택속성의 광고(t= 3.770, p< .001), 품질(t= 6.833, p < .001), 브랜드이미지(t= 2.579, p< .010)가 유의한 수준에서 종속변수(만족도)에 영향을 미치는 것으로 나타났다. 2단계에서는 한류유형의 영화가 투입된 경우 설명력은 1.8% 향상하였고 F변화량은 통계적으로 유의하게 나타났으며(F변화량= 9.463, p< .010), 종속변수(만족도)에 영향을 유의적(t= 3.076, p< .010)으로 미치는 것으로 나타났다. 3단계에서는 선택속성의 상호작용 3개 변수가 투입된 경우 설명력은 3.8% 향상하였고 F변화량은 통계적으로 유의하게 나타났으며(F변화량= 5.061, p< .001), 가격의 상호작용변수(t= −2.455, p< .05)와 이미지의 상호작용변수(t= −2.529, p< .05)가 각각 종속변수(만족도)에 유의적으로 영향을 미치는 것으로 나타나 조절효과가 있는 것으로 검증되었다.

[표 22] 만족도의 한류유형(영화) 조절효과

독립 변수	모형 1			모형 2			모형 3		
	β	t	t	β	t	t	β	t	t
(상수)		7.387	.000		6.722	.000		−.146	.884
광고	.214	3.770***	.000	.177	3.085**	.002	−.198	−.959	.338
가격	.036	.613	.540	.032	.564	.573	.494	2.594*	.010
품질	.372	6.833***	.000	.342	6.264***	.000	.211	1.104	.271
이미지	.156	2.579**	.010	.160	2.681**	.008	.671	3.322*	.001
영화				.146	3.076**	.002	.828	3.109**	.002
광고 * 영화							.613	1.875	.062
가격 * 영화							−.840	−2.455*	.015
품질 * 영화							.194	.447	.655
이미지 * 영화							−.873	−2.529*	.012
R^2		.369			.387			.425	
R^2 변화량		.369			.018			.038	
F 변화량		46.044***	.000		9.463**	.002		5.061***	.001

a: 종속변수=화장품 만족도, *: p< .05, **: p< .01, ***: p< .001

AMOS에서 조절효과분석은 조절변수가 명목척도인 비메트릭 변수(nonmetric variable), 등간척도인 메트릭 변수(metric variable)에 따라 분석방법이 다르다.

3) 매개 회귀 분석(mediator regression analysis)

매개역할 변수를 분석하는 방법론에는 3단계 회귀분석(Baron & Kenny, 1986), 일반선형모형(GLM : General Linear Model)(Baron & Kenny, 1986), 구조방정식 분석(배병렬, 2008)을 들 수 있으며, 이는 공통적으로 적용될 수 있다. 특히, 복잡한 모형에서는 매개효과를 검증하는 방법이 명확하지 않기 때문에 단계별 과정을 거쳐 매개변수의 효과를 평가할 수 있다(Cohen et al., 2003). 또한, Baron & Kenny(1986)와 Cohen, et al.(2003)은 3단계 회귀분석이 효과적이라고 주장하고 있다.

Baron & Kenny(1986)[21] 방법론에 의하면 1단계와 2단계에서는 모두 유의한다. 그리고 3단계에서는 매개변수는 유의하고, 매개변인이 추가된 모형에서의 독립변인 효과(iii)가 매개변인이 없는 모형에서의 독립변인 효과(ii)보다 작아야 한다. 즉, iii<ii이어야 한다. 독립변수가 유의하지 않거나, 2단계의 비표준화 계수보다 3단계의 계수가 줄어들었다면 완전매개가 있다, 그러나 3단계에서 독립변수도 유의하게 나오면, 부분매개가 있다.

매개회귀분석의 일반적인 형태는 다음과 같다.

$$Z = e + X1 + X2 \quad \text{--------} \ (i)$$

$$Y = e + X1 + X2 \quad \text{--------} \ (ii)$$

$$Y = e + X1 + X2 + Z \quad \text{------} \ (iii)$$

(Y : 종속변수, Z : 매개변수, X1, X2 : 독립변수)

21) Baron, R.M. and Kenny, D.A. (1986), "The moderator-mediator variable distinction in social psychological research: conceptual, strategic and statistical considerations", Journal of Personality and Social Psychology, 51(6): 1173-1182.

[표 23] 매개효과에 대한 가설 검증의 조건

회귀방정식	조 건	자료원
❶ $Z=\alpha1+\beta1X+\varepsilon1$	회귀식 ①에서 독립변수($\beta1$)가 매개변수에 통계적으로 유의한 영향을 미쳐야 한다.	Baron & Kenny(1986)
❷ $Y=\alpha2+\beta2X+\varepsilon2$	회귀식 ②에서 독립변수($\beta2$)가 종속변수에 통계적으로 유의한 영향을 미쳐야 한다.	
❸ $Y=\alpha3+\beta3X+\beta4Z+\varepsilon3$ $\beta3<\beta2$	회귀식 ③에서 매개변수($\beta4$)가 종속변수에 유의한 영향을 미쳐야 한다.	
❹ $\beta3>(p= .05)$	회귀식 ③에서 독립변수($\beta3$)가 종속변수에 통계적으로 유의하지 않으면 완전매개이다.	Van Dyne, Graham, & Dienesch(1994)
(X : 독립변수, Z : 매개변수, Y : 종속변수)		

자료 : 본 연구자 재구성

매개효과 분석기법은 다음과 같이 3단계 회귀분석을 실시하여 매개역할의 여부를 판단하게 된다(Baron & Kenny, 1986: 1177).

첫째, 첫 번째 방정식에서 독립변수(여행상품 서비스품질)는 매개변수(관광통역안내사 역할)에 유의미한 영향으로 나타나야 한다.

둘째, 두 번째 방정식에서 독립변수(여행상품 서비스품질)는 종속변수(여행자 만족 또는 애호도)에 유의미한 영향으로 나타나야 한다.

셋째, 세 번째 방정식에서 매개변수(관광통역안내사 역할)는 종속변수(여행자 만족 또는 애호도)에 유의미한 영향으로 나타나야 한다. 그리고 독립변수의 계수값은 2단계 회귀계수의 값보다 3단계 회귀계수의 값이 더 적게 나타나야 한다.

그리고 완전매개(full mediation) 효과에 대한 판단은 3단계 회귀분석에서 매개변수가 통제되었을 때 독립변수가 종속변수에 대해 갖는 효과가 유의하지 않으면 완전매개이고(Baron & Kenny, 1986), 유의적이면 부분매개(partial mediation)인 것으로 판단한다(Van Dyne, Graham, & Dienesch, 1994[22]: 787).

22) Van Dyne, L., Graham, J. W., and Dienesch, R.M. (1994), Organization Citizenship Behavior: Construct Redefinition, Measurement, and Validation, Academy of Management Journal, 37(4): 765-802.

■ 매개효과의 분석방법

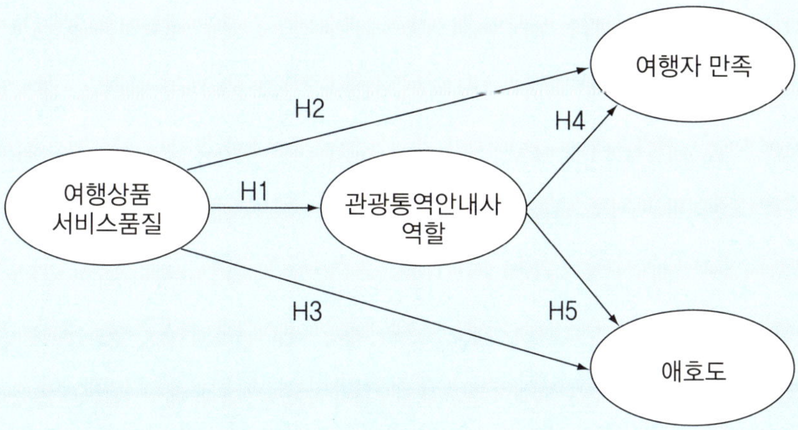

[표 24] 관광통역안내사 역할의 매개효과 검증을 위한 단계적 회귀분석

<table>
<tr><th rowspan="3">단 계</th><th rowspan="3">독립변수</th><th colspan="2">매개변수</th><th colspan="4">종속변수</th><th rowspan="3">결과</th></tr>
<tr><th colspan="2">T/C 역할</th><th colspan="2">여행자 만족</th><th colspan="2">애호도</th></tr>
<tr><th>β</th><th>Sig.</th><th>β</th><th>Sig.</th><th>β</th><th>Sig.</th></tr>
<tr><td>1 단계</td><td>여행상품 서비스품질(β1)</td><td>.810</td><td>.000</td><td>–</td><td></td><td>–</td><td></td><td>가설1 채택</td></tr>
<tr><td>2 단계</td><td>여행상품 서비스품질(β2)</td><td colspan="2"></td><td>.784</td><td>.000</td><td>.817</td><td>.000</td><td>가설2, 3 채택</td></tr>
<tr><td></td><td>관광통역안내사 역할(β4)</td><td colspan="2"></td><td>.615</td><td>.000</td><td>.609</td><td>.000</td><td>가설4, 5 채택</td></tr>
<tr><td rowspan="3">3 단계</td><td>여행상품 서비스품질(β3)</td><td colspan="2">부분매개효과</td><td>.522</td><td>.000</td><td>.592</td><td>.000</td><td rowspan="2">채택</td></tr>
<tr><td>관광통역안내사 역할(β5)</td><td colspan="2"></td><td>.323</td><td>.000</td><td>.278</td><td>.000</td></tr>
<tr><td>β2 > β3</td><td colspan="2">부분매개효과</td><td colspan="2">β2=.784 >
β3=.522</td><td colspan="2">β2=.817 >
β3=.592</td><td>매개 효과</td></tr>
<tr><td colspan="4">모델 적합도(3단계)의 통계량</td><td colspan="2">R²= .631,
F= 164.064**</td><td colspan="2">R²= .567,
F=125.534**</td><td></td></tr>
</table>

*: p< .05, **: p< .01

단계적 다중회귀분석을 실시하였더니 〈표 24〉와 같이 나타났다.

가설 4의 분석 결과는 종속변수(여행자 만족)에 대한 전체 설명력(R^2)은 .631로서 변수를 63.1% 설명하고 있으며, 자유도를 반영한 수정된R^2는 .627로 나타났다. 다중회귀식에 투입한 변수의 회귀계수에 대한 검정 결과, 독립변수 여행상품 서비스품질의 t값이 8.376으로, 관광통역안내사 역할의 t값이 6.240으로 각각 유의적인(p= .000< .01) 영향을 미치는 것으로 나타났다. 따라서 가설 4는 채택되었다. 그리고 매개효과는 2단계의 직접적으로 미치는 효과($\beta 2$)와 3단계의 매개변수를 포함하여 미치는 효과($\beta 3$)를 비교할 때 $\beta 2$가 $\beta 3$보다 커야한다는 조건4도 충족시켰다. 따라서 관광통역안내사 역할은 여행상품 서비스품질이 여행자만족에 대한 영향관계에서 매개효과가 있는 것으로 나타났다.

가설 5의 분석결과는 종속변수(애호도)에 대한 전체 설명력(R^2)은 .567로서 변수를 56.7% 설명하고 있으며, 자유도를 반영한 수정된 R^2는 .562로 나타났다. 다중회귀식에 투입한 변수의 회귀계수에 대한 검정 결과, 독립변수 여행상품 서비스품질의 t값이 8.130으로, 관광통역안내사 역할의 t값이 4.586으로 각각 유의적인(p= .000< .01) 영향을 미치는 것으로 나타났다. 따라서 가설 5는 채택되었다. 그리고 매개효과는 2단계의 직접적으로 미치는 효과($\beta 2$)와 3단계의 매개변수를 포함하여 미치는 효과($\beta 3$)를 비교할 때 $\beta 2$가 $\beta 3$보다 커야한다는 조건4도 충족시켰다. 따라서 관광통역안내사 역할은 여행상품 서비스품질이 여행자의 애호도에 대한 영향관계에서 매개효과가 있는 것으로 나타났다.

2 경로분석(Path Analysis)

인과관계 분석은 종속변수가 2개 이상, 잠재변수의 개념을 도입한 것이 대부분이며, 분석방법은 경로분석(Path Analysis)과 구조방적식 모형(structural equation model) 두 가지 방법이 있다. 경로분석은 모든 변수들 간의 관계를 동시에 분석하는 방법이며, 2개 이상의 회귀분석이 합쳐진 것과 유사하다. 구조방정식 모델(structural equation model)은 변수의 변량 간의 인과관계를 나타내는 방법이다.

경로분석은 인과효과를 측정하기 위해 회귀분석적인 방법을 사용한다. 그러나 회귀분석이 여러 개의 독립변수가 하나의 종속변수에 미치는 영향을 검토하는 데 비해, 경로분석은 독립변수들 사이의 혹은 독립변수와 종속변수 사이의 관계를 검토한다. 경로분석에서는 공분산행렬을 이용하기도 하고, 변수들을 표준화하여 상관행렬을 이용하기도 한다. 분석자료가 표준화되어 있을 때 회귀계수는 경로계수와 동일하다.

경로분석은 인과관계를 가지는 변수들 간의 직접효과와 간접효과를 밝힐 수 있는 분석이다(배병렬, 2007[23]).

그러나 경로분석을 다음과 같은 가정 하에서 이루어진다.

첫째, 변수들 간의 구조는 선형적이며 부가적이다.

둘째, 구성개념들은 각각 하나의 측정변수로만 이루어져 있다.

셋째, 측정오차는 없으며, 측정오차 사이의 상관관계도 없다. 측정오차는 부정확한 응답에 기인하므로 연구자가 최선의 설문지를 만들어야 한다.

넷째, 인과관계는 한 방향만 진행되며, 하나의 직선 또는 곡선 화살표만 있다.

다섯째, 변수들은 등간척도나 비율척도로 측정이다.

23) 배병렬(2007). Amos 7에 의한 구조방정식 모델링, 서울: 도서출판 청람

3 구조방정식 분석(SEM)

인과관계를 분석할 수 있는 통계프로그램은 LISREL(Linear Structural Model), AMOS(Analysis Moment of Structure), EQS(Structural Equation Program) 등이 있다. 인과관계를 분석하기 위해 회귀분석[24]과 요인분석을 개선적으로 결합한 형태로써, 특히 직접적인 관찰이 곤란한 이론적 구성개념을 많이 활용하는 사회과학, 특히 마케팅 분야보다 과학적인 이론을 개발하는데 매우 유용하다.

모형은 측정모형(measurement model)과 잠재모형(structural model)으로 구성되어 있다. 측정모형은 실제로 측정된 관찰변수(observable variable)를 잠재변수(latent variable)에 대한 연관성을 나타내는 모형이다. 잠재모형은 잠재적으로 내재되어 있는 외생변수와 내생변인 그리고 오차항으로 구성된 모형이다.

구조방정식모형(structural equation model)은 구조모형(structural model), 공변량 구조 모델(covariance structural model), 인과관계 모델이라고도 한다.

구조방정식 모델이 다른 다변량 기법들에 비해 유용한 측면들은 크게 세 가지로 요약할 수 있다.

첫째, 대부분의 다변량 분석기법들이 현상을 묘사하는 기술적 성격을 갖는데 반하여 구조방정식 모델은 관계를 발견하려고 시도하는 탐색적 성격보다는 이미 가설로 설정한 관계를 검증하려고 시도하는 확인적 접근법을 취한다. 이와 관련하여 구조방정식 모델은 변수들 간의 관계를 사전에(a priori) 설정하기 때문에 어떠한 추론을 목적으로 자료를 분석할 경우에 매우 유용하다.

둘째, 전통적인 다변량 기법들은 측정오차를 평가하거나 수정하기가 불가능한 반면에 구조방정식 모델은 이러한 모수들에 대한 추정치를 제공한다.

셋째, 여타의 자료분석 방법은 관찰된 측정치에만 기초를 두고 있는 반면에 구조

24) 회귀분석은 종속변수에 대한 독립변수의 직접적 영향만을 분석하며, 인과분석은 매개변수를 통한 간접적 영향도 측정한다.

방정식 모델은 관찰되지 않은 변수(즉 이론변수)와 관찰된 변수 모두를 포함할 수 있다.

수정지수를 이용한 적합도 향상

원칙 1. 잠재변수과 측정변수의 오차항 간에는 공분산을 설정할 수 없다.
원칙 2. 잠재변수의 오차항과 측정변수의 오차항 간에는 공분산을 설정할 수 없다.
원칙 3. 외생 측정변수의 오차항과 내생 측정변수의 오차항 간에는 공분산을 설정할 수 없다.
원칙 4. 측정변수의 오차항 간에는 공분산을 설정할 수 있다.
원칙 5. 잠재변수의 오차항 간에는 공분산을 설정할 수 있다.
원칙 6. 수정지수 공분산의 M.I값이 클수록 공분산을 설정하여 개선한다.
원칙 7. 1개씩만 설정하여 적합도의 결과 변화에 따라 선택한다.

4 구조방정식의 조절효과(moderated effect) 분석

조절효과 분석은 AMOS에서 다중집단 분석(multi-group analysis)을 실시하여 분석할 수 있으며, 조절변수가 비메트릭 변수(non-metric variable) 또는 메트릭 변수(metric variable)에 따라 분석방법이 다르다. 여기서 비메트릭(nonmetric, 비모수) 변수는 명목척도, 서열척도이며, 메트릭(metric, 모수) 변수는 등간척도, 비율척도로 측정한 변수이다.

AMOS에서 다중집단 분석(multi-group analysis)은 각각의 그룹에 대한 전반적인 모델적합도를 분석한다. 전반적인 모델적합도는 각각의 그룹에서 얻은 적합도의 합(pooling)에 의하여 계산한다.

1) 비메트릭 변수의 조절효과 분석

비메트릭 변수의 조절효과 분석은 다음 두 가지 모델의 조건하에 전반적인 적합도를 평가한다.

첫째, 독립변수와 종속변수의 관계가 조절변수(성별)에 따라 다르다는 것에 제약을 가하지 않는 비제약모델(unconstrained model) 또는 자유모델(free model)을 추정한다.

둘째, 독립변수와 종속변수의 관계가 조절변수(성별)에 동일하다는 것에 제약을 가한 등가제약모델(equality constrained model)을 평가한다. 즉, 독립변수는 조절변수에 상호작용이 없음을 의미한다.

셋째, 두 모델 간의 카이자승(χ^2) 차이검증을 실시한다. 만약 두 번째 모델의 적합도가 유의적으로 증가하면 독립변수와 조절변수 간에 상호작용이 있으므로 조절효과가 있다고 해석할 수 있다.

2) 메트릭 변수의 조절효과 분석

첫째, 조절변수가 메트릭 변수이므로 비메트릭스 변수의 그룹으로 분류한다. 즉, 평균(mean)이나 중위수(median) 등으로 분류하거나 판별분석을 실시하여 복수의 그룹으로 분류한다.

둘째, 비메트릭 변수의 조절효과 분석 절차와 동일한 방법으로 실시한다.

3) 기타 방법의 조절효과 분석

다른 방법의 접근은 조절회귀분석처럼 상호작용항(interaction term) 또는 적항(product term)을 만드는 방법이 있다. 그러나 AMOS에서 상호작용으로 분석할 수 없다(배병렬, 2007, p.308).

5 구조방정식의 매개효과 분석

구조방정식을 이용한 매개효과 분석은 두 단계(모델 1, 모델 2)로 나누어져 실시한다(Spreng, MacKenzie, & Olshavsky, 1996[25]).

[그림 25] 모델 1

제1단계는 모델 1(독립변수가 매개변수의 선행변수이며(H1), 매개변수가 종속변수의 예측변수임(H2)을 검정)의 경로가 모두 다 통계적으로 유의하다는 점이 증명되어야 한다.

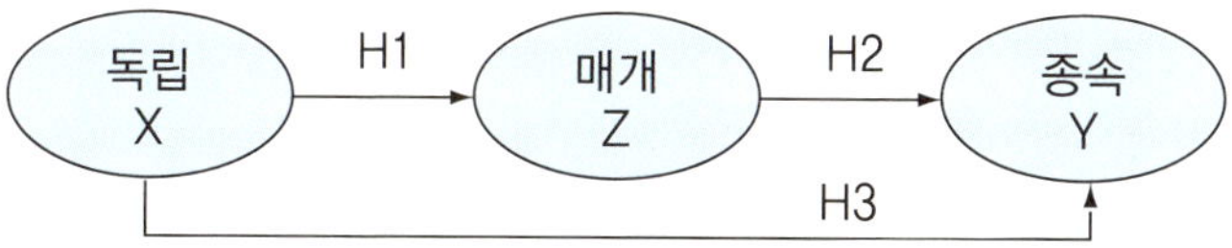

[그림 26] 모델 2

제2단계는 모델 1과 모델 2 간의 χ^2 차이분석 실시하여 모델 2에서 독립변수가 종속변수로 가는 경로가 통계적으로 유의적이지 않아야 하며 동시에 모델 1과 모델 2 간의 χ^2 차이도 통계적으로 유의적이지 않아야 한다. 이 경우에 독립변수와 종속변수 간의 관계를 매개변수라고 할 수 있다.

25) Spreng, R. A., MacKenzie, S. B., and Olshavsky, R. W. (1996), A Re-examination of the Determinants of Consumer Satisfaction, Journal of Marketing, 60(July), 15-32.

분석 절차

1. 독립변수 → 종속변수로 가는 경로를 제외하고 모델 추정한다. 추정결과, 독립변수 → 매개변수로 가는 경로계수는 0.498(t= 9.076, p< 0.01)로 유의한 영향을 미치며, 매개변수 → 종속변수로 가는 경로계수는 0.455(t=8.174, p< 0.01)로 매우 유의한 긍정적인 영향을 미친다. 이때 산출된 Chi Square= 1549.31(p=0.00, d.f.=259)이며 모델 1의 H1, H2의 경로계수는 모두 유의적인 것으로 나타났다.
2. 독립변수 → 종속변수로 가는 경로를 삽입한 구조모델을 추정한다. 추정결과, 독립변수 → 종속변수 간의 경로계수가 0.502(t= 7.293)로 유의한 영향을 주며 Chi Square= 1491.86(p= 0.00, d.f.= 260)이다.

자유도 1 차이인 이들 간의 카이제곱의 차이를 계산해 보면 57.448로서 매우 큰 차이가 있으므로 독립변수와 종속변수 간의 관계를 매개하는 변수가 아니라는 의미이다. 독립변수와 종속변수 간의 관계를 매개하는 변수가 되기 위해서는 두 번째 모델에서 추정한 독립변수와 종속변수 간의 경로계수가 유의적이지 않아야 하며 동시에 카이제곱이 자유도 1(259 vs. 260)에서 차이가 없는 것으로 나타나야 한다. 카이제곱이 차이가 나기 위해서는 0.05수준에서 자유도 1당 3.841보다 커야 하고 0.01수준에서는 5.024보다 커야 한다.

6 분류분석 : 판별분석, 군집분석

1) 판별분석(discriminant analysis)

판별분석은 메트릭 자료로 측정된 독립변수(등간척도, 비율척도)를 이용하며, 명목자료로 된 종속변수의 카테고리를 예측하는 데 이용된다. 예를 들면, 새의 몸무게, 색깔, 날개 크기, 다리길이 등을 측정하여 암수를 구별할 때에 판별분석을 실시한다.

판별분석은 종속변수인 집단구분에 도움을 주는 독립변수의 선정, 선정된 독립변수를 이용하여 판별식의 도출, 판별능력에 있어서의 독립변수들의 상대적 중요도 평가, 판별식의 판별능력 평가, 새로운 판별대상에 대한 예측력의 평가가 판별분석의 목적이다.

판별분석은 두 개 이상의 집단구분을 하는데 있어서 구분오류를 최소화할 수 있는 함수식을 이끌어내는 데 초점을 두게 된다. 이를 판별식이라 하며 판별식은 독립변수들의 선형결합으로 이루어지고, 이에 의해서 각 판별대상의 판별점수를 구한 후 판별점수에 의해서 집단을 구분하게 된다.

판별식을 도출하기 위해 필요한 가정은 다변량 정규분포, 각 집단에 있어서 변수들 간의 공분산 메트릭스가 동일해야 한다는 것이다. 변수들의 정규분포성을 각각 검증하거나 결합분포의 정규분포성을 검증함으로써 다변량 정규분포성을 검증할 수 있으며 공분산 메트릭스의 동일성은 공분산 메트릭스의 결정계수를 계산하여 검증할 수 있다. 그러나 이와 같은 가정이 극단적으로 위배되지 않으면 판별분석을 적용하는데 큰 지장은 없다. 특히 표본의 크기가 매우 클 때는 더욱 문제가 되지 않는다.

2) 군집분석(cluster analysis)

대상들이 지니고 있는 다양한 특성의 유사성을 바탕으로 동질적인 집단으로 묶어주는 방법이다. 다수의 대상을 몇 개의 동질적으로 집단화함으로써 동일집단 내에 속해 있는 공통된 특성들을 조사하기 위한 목적으로 이용된다.

군집분석은 앞서 설명한 다른 방법들과는 달리 특성들의 유사성, 즉 특성자료가 얼마나 비슷한 값을 갖는지를 거리로 환산하여 거리가 가까운 대상들을 동일한 집단으로 편입시키게 된다. 즉 요인분석이나 판별분석 등은 자료의 분산, 즉 상관관계를 이용하여 유사한 집단분류를 하게 되지만 군집분석은 상관관계를 바탕으로 하지 않고 단지 측정치의 차이를 이용하는 방법이다.

따라서 군집분석에서 중심과제는 변수를 선정하고, 변수값의 차이를 유사성척도로 바꾸고, 동질적인 집단으로 묶는 것이다.

(1) 계층적 군집분석

분석(A) → 분류분석(Y) → 계층적 군집분석(H)...

계층적(Hierarchical) 군집화의 한계점

첫째, 한 대상이 어느 군집에 소속되면 다른 군집으로 이동할 수 없다.

둘째, 예외값(Outlier)이 제거되지 않고 반드시 어느 군집에 속하게 된다. 따라서 예외값을 제거하는 것이 바람직하다(비계층적 군집화도 동일함).

셋째, 표본의 크기가 큰 경우 컴퓨터 처리 용량이 커야 한다. 만약, 표본크기가 1000이면 (1000 * 1000 - 1000) / 2 = 499,500개의 근접성 값으로 구성된 행렬식을 구해야 한다(현재는 문제되지 않음).

※ 변수들의 단위가 다르면, 표준화 작업을 실시한 후 사용한다.

분석(A) → 기초통계량(U) → 기술통계(D)

기술통계 창에서 '표준화 값 변수로 저장'에 체크(V)하면 새로운 변수로 저장된다.

(2) 비계층적 군집분석

[분석절차] 분석(A) → 분류분석(Y) → K-평균 군집분석(K)...

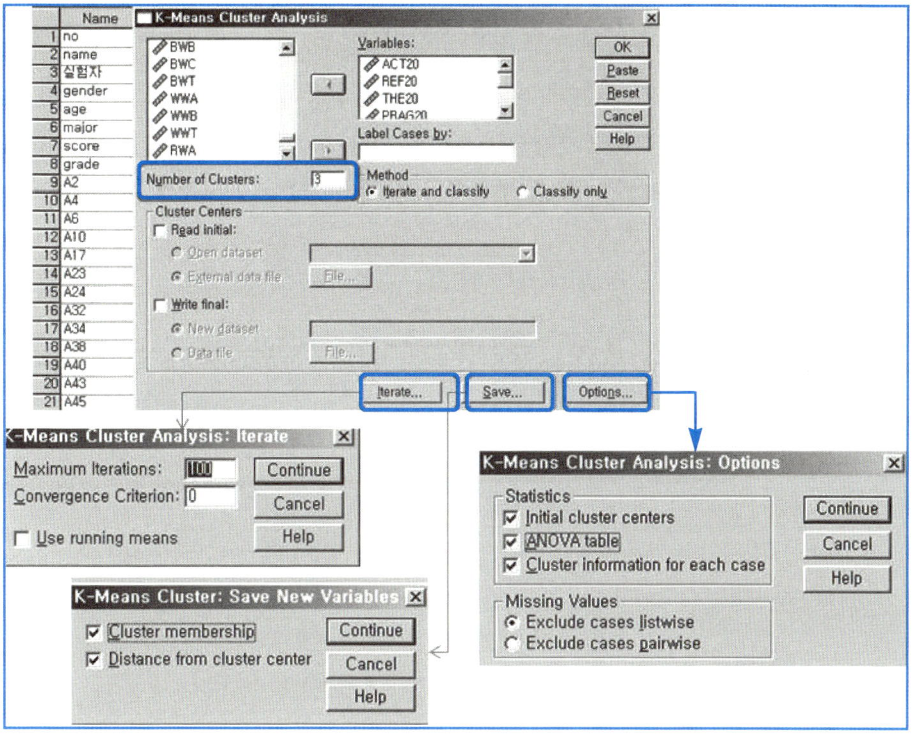

군집분석을 실시한 후, 어느 개체가 어느 그룹에 속해 있는지 알아보기 위해서는 교차분석을 실시한다.

[분석절차] 분석(A) → 기술통계량(E) → 교차분석(Closstabs)

교차분석 화면에서 행(row)란에 순번을 지정하고, 열(column)란에 군집번호(qcl_1)를 지정한다.

소-도매 여행사 간의 관계가치모델에 관한 설문조사서

안녕하십니까?

바쁘신 중에도 설문조사에 응해주셔서 먼저 감사의 말씀을 드립니다.

현재 우리나라 관광산업에서 소매여행사와 도매여행사 간의 거래가 중요하게 자리를 잡고 있습니다.

특히, 소매여행사의 마케팅과 도매여행사의 상품기획 등의 분업화가 여행사의 경영성과에 중요한 역할을 하고 있습니다.

본 설문조사는 소매-도매여행사 간의 관계가 현재 관광산업 분야에 어떠한 영향을 미치는지 그 현황을 파악하고, 소매-도매여행사 간의 관계 발전에 어떻게 기여할 수 있는지? 등 미래 바람직한 성공모델은 어떠한 방향으로 설정되는 것이 좋은지 등에 대해 현장에 있는 전문가들의 의견을 구하고자 합니다.

관광산업 분야의 발전을 위해 관심을 가지고 정확한 응답을 부탁드립니다.

대단히 고맙습니다.

2009. 10. 26

지도교수 : (경희대학교 호텔관광학부 교수)

연 구 자 : (경희대학교 대학원 박사과정)

e-mail :

1. 귀사가 거래 중인 도매여행사 중 주로 거래하는 1개 회사를 선택하여 주세요.

① 하나투어　　② 모두투어　　③ OK투어

④ 기타(________________)

2. 귀사가 상기 도매여행사와 거래한 기간은 얼마나 되십니까?

① 1년 미만　　② 1~2년　　③ 3~5년

④ 6~9년　　⑤ 10년 이상

3. 귀사가 상기의 도매여행사 영업직원과 접촉 횟수(방문, 전화 등)는 얼마나 되십니까?

① 주 1회 미만 ② 주 1회 ③ 주 2회

④ 수 3회 ⑤ 주 4회 ⑤ 주 5회 이상

4. 귀사가 상기의 도매여행사와 거래하는 주요한 이유는 어떠한 것인지 모두 선택하세요?

① 상품의 다양성 ② 가격의 적절성 ③ 수수료 보장

④ 도매여행사와 관계 ⑤ 영업직원 친절성 ⑥ 사후관리가 좋아서

⑦ 최소인원 보장 ⑧ 기타

(__________________)

5. 상기 도매여행사와 귀사의 관계는 어떠한 형태입니까?

① 전판 대리점 여행사 ② 특약 대리점 여행사

③ 일반 여행사 ④ 기타(______________)

※ 다음의 질문에 알맞은 항목에 체크 (V)를 하여주시기 바랍니다.

I-1. 거래 도매여행사에게 느끼는 관계가치	전혀 그렇지 않음 ①	그렇지 않음 ②	보통 (모름) ③	그렇다 ④	매우 그렇다 ⑤
1) 우리는 상기 도매여행사와의 관계가 소중하다고 생각한다.					
2) 우리는 상기 도매여행사와의 관계가 향상되고 있다.					
3) 상기 도매여행사는 우리를 고려하여 고객과의 관계를 중요시한다.					
4) 상기 도매여행사는 우리와 함께 관계에 가치를 두고 있다.					

I-2. 거래 도매여행사에게 느끼는 상품가치	전혀 그렇지 않음 ①	그렇지 않음 ②	보통 (모름) ③	그렇다 ④	매우 그렇다 ⑤
5) 상기 도매여행사의 여행상품은 우리에게 가치가 있다.					
6) 상기 도매여행사의 여행상품 관련 정보제공은 우리에게 가치가 있다.					
7) 상기 도매여행사의 여행상품 행사능력은 우리에게 가치가 있다.					
8) 상기 도매여행사의 여행상품은 타사 상품보다 우리에게 가치가 있다.					
9) 상기 도매여행사의 신상품 교육은 우리에게 가치가 있다.					

I-3. 거래 도매여행사에게 느끼는 직원가치	전혀 그렇지 않음 ①	그렇지 않음 ②	보통 (모름) ③	그렇다 ④	매우 그렇다 ⑤
10) 상기 도매여행사 직원의 상담능력은 우리에게 가치가 있다.					
11) 상기 도매여행사 직원의 전문성은 우리에게 가치가 있다.					
12) 상기 도매여행사 직원의 친절성은 우리에게 가치가 있다.					
13) 상기 도매여행사 직원의 방문은 우리에게 가치가 있다.					

I-4. 거래 도매여행사에게 느끼는 IT가치	전혀 그렇지 않음 ①	그렇지 않음 ②	보통 (모름) ③	그렇다 ④	매우 그렇다 ⑤
14) 상기 도매여행사와의 온라인 거래는 우리에게 가치가 있다.					
15) 상기 도매여행사의 온라인 콘텐츠는 우리에게 가치가 있다.					
16) 상기 도매여행사의 IT시스템은 우리에게 유용한 가치가 있다.					
17) 상기 도매여행사 IT시스템과 우리 IT시스템 간의 연결은 우리에게 가치가 있다.					

II-1. 거래 도매여행사에게 느끼는 관계만족	전혀 그렇지 않음 ①	그렇지 않음 ②	보통 (모름) ③	그렇다 ④	매우 그렇다 ⑤
1) 우리는 상기 도매여행사의 상품에 대해 만족한다.					
2) 우리는 상기 도매여행사의 직원에 대해 만족한다.					
3) 우리는 상기 도매여행사의 기업 브랜드에 만족한다.					
4) 우리는 상기 도매여행사가 제공하는 IT시스템에 대해 만족한다.					
5) 우리는 상기 도매여행사에 대하여 전반적으로 만족한다.					

※ 다음의 질문에 알맞은 항목에 체크 (V)를 하여주시기 바랍니다.

II-4. 거래 도매여행사의 선호도	전혀 그렇지 않음 ①	그렇지 않음 ②	보통 (모름) ③	그렇다 ④	매우 그렇다 ⑤
1) 우리는 상기 도매여행사의 상품들을 향후에도 판매하려고 한다.					
2) 우리는 상기 도매여행사와 관계를 지속적으로 유지하려고 한다.					
3) 우리는 타 소매여행사에게 상기 도매여행사를 추천하고 싶다.					
4) 우리는 상기 도매여행사의 상품을 다른 고객에게도 추천하고 싶다.					
5) 이유가 타당하다면, 우리는 상기 도매여행사의 상품 가격이 변동되어도 구매할 것이다.					

※ 다음의 질문에 알맞은 항목에 체크 (V)를 하여주시기 바랍니다.

III. 우리(여행사)의 성과(효과)	전혀 그렇지 않음 ①	그렇지 않음 ②	보통 (모름) ③	그렇다 ④	매우 그렇다 ⑤
1) 상기 도매여행사와의 관계로 우리는 판매에 도움이 되었다.					
2) 상기 도매여행사와의 관계로 우리는 수입에 도움이 되었다.					
3) 상기 도매여행사와의 관계로 우리는 거래비용이 감소되었다.					
4) 상기 도매여행사와의 관계로 신규고객이 발생하였다.					
5) 상기 도매여행사와의 관계로 우량고객이 발생하였다.					

III. 우리(여행사)의 성과(효과)	전혀 그렇지 않음 ①	그렇지 않음 ②	보통 (모름) ③	그렇다 ④	매우 그렇다 ⑤
6) 상기 도매여행사와의 관계로 우리는 경쟁력이 향상되었다.					
7) 상기 도매여행사와의 관계로 우리 업무가 간편하다.					
8) 상기 도매여행사와의 관계로 우리의 이미지가 개선되었다.					

II-2. 거래 도매여행사에게 느끼는 신뢰	전혀 그렇지 않음 ①	그렇지 않음 ②	보통 (모름) ③	그렇다 ④	매우 그렇다 ⑤
1) 상기 도매여행사는 우리에게 성실하고 정직하다.					
2) 상기 도매여행사는 우리에게 약속을 지키려고 노력한다.					
3) 상기 도매여행사는 문제 발생 시 해결하려고 노력한다.					
4) 상기 도매여행사는 우리의 요구사항에 관심을 갖는다.					
5) 상기 도매여행사가 제공하는 정보는 신뢰한다.					
6) 우리는 상기 도매여행사의 상품을 신뢰한다.					

II-3. 거래 도매여행사와의 현재 상태	전혀 그렇지 않음 ①	그렇지 않음 ②	보통 (모름) ③	그렇다 ④	매우 그렇다 ⑤
1) 우리는 상기 도매여행사의 상품을 판매하고 있다.					
2) 우리는 상기 도매여행사와 관계를 유지하고 있다.					
3) 우리는 상기 도매여행사의 판매방침을 동의(지지)한다.					
4) 우리는 상기 도매여행사와 특별한 문제가 발생하지 않는 한 관계를 지속하고 있다.					
5) 상기 도매여행사에 대해 우리는 타 도매여행사에게 대변한다.					
6) 상기 도매여행사와 관계는 우리에게 자긍심을 느끼게 해준다.					

※ 다음은 인구통계적인 문항입니다. 해당 질문에 알맞은 답을 표시해 주시기 바랍니다.

1. 귀하의 성별은?

① 여자　　② 남자

2. 귀하의 언령은?

① 만 24세 이하　　② 만 25~29세　　③ 만 30~34세
④ 만 35~39세　　⑤ 만 40~44세　　⑥ 만 45~49세
⑦ 만 50세 이상

3. 귀하께서 근무하시는 부서는?

① 총괄　　② 영업부　　③ 영업부외
④ 기타(＿＿＿＿＿＿)

4. 귀하의 직급은?

① 대표이사　　② 임원　　③ 간부급
④ 대리급

5. 귀하께서 현재까지 직장생활은 총 몇 년 하셨습니까?

① 만 5년 미만　　② 만 5~9년　　③ 10~14년
④ 15~19년　　⑤ 20년 이상

6. 귀하께서 근무하시는 지역은? ＿＿＿＿ 시(도)　＿＿＿ 구(군)

대단히 감사합니다 !

부록

논 문 작 성 법

1 학위청구논문작성 지침

1) 규격 및 체계

(1) 크기　4.6배판(19.0cm×25.6cm)

(2) 용지여백

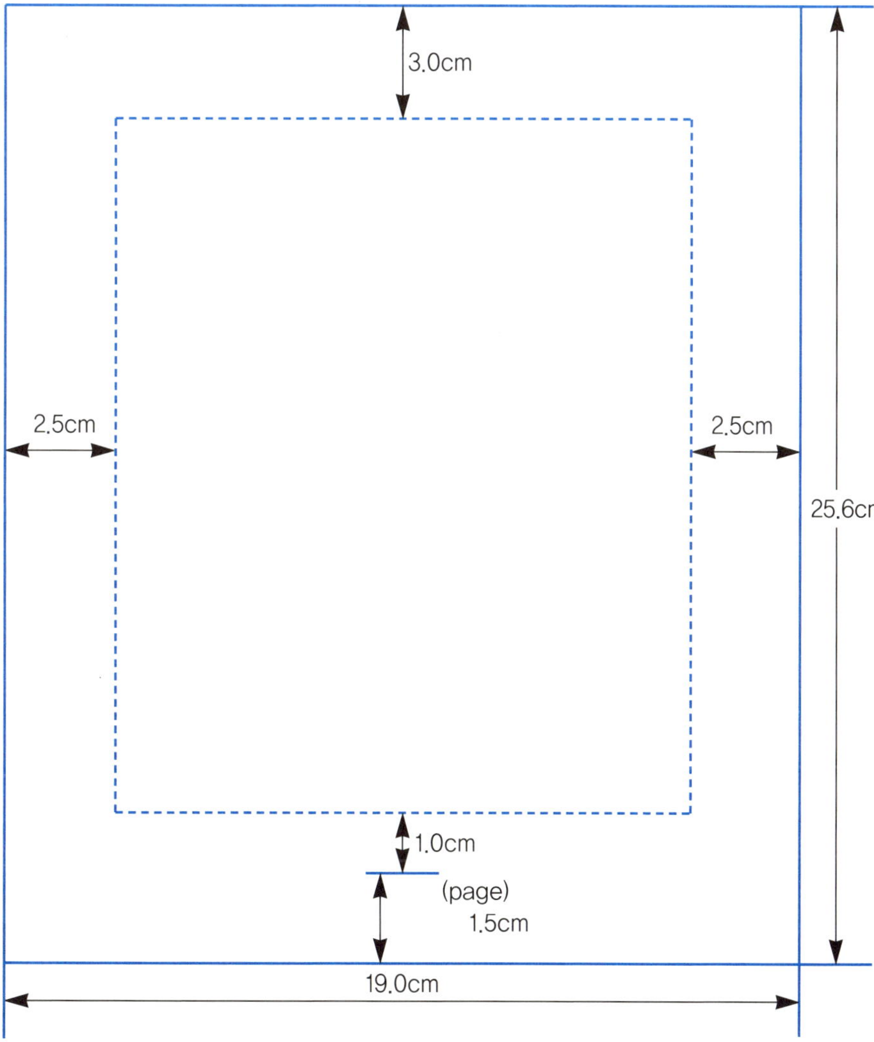

(3) 들여쓰기 문단시작은 2칸 띄움

(4) 줄간격 170~200%

(5) 정렬방식 혼합

(6) 글자체 및 크기

❶ **큰 제목** 16pt, 신명조, 휴먼명조, 진하게

❷ **중간 제목** 13pt, 신명조, 휴먼명조, 진하게

❸ **논문** 10~11pt, 신명조, 휴먼명조

❹ **각주** 9~10pt, 신명조, 휴먼명조

❺ **장평** 95~100%

❻ **자 간** -8~0

(7) 지질 및 색깔, 제본방법

❶ **내지** 70파운드 이상 백색 모조지

❷ **표지** 석사학위 논문은 감청색, 박사학위논문은 흑색

❸ **제본식** 클로바 양장

(8) 인쇄방식

❶ **내지** 횡서로 하고 공판, 활판, 전산인쇄 등으로 하며 양면 인쇄도 무방하다.

❷ **표지** 별지 도해에 따르되, 명조체 2호 활자로 하고 금색으로 인쇄한다

❸ **학년도 표시** 학년도는 졸업연월보다 1년 늦게 표시한다.

보기

2012년 2월 졸업인 경우에는 2011학년도로 표시
2012년 8월 졸업인 경우에는 2011학년도로 표시

2) 제본의 순서 및 형식

(1) 겉표지(규격 제1호)

(2) 내표지(규격 제1호) 백색 별지를 한 장 삽입하고 그 다음 장에 내표지가 나온다.

(3) 제출문(규격 제2호) 연 월 작성

보기

2012년 2월 졸업인 경우, 20011년 12월
2012년 8월 졸업인 경우, 2012년 6월

(4) 인준서(규격 제3호) 연 월 작성 – "제출문 연 월 작성 참조"

(5) 목차(규격 제4호)

❶ **내용목차** 목차의 순서는 장, 절, 1, 1), (1) 또는 Ⅲ, 1, 1), (2), ① 등으로 기술하며, 목차에는 장, 절, 항 또는 Ⅳ, 2, 2)까지만 기재한다.

❷ **표목차** 〈표 1〉, 〈표 2〉 등과 같이 일련번호를 붙이고 제목과 페이지를 기입한다. 다만 표가 많을 때는 해당 장별로 구분이 되도록 〈표 1-3〉, 〈표 2-7〉 등으로 기재한다.

❸ **그림목차** 〈그림 1〉, 〈그림 2〉 등과 같이 일련번호를 붙이고 제목과 페이지를 기입한다. 다만 표가 많을 때는 해당 장별로 구분이 되도록 〈그림 1-3〉, 〈그림 2-7〉 등으로 기재한다.

❹ **사진목차** 〈사진 1〉, 〈사진 2〉 등과 같이 본문의 내용과 일치하도록 일련번호를 붙이고 제목과 페이지를 기입한다.

(6) 감사의 글(acknowledgement) 기재 가능. 다만 獻呈(dedication)은 별도 페이지에 표시하지 않는다.

(7) 논문개요 3페이지 이내로 간명하게 기술한다(논문제목, 학과, 성명 등은 기재하지 않음. ※ 초록과 다름).

(8) 본문(규격 제5호)

❶ 백색 별지를 한 장 삽입한 후 본문 차례가 시작되어야 한다.

❷ 본문은 서론, 본론, 결론의 순서이어야 한다.

❸ 표와 그림 표현은 〈표 1〉, 〈표 2-1〉와 〈그림 1〉, 〈그림 2-1〉 등으로 표현한다.

❹ 표의 표제는 표의 상단에 "〈표 1〉 표제명"으로 명기한다.

그림 제목은 그림의 하단에 "〈그림 1〉 제목명"으로 명기한다.

❺ **주석(notes)** 주석의 표현은 다음 예시를 참조하여 작성한다.

※ 주석의 종류는 크게 하단주(脚註: footnote), 후주(後註, 尾註: endnote), 문장 내 괄호주(parenthetical note)로 나눌 수 있는 바, 해당 전공분야의 관행을 참고하여 선택해서 작성한다.

가. 형식 문장 내 괄호주(parenthetical note) 형식 : 보통 APA 혹은 MLA 방식을 사용

APA(미국심리학회) 방식

…라고 지적하였다(Sorenson, 1998).	⇒ 저자와 연도만 표시하기
…하였다(Sorenson, 1998, p.53).	⇒ 연도와 페이지 수를 함께 표시하기
…하였다(Sorenson, 1998 : 53).	⇒ APA 방식의 변형임

MLA(현대언어학회) 방식

…라고 그는 지적하였다(김철수 27).	⇒ 김철수의 논문 27페이지를 보라
…라고 그는 지적하였다(Sorenson 53).	⇒ Sorenson의 논문 53페이지를 보라

나. 형식 하단주(脚註: footnote) 형식

> 1997년 말을 기준으로 보면[1] 전국 38개 대학교에서 관광관련 학위과정을 개설하고 있는데, … 이와 더불어 교수인력도 크게 확충되었으며 관광관련 학술논문의 양도 비례하여 급증하였다[2].
>
> ---
>
> 주1) 한국관광연구원(1998). 「98 관광동향에 관한 연차보고서」.
>
> 주2) Sheldon P. J. (1991). An Authorship analysis of tourism research, Annals of Tourism Research. 18(3) : 473-484.

다. 형식 논문에서 인용문헌(reference)과 보충설명(content footnote)을 각주(footnote)로 하여 일련번호를 붙이고 아라비아 숫자로 표기한다.

> 1,3- thiazole 30(1)는 살균력을 갖고 있다고 보고된 바 있다[(2)].
>
> ---
>
> (1) ....
>
> (2) ....

라. 형식 논문에서 인용문헌(reference)과 각주(content footnote)를 구분하여 인용문헌은 아라비아 숫자로 일련번호를 붙이고, 각주는 주1), 주2) 등과 같이 표기한다. 인용문헌은 본문이 끝난 다음에 일괄하여 기재한다.

> ......라고 하였다.[1] ..... 에스터[주1], 술폭사이드, 설파이드, 아마이드주[주2] 등의 화합물을 선택적으로 환원시킨다.[2]
>
> ---
>
> 주1) ....
>
> 주2) ....

(9) 참고문헌은 아래의 예시를 참조하여 작성한다.

❶ 형식

가. 형식 ㉮

논문에서 본문이 끝난 다음에 논문작성에서 이용한 인용문헌을 국내문헌, 외국문헌, 기타(인터넷 주소 등) 등으로 구분하여 저자의 성명을 가, 나, 다순(영어는 a, b, c순)으로 일련번호(생략가능)를 붙여 기재한다.

나. 형식 ㉯

논문에서 본문이 끝난 다음에 논문작성에서 이용한 인용문헌을 인용 번호순으로 번호를 붙여서 기재한다.

❷ 참고문헌의 기재방법

가. 문헌이 단행본인 경우의 순서

가) 일련번호 생략가능

나) 필자 국어, 외국어 모두 성+명순으로 기재한다.

다) 책이름 서명 혹은 저널명은 이중괄호『 』나 밑줄, 또는 이탤릭체로 표시한다.

라) 출판지

마) 출판사

바) 인용면 한 페이지 인용 시 – p. □, 여러 페이지 인용 시 – pp. □ ~ □

사) 출판연도

※ 계열별 특성에 따라 바)와 사)의 순서를 바꿀 수 있으며, 사)가 나)의 필자 다음에 올 수도 있고, 라)와 마)의 순서를 바꿀 수 있으며, 바)와 다)의 책이름 다음에 올 수도 있다.

보기

[1] 정수일, 『마케팅 조사론』, 학현사, 서울, pp.50~60, 2000. 또는
정수일(2000), 『마케팅 조사론』, 서울: 학현사, pp.50~60.

[2] Smith, S. P., Marketing Management, New York: Hillside Ltd., 1999 pp.34~43. 또는
Smith, S. P.(1999), Marketing Management, New York: Hillside Ltd., pp.34~43.

[3] Smith, S. P., Marketing Management, pp.34~43. Hillside Ltd., New York(1999)

나. 문헌이 정기간행물(학술지 등)인 경우의 순서

가) 일련번호 생략가능

나) 필자 국어, 외국어 모두 성+명순으로 기재한다.

다) 제목 따옴표 " "로 묶어주나, 계열별 전공에 따라 따옴표 표시를 생략, 이탤릭체로 표시 또는 논문제목을 생략할 수 있다.

라) 잡지이름 저널명은 이중괄호 『 』나 밑줄, 또는 약자(잡지이름이 긴 경우)로 표시한다.

마) 권호수 권수명(Volume)과 호수명(Number)을 기록한다. 호수명은 보통 괄호 속에 넣으며, 계열별 전공에 따라 고딕체로 표시할 수 있다.

바) 인용면 1 페이지 인용 시 – p.□, 여러 페이지 인용 시 – pp.□~□ 또는 인용 논문의 첫 쪽만 표기할 수 있다.

사) 발간연도

※ 계열별 특성에 따라 바)와 사)의 순서를 바꿀 수 있으며, 사)가 나)의 필자 다음에 올 수도 있다.

보기

[1] 김경기, "칼러영상을 위한 하이브리드 워터마킹", 『한국인터넷 정보학회 논문집』, 5(3), pp.245~249, 2004.　또는

김경기(2004), 칼러영상을 위한 하이브리드 워터마킹, 『한국인터넷 정보학회 논문집』, 제5권 제3호, pp.245~249.

[2] Athiyaman, A.(1997). Knowledge Development in Tourism: Tourism Demand Analysis. Tourism Management, 18(4) : 221-228.　또는

Athiyaman, A., Knowledge Development in Tourism: Tourism Demand Analysis. Tourism Management, Volume 18, Number 4, 1997, pp.221-228.

[3] J. Backus, Sound Spectrum of the Clarinet, J. Acoust. Soc. Am., 36(20). 1881(2005)　또는

J. Backus, J. Acoust. Soc. Am., 36(20). 1881(2005)

❸ 문헌의 재인용 방법(각주에서의 약식 주석 방법)

각주란에 일단 완전한 주석이 기입된 후 동일한 자료를 다시 인용할 때는 ibid., op. cit 등의 라틴어 표시를 통해 이를 약식으로 기술한다. 그러나 이를 너무 빈번하게 그리고 오래 사용하면 읽었던 부분을 다시 넘겨보아야 하는 불편이 따르므로 완전주석을 적절히 반복하는 것이 좋다.

가. *ibid.*(상게서, 상게논문)　라틴어 ibidem("in the same place")의 약자 바로 직전에 나온 주석문의 대부분을 다시 반복하는 경우에 사용한다. 다만 완전히 일치되는 부분에 한해서만 이 부호로 대치될 수 있으며, 권 · 호수 · 페이지 등이 다른 경우에는 다시 표시해야 한다. 영문인 경우에는 ibid 밑에 줄을 긋거나 이탤릭體로 쓴다.

보기

『상게서』 ⇒ 동일한 문헌(저서)의 같은 페이지를 표시할 때
상게논문, p.7 ⇒ 동일한 문헌(논문)의 다른 페이지를 표시할 때
ibid. p.28 → 동일한 문헌의 다른 페이지를 표시할 때

나. *op. cit.*(전게서, 전게논문) 라틴어 opre citato("in the work cited")의 약자

이미 주석에 기록된 저서나 논문 또는 간행물을 다시 인용해야 할 경우에 꼭 저자의 姓名(英文은 性)과 함께 사용해야 하며 페이지를 기록한다.

보기

김철수, 「전게 논문」 ⇒ 동일한 문헌의 같은 페이지를 표시할 때
김경기, 『전게서』 pp.7-9 ⇒ 동일한 문헌의 다른 페이지를 표시할 때
Kuhn(1970), op. cit. p.20 ⇒ 동일한 문헌의 다른 페이지를 표시할 때

다. *loc. cit.*(상게문) 라틴어 loco citato("in the place cited")의 약자

앞에 기입한 주석의 동일한 페이지를 완전 반복하는 경우에 쓰인다. 이때에는 앞의 주석과 동일한 저서의 동일 문을 인용·참조했음을 의미하므로 어떤 사항(저자, 연도, 페이지 수 등)도 첨부시킬 필요가 없다.

라. *supra*(윗글 참조) 특정 페이지를 지칭하지 않은 채 위의 내용을 참조하라(see above)는 뜻

마. *infra*(아랫글 참조) 특정 페이지를 지칭하지 않은 채 아래의 내용을 참조하라(see below)는 뜻

바. *et passim*(그 외 이곳저곳을 참조) "and here and there"란 뜻으로 그 외에도 이곳저곳을 살펴보라는 뜻

사. *sic*(원문대로) 원문을 있는 그대로 인용했다는 뜻

❹ 기타

하나의 문헌을 두 줄 이상에 걸쳐서 써야 할 때는 Single Space로 한다.

(10) 부록, 색인, 기타(있을 경우)

(11) 초록(규격 제7호) ※ 논문개요와 다름

본문이 국문이면 외국어초록, 외국어이면 국문초록으로 작성한다.

■규격 제1호(겉표지, 내표지)

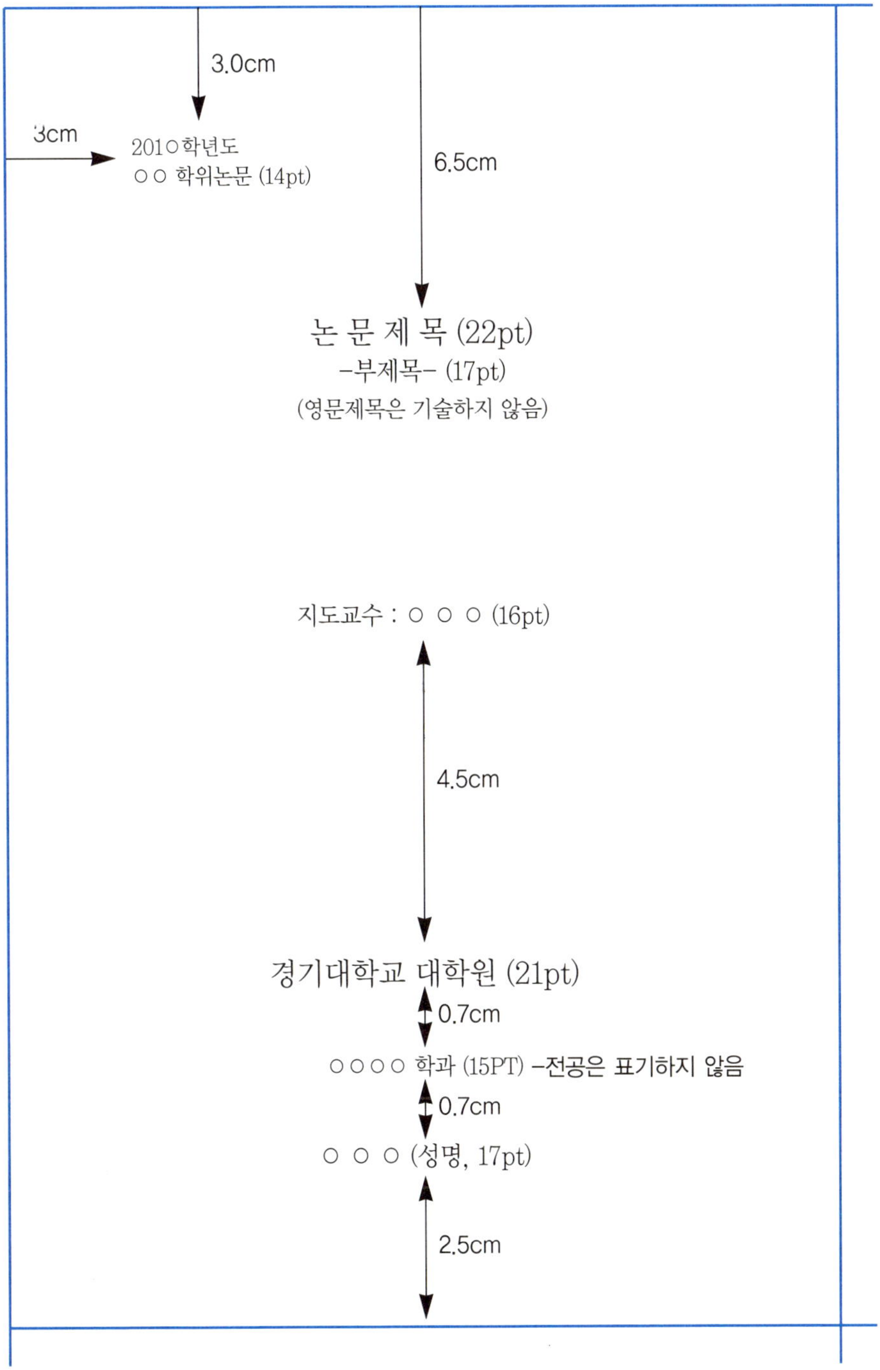

■규격 제1호(영문 겉표지, 내표지) – 외국어 논문작성자에 한함.

Thesis for Degree of Master(Doctor)
(14pt, 장평 100)

The Characters in Modern Stories
(22pt, 장평 100)

by
Kim, Kyong Gi (17pt, 장평 100)

Department of .... (15pt, 장평 100)

Graduate School (12pt, 장평 100)

Kyonggi University (21pt, 장평 100)

(Year) (11pt, 장평 100)

25.6cm

19.0cm

■규격 제2호(제출문)

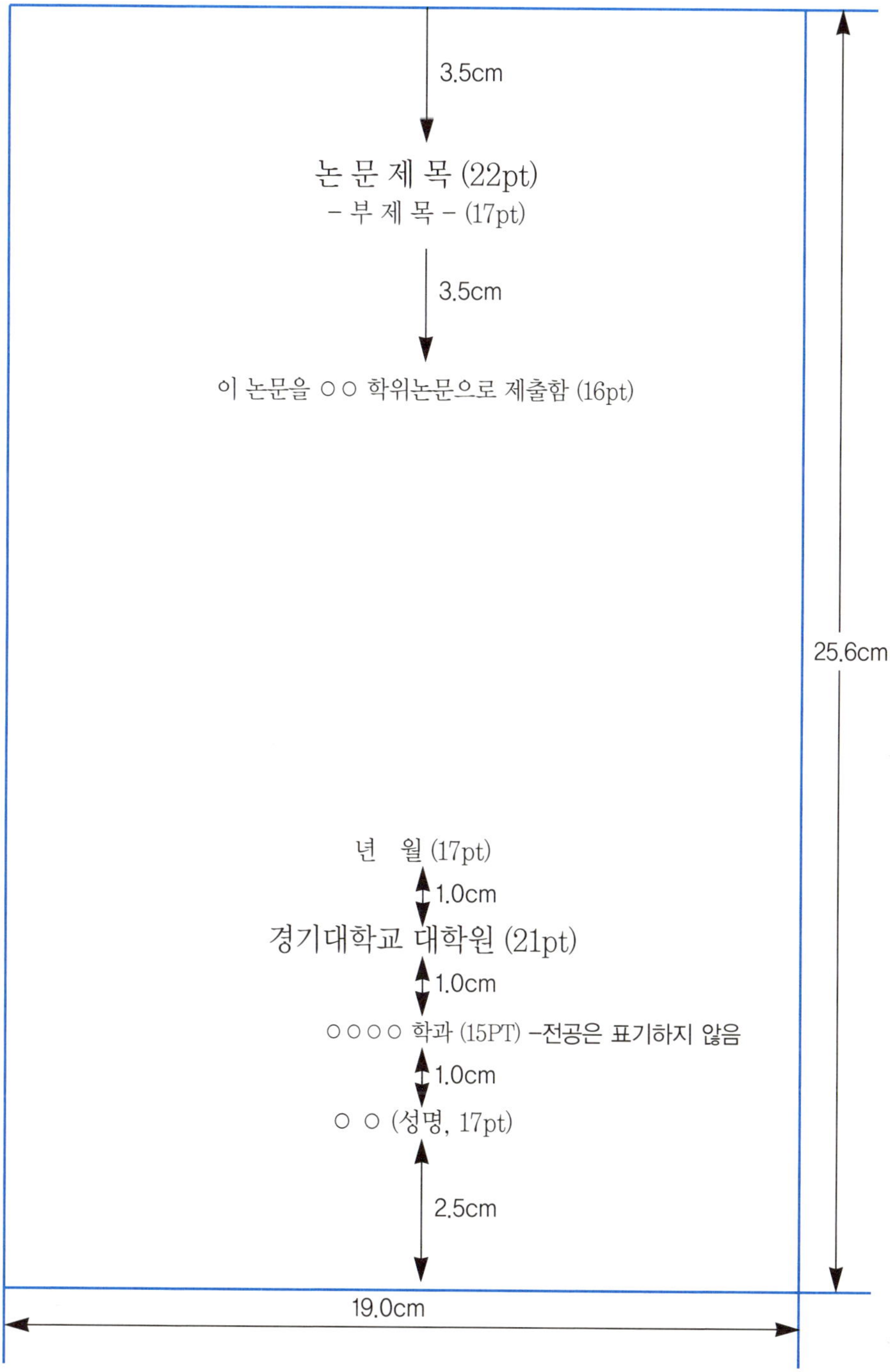
3.5cm
논 문 제 목 (22pt)
- 부 제 목 - (17pt)
3.5cm
이 논문을 ○○ 학위논문으로 제출함 (16pt)
25.6cm
년 월 (17pt)
1.0cm
경기대학교 대학원 (21pt)
1.0cm
○○○○ 학과 (15PT) -전공은 표기하지 않음
1.0cm
○ ○ (성명, 17pt)
2.5cm
19.0cm

■규격 제3호(인준서)

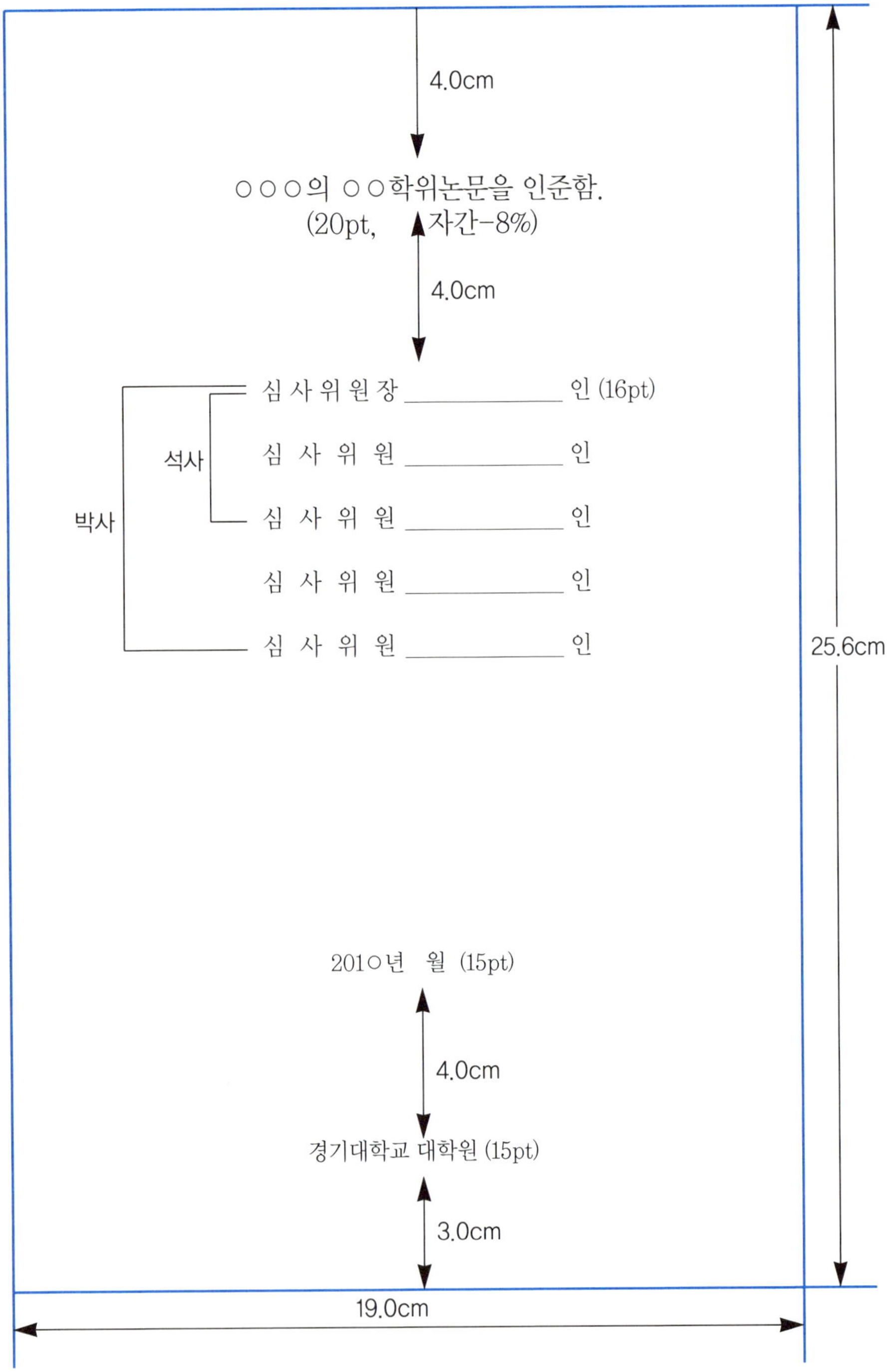
4.0cm
○○○의 ○○학위논문을 인준함.
(20pt, 자간-8%)
4.0cm
심 사 위 원 장 ____________ 인 (16pt)
심 사 위 원 ____________ 인
심 사 위 원 ____________ 인
심 사 위 원 ____________ 인
심 사 위 원 ____________ 인
석사
박사
25.6cm
201○년 월 (15pt)
4.0cm
경기대학교 대학원 (15pt)
3.0cm
19.0cm

■규격 제4호(목차)

3.5cm

목 차 (16pt 진하게)

2.0cm

3cm

3cm

표목차 ······ page(로마자 소문자)(11pt)
그림목차 ······ page(로마자 소문자)(11pt)
사진목차 ······ page(로마자 소문자)(11pt)
감사의 글(기재가능) ······ page(로마자 소문자)(11pt)
논문개요 ······ page(로마자 소문자)(11pt)

제 1 장 서 론 ······ page(12pt)
제 1 절 연구 문제 ······ page(12pt)
제 1 항 ······ page(12pt)
제 2 장 본론 ······ page(12pt)
제 1 절 이론적 배경 ······ page(12pt)
제 1 항 ······ page(12pt)
제 2 항 ······ page(12pt)
제 6 장 결 론 ······ page(12pt)

참고문헌 ······ page(12pt)
부 록 ······ page(12pt)
Abstract ······ page(12pt)

25.6cm

– i – (로마자 소문자)

1.5cm

19.0cm

■규격 제5호(본문)

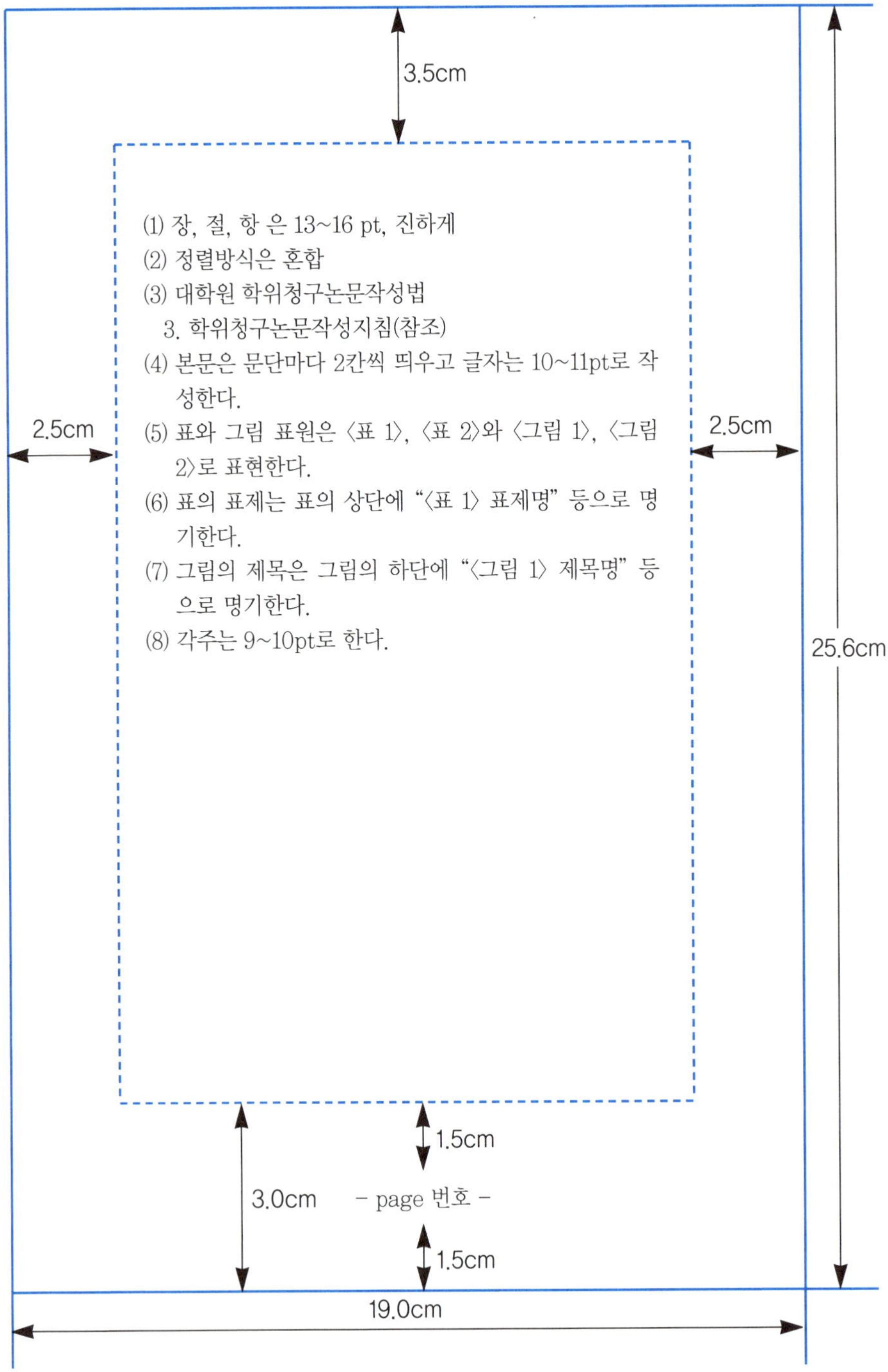
3.5cm
(1) 장, 절, 항 은 13~16 pt, 진하게
(2) 정렬방식은 혼합
(3) 대학원 학위청구논문작성법
3. 학위청구논문작성지침(참조)
(4) 본문은 문단마다 2칸씩 띄우고 글자는 10~11pt로 작성한다.
(5) 표와 그림 표원은 〈표 1〉, 〈표 2〉와 〈그림 1〉, 〈그림 2〉로 표현한다.
(6) 표의 표제는 표의 상단에 "〈표 1〉 표제명" 등으로 명기한다.
(7) 그림의 제목은 그림의 하단에 "〈그림 1〉 제목명" 등으로 명기한다.
(8) 각주는 9~10pt로 한다.
2.5cm
2.5cm
25.6cm
1.5cm
3.0cm
- page 번호 -
1.5cm
19.0cm

■규격 제6호(책등)

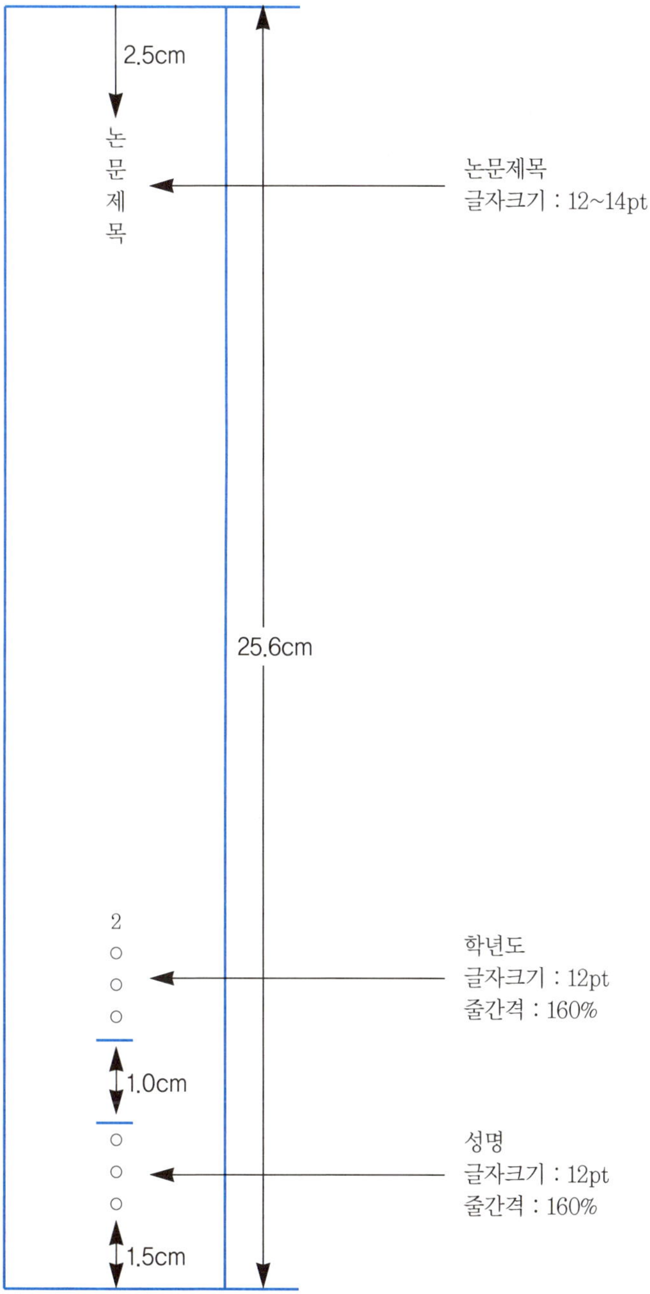
2.5cm
논
문
제
목
논문제목
글자크기 : 12~14pt
25.6cm
2
○
○
○
학년도
글자크기 : 12pt
줄간격 : 160%
1.0cm
○
○
○
성명
글자크기 : 12pt
줄간격 : 160%
1.5cm

■규격 제7호(초록) - 1. 본문이 국문(외국어 초록)-논문 끝부분에 삽입되는 서식임

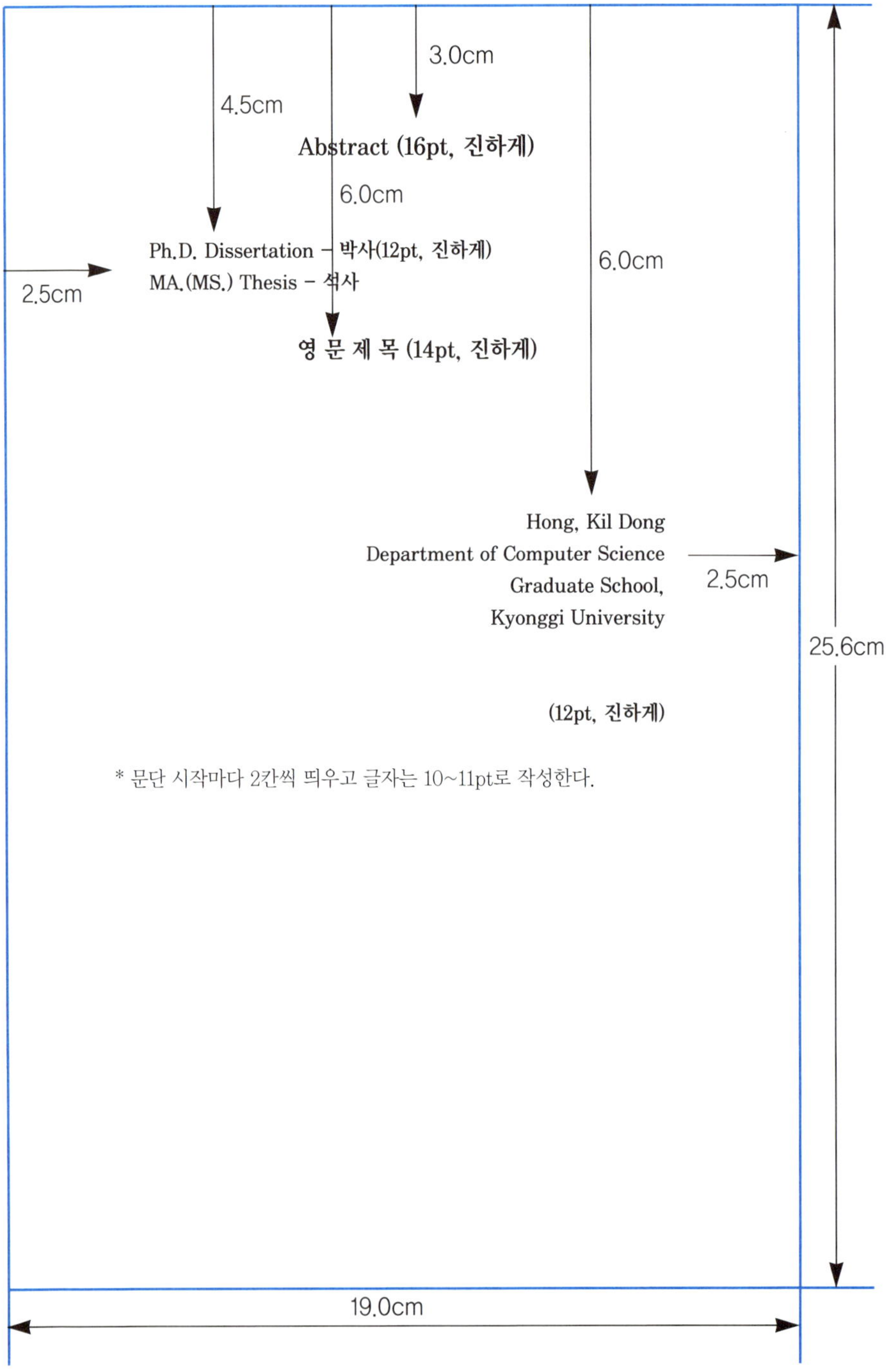

■규격 제7호(초록) – 2. 본문이 외국어(국문 초록)–논문 끝부분에 삽입되는 서식임

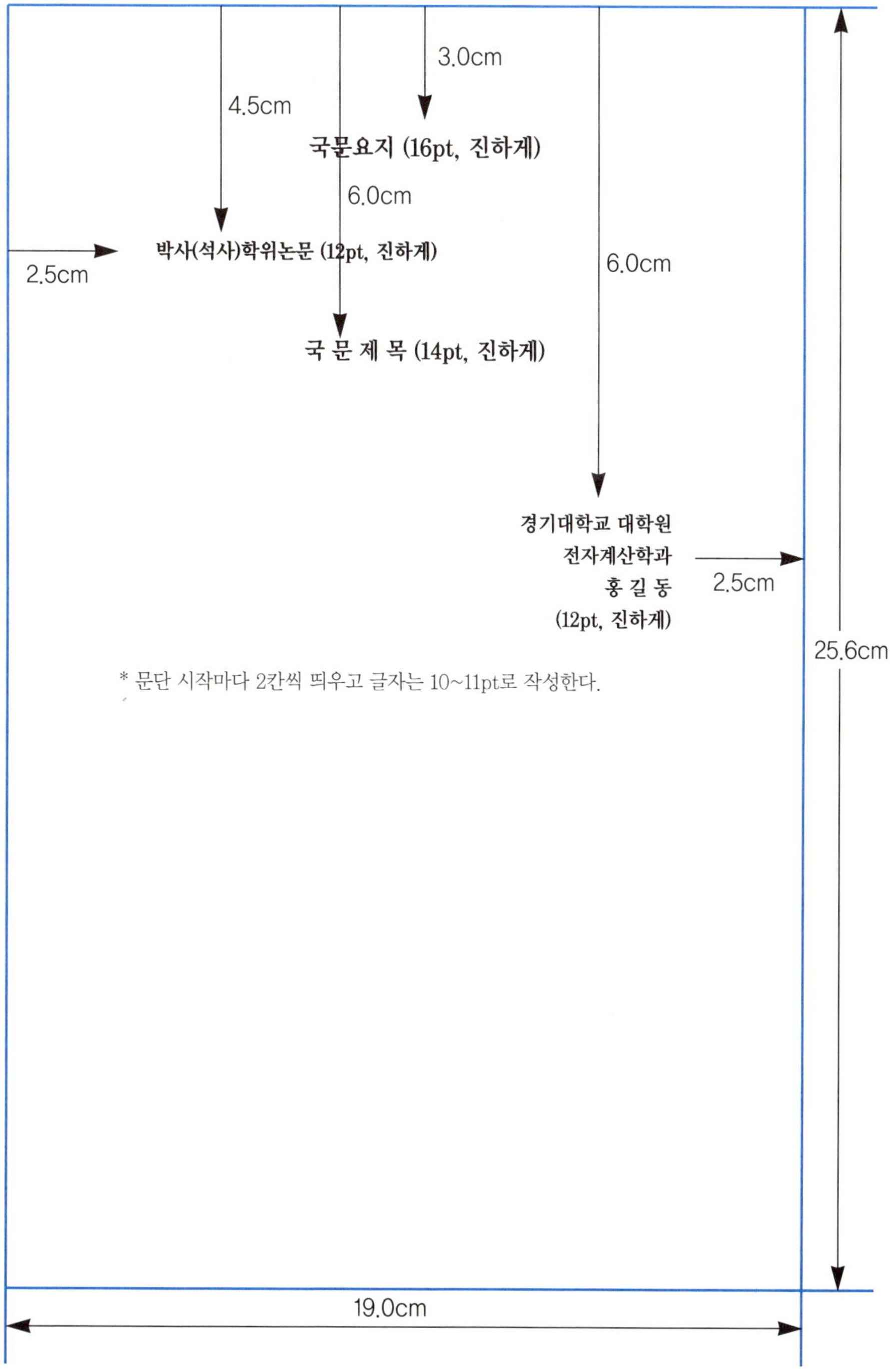

2 논문작성 Tool 예시

백 색 간 지 삽 입 (1장)

201○학년도
○○ 학위논문 (14pt)

논 문 제 목 (22pt)
-부제목- (17pt)
(영문제목은 기술하지 않음)

지도교수 : ○ ○ ○ (16pt)

경기대학교 대학원 (21pt)

○○○○ 학과 (15PT) -전공은 표기하지 않음

○ ○ ○ (성명, 17pt)

Thesis for Degree of Master(Doctor)

The Characters in Modern Stories

by
Kim, Kyong Gi

Department of Sociology

Graduate School

Kyonggi University

(Year)

논 문 제 목 (22pt)

-부제목- (17pt)

이 논문을 ○○ 학위논문으로 제출함

by

Kim, Kyong Gi

201○년 ○월

경기대학교 대학원

국어국문학과 -전공은 표기하지 않음

김 경 기

김 경 기의 석사학위논문을 인준함.

박사	석사	심 사 위 원 장 ________________	인
		심 사 위 원 ________________	인
		심 사 위 원 ________________	인
		심 사 위 원 ________________	인
		심 사 위 원 ________________	인

2010○년 ○월

경기대학교 대학원

목　차

표 목 차

그 림 목 차

사 진 목 차

감사의 글 (선택적 기재가능)

감사(謝辭)의 글은 논문을 준비하고 작성하는 과정에서 신세를 졌거나 도움을 준 스승, 심사위원 가족 등 여러 사람들에게 감사한 뜻을 표하는 글인데, 학교에 따라서는 머리밀(foreword)로 대신하기도 한다. 이 사사는 학위논문에 반드시 필요한 요건은 아니며 논문 저자의 선택사항이다.

논 문 개 요

경기대학교는 지성, 덕성, 사랑이 조화된 인재를 양성하고자 하는 경기학원의 건학이념인 진, 성, 애를 교육이념으로 한다.

본 대학원은 고등교육법 제28조에 의거하여 진, 성, 애의 창학이념을 구현하고 고도 기술사회에 적절한 인재양성을 위하여 심오한 학술이론과 그 응용방법을 교수 연구하며, 지도적 인격을 도야하고 독창적 능력을 함양하여 학술과 국가 및 인류 사회 발전에 기여함을 목적으로 한다.

※ 논문개요 : 국문논문 → 국문작성, 외국어논문 → 외국어작성, *초록의 경우에는 반대 (본문 내 초록 작성편 참조)

※ 논문개요에는 논문제목, 학과, 성명 등 기재하지 않음 → 논문개요 다음에 바로 내용

제1장 서 론

제1절 연구문제와 목적

제1항 문제의 제기

논문을 작성함에 있어서 일단 주제가 선정되었다면, 연구문제(research problems)의 설정은 논문 전체의 '꽃'이라 할 수 있을 만큼 중요하다. 어떤 연구가 "연구의 목적", '연구의 필요성' 만을 운운하며 정작 중요한 연구문제는 제기하지 못하고 있다면, 그 연구는 이미 실패한 논문이라고 단정해도 지나치지 않다. 훌륭한 연구문제를 찾아냈다면, 여러 분의 논문은 이미 $\frac{1}{3}$ 완성된 것이나 다름없다고 해도 지나친 말이 아니다. 그렇다고 아무 연구문제나 다 연구자가 채택하기에 좋은 문제는 결코 아니다. 얼마나 과학적인 문제인가가 문제이다. 제1장에서 이미 밝힌 대로, 논리적이고 객관적이며 검증이 가능한, 그리고 구체적인 문제여야 훌륭한 연구문제라 할 수 있다(Kerlinger, 1992 : 49).

제2항 연구의 목적

이 연구의 목적은 다음과 같다. 첫째, ……

제2장 이론적 배경

제1절 물리적 환경의 정의 및 중요성

제1항 물리적 환경의 정의와 중요성

1) 물리적 환경의 정의

2) 서비스 물리적 환경의 중요성

....

..

제3장 연구설계와 분석방법

제1절 연구설계

학위논문에서 연구방법(research methods) 부분은 제3장에 해당된다. 이 장에서는 연구가 어떻게 수행되었는가를 상세하게 밝혀야 하는데, 이것은 독자나 평가자로 하여금 연구방법의 적절성과 연구결과의 타당성 및 신뢰성에 대한 믿음을 갖게 해준다. 여기서 언급할 주요항목은 연구대상, 검증도구, 조사나 실험의 방법, 검정통계(-검정, -검정, 카이자승-검정 등), 분석의 모형, 분석자료의 성격 등으로서 가급적 자세히 기술하여야 한다.…….

제2절 연구가설의 설정

가설은 과학적인 경험연구의 핵심이다. 가설은 혹자가 이야기하듯이 "기대감을 진술하는 것", 문제의 해결에 대한 "막연한 추측"(informed guess)이다. 부연 설명한다면, 가설은 "둘 혹은 그 이상의 변수 간의 관계에 대한 추측적 진술"(Kerlinger, 1992 : 50), "변수와 변수 간의 관계를 알아보기 위해 실증단계 이전에 행해진 잠정적 언명 또는 진술"(김광웅, 1999 : 208)이라고도 정의할 수 있다. 따라서 아직 사실로 증명은 안 되었지만 추구해 볼 만한 가치가 있는 추측이 곧 가설이라 할 수 있다. 과학적 연구과정이란 결국 '문제제기→가설제기→가설검증'의 절차이므로 ① 올바른 연구문제 제기와 가설의 설정, ② 신뢰할 수 있는 타당한 검증 방법의 적용이 연구논문의 두 축이라 할 수 있다.

제4장 실증분석

제1절 연구 조사설계

조사설계

제2절 자료의 분석과 가설검증

제3절 결과분석

제5장 결론 및 제언

Abstract(←국문논문일 경우)

Ph.D. Dissertation (← 박사)

MA.(MS.) Thesis (← 석사)

영 문 제 목

Hong, Kil Dong

Department of Computer Science

Graduate School

Kyonggi University

문단 시작마다 2칸씩 띄우고 글자는 10~11pt로 작성한다.

국문요지(←영문논문일 경우)

박사(석사)학위논문

국 문 제 목

경기대학교 대학원

전자계산학과

홍 길 동

문단 시작마다 2칸씩 띄우고 글자는 10~11pt로 작성한다.

저|자|소|개 >>>

■정 삼 권

[학 력]

- 한국외국어대학교 수학 이학사 졸업
- 경희대학교 관광대학원 관광경영학 석사 졸업
- 경희대학교 대학원 호텔관광학 박사 졸업

[경 력]

- 사)한국호텔외식경영학회 산관이사 / 운영이사
- 유한대학 호텔관광과 산학협력조교수

현) 일도정보시스템 총괄이사
 경희대학교 호텔관광학부 겸임교수

[주요 논문]

- 여행업에서 인스턴트 메신저를 활용한 업무 효율성에 관한 연구
- 정보시스템 품질이 사용자 만족과 개인 및 기업 성과에 미치는 구조 관계 연구 : 관광산업 파트너십 품질 중심

외 학술논문 30편 이상 게재

■김 홍 길

[학 력]

- 경희대학교 호텔경영학과 졸업
- 경희대학교 경영대학원 관광경영학학사 취득
- 경희대학교 호텔경영학과 대학원 호텔관광경영학 박사 취득

[경 력]

- 한화호텔&리조트 연회팀장
- 경희대학교 호텔관광대학교 겸임

- 부천대학교 관광경영학과 교수
- 서울과학종합대학원 호스피탈리티전공 교수
- 사단법인 한국관광/레저학회 부회장
- 사단법인 한국F&B산업연구원(GIIK) 부원장
- (주) 닥터오빈 이사(Roasting&Hand Drip Authorised Trainer)

현) 김천대학교 항공관광호텔경영학과 교수

[경 력]

- 관광숙박종사원 통역안내사
- 사단법인 한국평생능력개발 커피 바리스타 심사위원
- 사단법인 한국평생능력개발 커피 바리스타 자격
- SCAE 유럽 스페셜티커피바리스타 자격
- SSI KIKIZAKE-SHI 사케 소믈리에자격
- KONO Hand Drip and Syphon, Roasting Lv1

[주요 논문]

- 여행사의 웹사이트 시스템 구축 선호 우선순위 차이에 관한 연구
- 스타벅스의 점포속성이점포이미지와 소비감정에 미치는 영향
- 포퓰러 원 개최에 따른 주민 인식 및 지지도에 관한 연구
- 우리나라 커피재배 미래 지향성에 대한 탐색적연구
- AHP를 활용한 국내 위탁급식사업의 KPI우선순위 및 가중치개발에 관한 연구
- 국내커피전문점 사업의 재무적 · 비재무적 핵심성과지표 개발
- AHP를 활용한 국내 커피전문점 사업의 KPI 우선순위 및 가중치 개발
- 아쿠아리움 체험에 따른 만족이 재방문 및 추천의도에 미치는 영향 연구
- 와인 바 선택속성에 따른 서비스의 회복 공정성이 재방문의사에 미치는 연구
- 중국 · 일본인이 선호한 해외의료관광국가 선택 영향요인에 때한 비교 연구
- 서비스회복기대가 고객 회복 만족 및 기업이미지, 브랜드 충성도에 미치는 연구
- 커피점포 선택속성이 고객만족 및 행동의도에 미치는 영향 연구

외 다수

논문작성법

2018년 5월 10일 초 판 인쇄
2018년 5월 20일 초 판 발행

저 자 정삼권 · 김홍길
발행인 한 인 환
발행처 도서출판 **기 문 사**
등 록 1978. 8. 9. NO. 6-0637
주 소 서울시 동대문구 안암로 50-1(용두동) 홍신빌딩 3층
전 화 02) 2265-7214/922-8662~8663
팩 스 02) 922-8772

homepage : www.kimoonsa.co.kr
e-mail : book@kimoonsa.co.kr

ISBN : 978-89-7723-791-9 93010

저자와의 협의하에 인지생략

정가 : 15,000원

● **불법복사는 지적재산을 훔치는 범죄행위입니다.**
저작권법 제 97조의 5(권리의 침해죄)에 따라 위반자는 5년 이하의 징역 또는 5천만원 이하의 벌금에 처하거나 이를 병과할 수 있습니다.